LE DIGESTE

OU

PANDECTES

DE L'EMPEREUR JUSTINIEN

En exécution de la loi du 19 juillet 1793, relative à la propriété des auteurs d'écrits en tous genres, et que nous avons mise en tête du premier Volume, nous avons déposé à la Bibliothèque impériale deux exemplaires du présent, comme nous l'avons fait pour les sept premiers Volumes précédens ; et nous déclarons que tout Volume qui ne sera pas signé manuellement par nous sera contrefait.

Nota. Nous prions nos lecteurs qui s'appercevraient de quelques fautes ou incorrections, de recourir à l'errata.

LE DIGESTE

OU

PANDECTES

DE L'EMPEREUR JUSTINIEN,

*Traduits en français, par M. G.*** D. F.***, Jurisconsulte, Membre de l'Académie de Législation, de la Société Académique des Sciences de Paris, etc. revisés par une réunion de Jurisconsultes.*

Summâ itaque ope et alacri studio has leges nostras accipite, et vos-metipsos tio eruditos ostendite, ut spes vos pulcherrima foveat, toto legitimo opere perfecto, posse etiam nostram rempublicam in partibus ejus nobis credendis gubernari.

Recevez donc ces lois avec empressement, et rendez-vous si érudits, que vous puissiez concevoir la noble espérance, après le cours de vos étude prescrit par les lois, d'être en état un jour de porter une partie du gouvernement de l'empire dans les charges qui vous seront confiées.

JUSTIN. *Préf. de l'aut. de Instit.*

PREMIÈRE ET UNIQUE TRADUCTION.

TOME HUITIÈME.

A PARIS,

Chez
- ROUSSEAU, imprimeur rue du Foin St.-Jacques, N°. 13.
- ARTAUD, libraire quai des Augustins, N°. 37.
- BLANCHON, libraire rue et Hotel Serpente, N°. 16.

AN 1807.

TITULUS PRIMUS

LIBRI DECIMI-TERTII

DIGESTORUM

SEU

PANDECTARUM.

De Condictione furtivâ. (1)

1. ULPIANUS, *liv.* 18, *ad Sabinum.*

In furtivâ, re soli domino (2) condictio competit.

2. POMPONIUS, *lib.* 16, *ad Sabinum.*

De furiosis, et infantibus.

Condictione ex causâ furtivâ et furiosi, et infantes obligantur, cum heredes necessarii extiterunt quamvis cum eis agi non possit.

---

(1) Lib. 4. C. 8.

TITRE PREMIER

DU LIVRE TREIZIÈME

DU DIGESTE

OU

DES PANDECTES.

De l'action par laquelle on demande la restitution d'une chose volée (1).

1. ULPIEN, *liv.* 18, *sur Sabinus.*

QUAND il s'agit d'une chose volée, la demande en restitution n'appartient qu'au seul (2) maître de la chose volée.

2. POMPONIUS, *liv.* 16, *sur Sabinus.*

Des furieux et des enfans.

Les fous, les enfans sont tenus de cette action, puisqu'ils sont héritiers nécessaires, quoique l'on ne puisse pas la former personnellement contre eux.

------

(2) V. l. 11. infr. h. t.

3. PAULUS, *lib.* 9, *ad Sabinum.*

De servo condicendo.

Si condicatur servus ex causâ furtivâ, id venire in condictionem certum est, quod intersit agentis : velutì si heres sit institutus, et periculum subeat dominus hereditatis perdendæ. Quod et Julianus scribit. Itèm si mortuum hominem condicat, consecuturum ait pretium hereditatis. (1)

4. ULPIANUS, *lib.* 41, *ad Sabinum*

De servo et filio familiâs.

Si servus, vel filius familiâs furtum commiserit, condicendum est domino (2) id, quod ad eum pervenit : in residuum, noxæ servum dominus dedere potest.

5. PAULUS, *lib.* 9, *ad Sabinum*

Ex furtivâ cansâ filio familiâs (3) condici potest : nunquam enìm eâ condictione alius, quàm qui fecit, tenetur, aut heres ejus.

6. ULPIANUS, *lib.* 38, *ad edictum.*

Proindè et si ope (4) consiliovè alicujus furtum factum sit, condictione non tenebitur : c furti (5) tenetur.

---

(1) L. 52. §. 28. infr. de furt.
(2) L. 3. §. 12. infr. de pecul. adde l. 19 infr. h. t.
(3) L. 3. §. pen. infr. de peculio.

3. *Paul*, *liv.* 9, *sur Sabinus.*

De l'esclave volé que l'on redemande.

Il est certain que lorsqu'il s'agit de la restitution d'un esclave volé, on peut comprendre dans la demande que l'on forme l'intérêt que l'on avait à ce que l'esclave n'ait pas été volé, par exemple, supposé que l'esclave volé ait été institué héritier, et que le vol qui a été fait de cet esclave eût exposé son maître à courir le risque de perdre la succession échue à cet esclave. C'est ce que pense Julien. On pourra même demander la valeur de la succession (1) si l'esclave que l'on réclame est mort.

4. ULPIEN, *liv.* 41, *sur Sabinus.*

De l'esclave et du fils de famille.

Si un esclave ou un fils de famille a commis un vol, on peut actionner le maître pour recouvrer ce qu'il aura touché de la chose volée (2), et s'il reste dû quelque chose, le maître pourra abandonner l'esclave coupable.

5. PAUL, *liv.* 9, *sur Sabinus.*

On peut actionner un fils de famille (3), pour lui faire restituer la chose qu'il aura volée, car il n'y a jamais que celui qui a commis le vol, ou son héritier qui soit tenu de l'action en restitution.

6. ULPIEN, *liv.* 38, *sur l'édit.*

Par conséquent, si le vol (4) a été commis par le conseil, et avec le secours de quelqu'un, celui-ci ne sera pas tenu de restituer le vol, quoiqu'il soit soumis à l'action du vol (5).

---

(4) l. 53. §. ult. infr. de verb. sign.
(5) §. 11. Inst. de oblig. quæ ex delicto.

7. Idem , *lib.* 42 , *ad Sabinum.*

De furti decisione.

Si pro fure (1) damnum decisum sit, condictionem non impediri verissimum est : decisione enim furti quidèm actio , non autèm condictio tollitur.

De concursû hujus actionis, et aliarum.

§. 1. Furti actio pœnam (2) petit legitimam : condictio, rem ipsam : ea res facit, ut nequè furti actio per condictionem , nequè condictio per furti actionem consummatur. Is itaquè, cui furtum factum est, habet actionem furti, et condictionem, et vindicationem : habet et ad exhibendum actionem.

De herede furis. De interitû rei furtivæ.

§. 2. Condictio rei furtivæ , quià rei habet persecutionem, heredem (3) quoquè furis obligat : nec tantùm , si vivat servus furtivus, sed etiàm si decesserit ; sed et si apud furis heredem diem suum obiit servus furtivus, vel non apud ipsum, post mortem tamèn furis, dicendum est, condictionem adversûs heredem durare. Quæ in herede diximus, eadèm erunt et in cæteris successoribus.

8. Idem , *lib.* 27 , *ad edictum.*

De interitû.

In re furtivâ condictio ipsorum corporum com-

---

(1) L. 46. §. 5. infr. de furt.
(2) L. ult. in. fin. C. de noxa'. act. l. 12. C. de furt. l. 1. in pr.
infr. de privat. delict.

7. LE MÊME , *liv.* 42 , *sur Sabinus.*

De la transaction sur le vol.

S'il est survenu une transaction (1) sur le vol , il est très-vrai que cette transaction ne détruit pas la demande en restitution , car la transaction détruit bien à la vérité l'effet de la peine encourue par le vol , mais elle n'anéantit pas la demande en restitution.

Du concours de cette action et des autres.

§. 1. L'action du vol veut que le coupable subisse la peine portée par la loi (2). La demande en restitution a pour objet de faire rendre la chose volée , et il en résulte que l'action du vol n'est pas éteinte par la demande en restitution , ni la demande en restitution par l'action du vol. C'est pourquoi celui qui a été volé a pour lui l'action du vol , la demande en restitution et la revendication de la chose ; il a même l'action en représentation.

De l'héritier du voleur. De la perte de chose volée.

§. 2. L'héritier du voleur est obligé en vertu de l'action du vol (3) , parce que la demande en restitution de la chose volée , a pour but de faire rendre la chose , non seulement si l'esclave existe , mais même encore dans le cas ou il serait mort. Si l'esclave volé est mort chez l'héritier du voleur , ou après la mort de celui-ci , ou ailleurs , il faut dire , que cette action a lieu contre l'héritier du voleur. Ce qui vient d'être dit à l'égard de l'héritier du voleur , doit s'appliquer à tous ceux qui lui succèdent.

8. LE MÊME , *liv.* 27 , *sur l'édit.*

De la perte.

En matière de vol on poursuit la restitution en nature

---

(3) D. l. 1. in pr. infr. de privat. delict l. 9. infr. h. t.

petit : sed utrùm tamdiù, quamdiù existent ; àn
verò et si desierint esse in rebus (1) humanis ? Et,
si quidèm obtulit fur, sinè dubio nulla erit condictio; si non obtulit, durat condictio æstimationis
ejus : corpus enìm ipsum præstari non potest.

Et æstimatione rei furtivæ.

§. 1. Si ex causâ furtivâ res condicatur, cujus
temporis æstimatio fiat, quæritur. Placet tamén,
id tempus spectandum, quo (2) res unquam plu-
rimì fuit : maximè cùm deteriorem rem factam
fur dando non liberatur ; semper (3) enìm moram
fur facere videtur. (4)

De fructibus.

§. 2. Novissimè dicendum est, etiàm fructus
in hâc actione venire.

9. IDEM, *lib.* 30, *ad edictum.*

Quàtenùs heres tenetur.

In condictione ex causâ furtivâ non pro parte,
quæ pervenit, sed in solidùm tenemur, dùm soli
heredes sumus : pro parte autèm heres, pro eâ
parte, pro quâ heres est, tenetur.

10. IDEM, *lib.* 38, *ad edictum.*

De fure.

Sivè manifestus fur, sivè nec manifestus sit,

---

(1) L. ult. infr. eod.
(2) L. pen. in fin. infr. rer. amotar.

des choses volées. Mais est-ce simplement quand elles
existent, ou même dans le cas où elles (1) n'existeraient
plus ? Si le voleur les offre, il n'y aura pas lieu à en demander la restitution ; dans le cas contraire, on peut poursuivre contre lui la restitution de la valeur de la chose volée ;
car la chose ne peut être rendue en nature.

Et de l'estimation de la chose volée.

§. 1. Lorsqu'il s'agit de demander la restitution d'une
chose volée, à quelle époque faut-il se reporter pour en faire
l'estimation ? Il est décidé qu'on doit se reporter au tems où
la chose aura été d'une plus grande valeur (2), sur-tout,
puisque le voleur ne peut être libéré en rendant la chose
dans un état de détérioration où elle n'était pas avant d'être
volée ; car le voleur est (3) toujours censé être en demeure. (4)

Des fruits.

On doit dire que dans cette action, est également comprise
la restitution des fruits.

9. LE MEME, *liv.* 30. *sur l'édit.*

Jusqu'à quel point l'héritier est soumis à la demande en restitution.

Nous sommes soumis à la demande en restitution pour
le tout, lorsque nous sommes seuls et uniques héritiers, et
non pas jusqu'à la concurrence de ce que nous avons touché
de la chose volée ; mais s'il y a plusieurs héritiers chaque
héritier n'est tenu qu'au prorata de la portion dont il amende
dans la succession.

10. LE MEME, *liv.* 38, *sur l'édit.*

Du voleur.

Soit que le voleur soit manifeste, soit qu'il ne le soit

---

(3) Excip. l. 29, in fin. infr. de verb. oblig.
(4) L. ult. in fin. infr. h. t.

poterit ei condici. Ità demùm autèm manifestus fur condictione tenebitur, si deprehensa non fuerit à domino possessio ejus. Cæterùm nemo furum condictione tenetur, posteàquam dominus (possessionem) adprehendit ; et ideò Julianus, ut procedat in fure manifesto tractare de condictione, ità proponit : furem deprehensum aut occidisse, aut fregisse, aut effudisse id quod interceperat.

De bonorum raptore.

§. 1. Ei quoquè, qui vi bonorum raptorum (1)* tenetur, condici posse Julianus lib. XXII Digestorum significat.

De re alienatâ.

§. 2. Tamdiù autèm condictioni locus erit, donèc domini facto dominium ejus rei ab eo recedat ; et ideò si eam rem alienaverit ; (2) condicere non poterit.

Vel legatâ.

§. 3. Undè Celsus lib. XII Digestorum scribit, si rem furtivam dominus purè legaverit furi, heredem ei condicere non posse. Sed et si non ipsi furi, sed alii, idèm dicendum est, cessare condictionem, quià dominium facto testatoris, id est, domini, discessit.

11. PAULUS, *lib.* 39, *ad edictum.*

Sed nec legatarius condicere potest ; ei enìm

---

(1) L. 1. in fin. infr. de condict. tritic.

pas, la demande en restitution pourra être formée contre lui. Mais le voleur manifeste ne sera soumis à cette action qu'autant que le maitre de la chose, prenant le voleur sur fait, n'aura pu la reprendre. Au surplus aucun voleur n'est tenu de la restitution de la chose volée, lorsque le maitre de cette chose en a recouvré la possession. C'est pourquoi Julien dit, que pour pouvoir former contre un voleur manifeste la demande en restitution de la chose volée, il faut que le voleur surpris en flagrant délit, ait ou tué, ou brisé, ou renversé la chose volée.

Du ravisseur du bien d'autrui avec violence.

§. 1. Le même Julien au liv. XXII du Digeste, dit que le ravisseur du bien d'autrui (1). par violence, est soumis à la demande en restitution.

De la chose aliénée.

§. 2. Il y a lieu à l'action en restitution tant que le maitre de la chose n'en perd pas par son fait la propriété, c'est pourquoi s'il vient à l'aliéner, il n'a pas le droit d'en demander la restitution (2).

Ou léguée.

§. 3. C'est la raison pour laquelle Celse écrit au livre XII du Digeste, que si le maitre de la chose volée l'a léguée purement au voleur, l'héritier du maitre de cette chose ne peut la redemander au voleur. On doit aussi dire la même chose s'il l'avait léguée à tout autre qu'au voleur, parce que dans ce cas, la chose volée aurait été aliénée par le fait du testateur même, qui en était le maitre.

II. PAUL, *liv.* 39, *sur l'édit.*

Le légataire lui-même ne pourra pas former la demande en restitution de la chose volée, car cette action n'appar-

---

(2) L. 56. in fin. infr. de oblig. et act.

competit condictio, cui (1) res subrepta est, vel
heredi ejus ; sed vindicare rem legatam ab eo
potest.

12. ULPIANUS , *lib.* 38 , *ad edictum.*

*Si res mihi subrepta tua maneat vel non , de rei
subreptæ æstimatione.*

Et ideò elegantèr Marcellus definit liv. VII ,
ait enim : si res mihi subrepta , tua remaneat ,
condices : sed et si dominium non tuo facto
amiseris , æquè condices.

§. 1. In communi igitur re elegantèr ait interesse , utrùm tu provocasti communi dividundo
judicio, àn provocatus es : ut , si provocasti communi dividundo judicio , amiseris condictionem :
si provocatus es , retineas.

§. 2. Neratius libris membranarum Aristonem
existimasse refert , eum , cui pignori res data
sit , incerti condictione acturum , si ea subrepta est. (2)

13. PAULUS , *lib.* 39 , *ad edictum.*

*Etiàm species facta ex materiâ meâ venit in hâc con-
dictione , et in eâ habetur ratio meliorationis factæ
etiàm sumptibus furis.*

Ex argento subrepto pocula (3) facta condici

---

(1) L. 1. supr. h. t. l. 14. §. 16. in fin. infr. de furt.

tient qu'à celui à qui elle a été volée, ou à son héritier (1), mais le légataire pourra la revendiquer comme en étant devenu le propriétaire au moyen du legs qui lui en a été fait.

12. ULPIEN, *liv.* 38, *sur l'édit.*

Si la chose qui m'a été volée reste toujours ou non la vôtre. De l'estimation de la chose volée.

C'est pourquoi Marcellus dit avec raison au liv. VII, que si la chose qui m'a été volée, l'a été par un autre étant entre vos mains, vous pourrez former l'action en restitution tant que la chose ne vous aura pas été enlevée, et que même vous aurez encore cette action si vous veniez à en perdre la propriété sans qu'il y eût de votre fait.

§. 1. Donc, dit-il. S'il s'agit d'une chose commune a plusieurs, il importe de connaître si c'est vous qui avez formé la demande en partage, ou si elle a été formée par moi contre vous, car si c'est vous qui avez formé la demande en partage, vous vous êtes privé de l'action que vous aviez, si au contraire vous avez été défendeur sur la demande en partage, vous la conservez en son entier.

§. 2. Nératius, au livre de ses feuilles, rapporte que Ariston pensait que le créancier, qui a reçu la chose à titre de gage, peut former l'action *incerto* pour se la faire restituer si elle lui a été volée (2).

13. PAUL, *liv.* 39, *sur l'édit.*

La forme même donnée à la matière faite qui m'a été volée entre dans cette action, et on y a égard à l'amélioration que la chose a éprouvée, quoique faite aux dépens du voleur.

Fulcinius dit que l'on peut demander la restitution des vases faits avec un lingot d'argent qui a été volé (3). On

---

(2) L. 22. in pr. infr. de pignorat. act.
(3) L. 52. S. 14. infr. de furt.

posse, Fulcinius ait. Ergo in condictione pocu-
lorum, etiàm cælaturæ æstimatio fiet, quæ impensa furis facta est: quemadmodùm, si infans (1)
subreptus adsolverit, æstimatio fit adolescentis;
quamvìs cura et sumptibus furis creverit.

14. JULIANUS, *lib.* 22 *Digestorum.*

De servo furtivo sub conditione legato.

Si servus furtivus sub conditione legatus fuerit,
pendente eâ, heres (2) condictionem habebit; et
si lite contestatâ, conditio exstiterit, absolutio
sequi debebit, perindè ac si idèm servus sub conditione liber esse jussus fuisset, et lite contestatâ
conditio exstitisset: nàm nec petitoris jàm interest
hominem recipere, et res sinè dolo malo furis
ejus esse desiit. Quòd si pendente condictione
judicaretur, judex æstimare debebit, quanti
emptorem invenerit.

An' reo cavendum sit.

§. 1. Cavere autèm ex hâc actione petitor ei,
cùm quo agitur, non debebit.

De bove et ejus corio, carne, cornibus

§. 2. Bove subrepto, et occiso, condictio (3)
bovis, et corii, et carnis, domino competit;
scilicèt et si corium et caro contrectata fuerint:
cornua quoquè condicentur. Sed si dominus condictione bovis pretium consecutus fuerit, et
posteà aliquid eorum, de quibus suprà dictum
est, condicet, omnimodò exceptione summo-

---

(1) L. 67. §. 2. infr. de furt.
(2) V. l. 12. §. ult. supr. famil. ercisc.

pourra donc aussi faire entrer dans la demande en restitution l'estimation de la ciselure, quoiqu'elle ait été
faite aux dépens du voleur; de même que si un esclave
avait été volé, étant en bas âge, (1), on l'estimerait à
la valeur d'un esclave devenu adolescent, quoiqu'il n'y
soit parvenu que par les soins, et aux frais du voleur.

14. JULIEN, *liv.* 22, *du Digeste.*

De l'esclave volé, légué conditionnellement.

Si un esclave volé a été légué sous condition, tant que
la condition sera en suspens, la demande en restitution
appartiendra à l'héritier (2); et, si la condition arrive
pendant la contestation, le défendeur doit être renvoyé
absous, de même que si cet esclave avait reçu sa liberté
sous condition, et que la condition fût arrivée pendant
l'instance; car le demandeur n'a plus d'intérêt à avoir
l'esclave, et il le perd sans qu'il y ait dol de la part
de celui qui l'a volé. Mais si le jugement était rendu,
la condition étant encore en suspens, le juge devra estimer
le prix que le demandeur aurait pu tirer de l'esclave.

Si l'on doit donner caution au défendeur.

§. 1. Le demandeur ne sera pas tenu de donner caution,
dans cette instance, à sa partie adverse.

D'un bœuf, de son cuir, de sa chair et de ses cornes.

§. 2. Si un bœuf a été volé et tué ensuite, le maître de
cet animal pourra demander la restitution (3) du bœuf, son
cuir et sa chair, en supposant que sa chair, et son cuir
aient été pareillement volés. Il pourra même se faire restituer les cornes du bœuf. Mais si le maître de cet animal
en a reçu la valeur, et qu'il demande après la restitution
de quelques unes des choses dont nous venons de parler,
on pourra lui opposer une exception, tirée de ce qu'il ne

---

(3) V. l. 55. §. 5. infr. de legat. 1.

vetur. Contrà si corium condixerit, et pretium ejus consecutus, bovem condicet, offerente fure pretium bovis, detracto pretio corii, doli mali exceptione summovebitur.

De uvis, mustoquè et vinaciis

§. 3. Idèm juris est, uvis subreptis (1) : nàm et mustum, et viñacia jure condici possunt.

15. CELSUS, *lib.* 12, *Digestorum.*

De fure manùmisso.

Quod ab alio servus subripuit, ejus nomine liber furti tenetur : condici autèm ei non potest, nisi liber contrectavit

16. POMPONIUS, *lib.* 38, *ad Quintum Mucium.*

De commodatorio et depositario.

Qui furtum admitit, vel re commodatâ (2), vel depositâ (3) utendo, condictione quoquè ex furtivâ causâ obstringitur; quæ differt ab actione commodati hoc, quòd etiàmsi sinè dolo malo et culpâ ejus interierit (4) res, condictione [tamèn] tenetur : cùm in commodati actione non facile ultrà culpam (5), et in depositi [non (6)] ultrà

---

(1) L. 5z. §. 14. infr. de furt.
(2) L. 5. § 8. infr. commodati.
(3) §. 6. Inst. de oblig. quæ ex delict.

lui est plus rien dû. Au contraire, s'il a demandé simplement la restitution du cuir de l'animal, et qu'il lui ait été payé, il pourra redemander la restitution du bœuf entier. Si le voleur lui offre le prix du bœuf, distraction faite du cuir, il sera débouté de sa demande par une exception tirée de de sa mauvaise foi.

Du raisin, du vin fait avec ce raisin, et du marc.

§. 3. Il en est de même à l'égard des raisins volés (1), car on pourra demander la restitution du vin provenant de ces raisins, même le marc resté sur le pressoir.

15. CELSE, *liv.* 12, *du Digeste.*

De l'esclave affranchi.

L'esclave, devenu libre, est tenu de l'action pénale du vol envers celui qu'il a volé étant dans la servitude, mais on ne peut former la demande en restitution contre lui qu'autant qu'il aura volé depuis qu'il sera devenu libre..

16. POMPONIUS, *liv.* 38, *sur Quintus Mucius.*

De celui à qui une chose à été prêtée et du dépositaire.

Celui qui emploie une chose (2) à un usage différent de celui dont on est convenu, ou se sert d'une chose qui lui a été confiée à titre de dépôt (3), est aussi soumis à la demande en restitution, comme coupable d'un vol. La différence qu'il y a entre cette action et celle auxquelles les contrats de prêt et de dépôt donnent lieu, consiste en ce que le défendeur est tenu de rendre la chose volée, encore qu'elle n'existe plus (4), même sans qu'il y ait eu de mauvaise foi, ni de faute de sa part, au lieu que, dans l'action du prêt, il n'est pas facile de faire condamner celui à qui le prêt a été fait au delà des pertes arrivées par sa faute (5), et dans l'action (6) qui provient

---

(4) V. l. ult. infr. h. t.
(5) L. 5. §. 2. infr. commodati. l. 23. infr. de reg. jur.
(6) L. 13. §. 1. infr. depositi.

dolum (1) malum teneatur is , cùm quo [depositi]
agetur.

17. PAPINIANUS , *lib.* 10 , *quæstionum.*

De oblatione et novatione.

Parvi refert ad tollendam condictionem , of-
feratur (2) servus furtivus , an in aliud nomen ,
aliumquè statum obligationis (3) transferatur.
Nec me movet , præsens homo fuerit , necnè :
cum mora , quæ eveniebat ex furto , veluti quâ-
dam delegatione finiatur.

18. SCÆVOLA , *lib.* 4 , *quæstionum.*

De procuratore solvente indebitum sciente.

Quoniàm furtum fit , cùm (4) quis indebitos
nummos sciens acceperit , videndum , si procurator suos nummos solvat , an ipsi furtum
fiat ? Et Pomponius epistolarum lib. VIII , ipsum
condicere ait ex causâ furtivâ ; sed et me condicere , si ratum habeam , quod indebitum datum
sit ; sed alterâ condictione altera tollitur.

19. PAULUS , *lib.* 3 , *ad Neratium.*

De filiâ quæ res amovit.

Julianus ex personâ filiæ , quæ res amovit ,
dandam in patrem (5) condictionem in peculium
respondit.

---

(1) Immò vide l. 1. ?. 2?. infr. d. t.
(2) L. 72. §. ?. infr. de solution.
(3) L. 29. §. ult. infr. de verb. oblig.

du dépôt, le dépositaire au delà de ce que le propriétaire de la chose volée a souffert par la mauvaise foi du débiteur (1).

17. PAPINIEN, *liv.* 10 *des questions.*

De l'offre de la chose volée, et de la rénovation de l'obligation à son sujet.

Pour éteindre l'action en restitution d'une chose volée, il importe peu que le voleur offre de rendre (2) l'esclave volé, ou qu'il contracte avec le demandeur une nouvelle obligation quelle qu'elle soit (3), il n'est pas même nécessaire que l'esclave soit ou non présent, puisque le retard où était le voleur de rendre la chose est à peu-près anéanti par une sorte de délégation à laquelle la nouvelle obligation a donné lieu.

18. SCÆVOLA, *liv.* 4, *des questions.*

Du fondé de pouvoir qui paie sciemment une chose qu'il sait n'être pas dûe.

Au moyen de ce qu'il y a vol, toutes les fois que quelqu'un reçoit sciemment de l'argent qui ne lui est pas dû (4), il faut examiner si, lorsqu'un fondé de pouvoir paie de ses propres deniers, il y a vol à son égard. Pomponius, au liv. VIII des lettres, dit qu'il peut former lui-même l'action en restitution de la chose volée, et que si je ratifie le paiement fait par mon fondé de pouvoir, c'est à moi à qui cette action appartient, mais l'une de ces deux actions est détruite par l'autre.

19. PAUL, *liv.* 3, *sur Nératius.*

De la fille qui a fait un vol.

Julien a répondu que si une fille commettait un vol, l'on pourrait former l'action en restitution contre le père de cette fille jusqu'à la concurrence de ce qui se trouverait dans son pécule (5).

---

(4) L. 28. §. 1. infr. de solution. L. 21. §. 1. infr. de furt.
(5) L. 3. §. 12. infr. de pecul.

Tom. 8.

20. TRYPHONINUS, *lib.* 15 *disputationum.*

De rei interitû.

Licet fur paratus fuerit excipere condictionem,
et per me steterit, dùm in rebus humanis res
fuerat, condicere eam, posteà autèm perempta
est (1), tamèn durare condictionem veteres vo-
luerunt; quià videtur, qui primò invito domino
rem contrectaverit, semper in restituendâ eâ,
quam nec debuit auferre, moram (2) facere.

---

(1) L. 7. §. ult. l. 8. in pr. l. 16. supr. l. ult. C. h. t. l. 3o in pr.
infr. de act. empti. l. 1. §. 54. in fin. infr. de vi et vi armat. l. 46. in
pr. circa fin. l. 67. in fin infr. de furt. l. ult. C. de condict. ob turp.
caus.

20. TRYPHONINUS, *liv* 15. *des disputes.*

De la perte de la chose volée.

Quoique le voleur soit disposé à défendre contre l'action en restitution que j'ai contre lui, et que ce soit parce que j'ai différé de former ma demande, que la chose qui m'a été volée a cessé d'exister, les anciens ont voulu que (1) mon action subsistât toujours, parce qu'il semble que celui qui avait pris une chose malgré le maître, était toujours en demeure de la lui rendre, puisqu'il n'aurait jamais dû l'en priver (2).

____

(2) L. 8. §. 1. in fin. supr. h. t.

TITULUS SECUNDUS.

De condictione ex lege (1).

1. PAULUS, *lib.* 2. *ad Plautium.*

Sɪ obligatio lege novâ introducta sit, nec cautum eâdem lege, *quo genere actionis experiamur,* ex lege agendum est (2).

---

(1) Lib. 4. C. 9.

TITRE SECOND.

Des actions qui dérivent de quelque (1) loi particulière.

~~~~~~~~~

1. PAUL, *liv 1*, *sur Plautius*.

Sᵢ quelqu'obligation nouvelle est introduite par une loi, et que la loi n'ait pas désigné l'espèce d'action en vertu de laquelle on pourra agir, alors on a une action qui prend le nom de cette même loi (2).

____

(2) Vide tamen l. 41. in pr. infr. de oblig. et act.
~~~~~~~~~

TITULUS TERTIUS.

De condictione triticariâ.

1. ULPIANUS, *lib.* 27. *ad edictum.*

De pecuniâ numeratâ, et aliis rebus.

QUI certam pecuniam numeratam petit, illâ actione utitur, si *certum petetur:* qui autèm alias res, per triticariam condictionem petet. Et generalitèr dicendum est, eas res per hanc actionem peti, [si] quæ sint prætèr pecuniam numeratam, sivè [in] pondere, sivè [in] mensurâ constent: sivè mobiles sint, sivè soli. Quarè fundum quoquè per hanc actionem petimus, et si vectigalis sit: sivè jus stipulatus quis sit, velutì usumfructum: vel servitutem utrorumquè prædiorum.

De re suâ, de re furtivâ, vel re raptâ.

§. 1. Rem autèm suam per hanc actionem nemo petet, nisì ex causis, [ex] quibus potest, velutì ex causâ furtivâ (1) vel [re] mobili vi abreptâ (2).

2. IDEM, *lib.* 18. *ad Sabinum.*

De fundo vi possesso.

Sed et ei (3), qui vi aliquem de fundo de-

___

(1) L. 1. supr. de condict. furt. §. 14. Inst. de action.
(2) L. 2. §. 26. infr. vi bonor. raptor.
(3) L. 25. §. 1. infr. de furt.

TITRE TROIS.

De l'action en vertu de laquelle l'on demande toute autre chose que de l'argent (a).

1. ULPIEN, *liv.* 27, *sur l'édit.*

De l'argent compté, et des autres choses.

Celui qui forme la demande d'une somme d'argent fixe et déterminée, peut se servir de cette action, si la demande qu'il forme est d'une chose certaine. Mais, si on forme la demande de tout autre chose que d'argent, cette action prend le nom *Triticaria*. On doit dire en général que par cette action, l'argent excepté, on demande toute espèce de choses, soit qu'elles se pesent, soit qu'elles se mesurent, soit qu'elles soient mobiliaires, soit immobiliaires. C'est pourquoi nous pourrons demander un fonds de terre en vertu de cette action, même une rente foncière, ou même un droit que nous avons stipulé, tel qu'un usufruit, ou une servitude, n'importe l'objet sur lequel l'un et l'autre sont affectés.

De sa propre chose, de celle volée, ou enlevée par violence.

§. 1. Mais nous ne pouvons exercer cette action dans les choses qui nous appartiennent, si ce n'est dans les causes particulières de vol (1), ou d'effets enlevés par violence (2).

2. LE MEME, *liv.* 18. *sur Sabinus.*

D'un fonds possédé par violence.

Sabinus dit que celui qui a été dépossédé de son fonds (3)

(a) Quoique l'on ne trouve dans aucun endroit rien qui puisse faire conjecturer d'où cette action a pris son nom, cependant d'après *Recursius*, on peut dire qu'elle le tire du nom de son auteur *Titius*, de même que l'action publicienne tire le sien de *Publicius. Iustit. de donat. §. Sed quia sané.*

jecit, posse fundum condici Sabinus scribit. Et
ità et Celsus. Sed ità, si dominus sit, qui de-
jectus condicat: cæterùm, si non sit, possessionem
eum condicere, Celsus ait.

3. IDEM, *lib.* 27, *ad edictum.*

De rei petitæ æstimatione.

In hâc actione si quæratur res, quæ petita est,
cujus temporis æstimationem recipiat, verius est,
quod Servius ait, condemnationis (1) tempus
spectandum. Si verò desierit esse in rebus humanis, mortis tempus, sed (2), quod latius, secundùm Celsum, erit spectandum; non enim debet
novissimum vitæ tempus æstimari : ne ad exiguum
pretium æstimatio redigatur in servo fortè mor-
tiferè vulnerato. In utròquè autèm, si post moram
deterior res facta sit, Marcellus scribit lib. xx.
habendam æstimationem, quantò deterior res facta
sit. Et ideò, si quis post moram servum clusca-
tum dederit, nec liberari eum. Quare ad tempus
moræ in his erit reducenda æstimatio.

4. GAJUS, *lib.* 9, *ad edictum provinciale.*

De tempore ad locum idem est judicium.

Si (3) merx aliqua, quæ certo die dari debebat,
petita sit veluti vinum, oleum, frumentum,
tantì litem æstimandam, Cassius ait, quantì
fuisset eo die, quo dari debuit ; si de die nihil

---

(1) Vide tamen l. ult. infr. h. t.
(2) L. 28. infr. de probat. l. 13. infr. de solution. l. 12. §. 2. infr.
ratum rem haberi.

par la violence employée à son égard, peut le demander en vertu de cette action, c'est aussi le sentiment de Celse; mais ce n'est que dans le cas où celui qui a été dépossédé est le maître du fonds. Car s'il ne l'est pas Celse; dit qu'il ne peut alors former cette action que pour rentrer dans sa possession.

3. Le même , *liv*. 27 , *sur l'édit.*

De l'estimation de la chose demandée.

Si l'on veut savoir à quel tems il faut se reporter pour estimer la valeur de la chose que l'on demande par cette action, il est plus vrai de dire qu'il faut suivre ce que dit Servius qui pense que c'est au tems de la condamnation (1); mais si elle n'existe plus, c'est alors au tems où elle a cessé d'exister. Mais, suivant Celse, (2) il faut se reporter plus loin , car il dit que l'on ne doit pas l'estimer ce qu'elle valait strictement au moment où elle n'a plus existé, de peur que l'estimation n'en fut extrêmement modique, ce qui arriverait à l'égard d'un esclave qui aurait été blessé mortellement. Mais dans tous les cas si la chose est devenue dans un plus mauvais état après que le débiteur a été en demeure de la rendre, Marcellus écrit au liv. **xx** , qu'il faut l'estimer en raison de la détérioration qu'elle a éprouvée ; par conséquent si celui qui est en demeure de rendre un esclave le rend déféré d'un œil, il ne sera pas libéré, c'est pourquoi l'estimation devra donc partir du jour où il aura été en demeure de le rendre.

4. Gaïus, *liv*. 9 , *sur l'édit provincial.*

L'action est la même pour le tems que pour le lieu.

Si l'on forme la demande de marchandises (3) qui devaient être livrées à certain jour, telles que du vin , de l'huile , du bled, Cassius dit , qu'il faut les estimer ce qu'elles valaient le jour ou elles auraient dû être livrées ; que s'il n'y avait pas eu de jour convenu, dans ce cas l'estimation doit-être celle de la valeur que les marchandises avaient

---

(3) L. 22. supr. de reb. cred.

convenit , quanti tunc, cùm judicium acciperetur.
Idemquè juris in loco esse : ut primùm æstimatio sumatur ejus loci , quo dari debuit : si de
loco nihil convenit , is locus spectetur , quo pe-
teretur. Quod et de cæteris rebus juris est.

au jour que l'instance a commencé. Il en est de même du cas où les marchandises auraient dû être livrées dans un certain lieu, de sorte que l'estimation de la valeur de la chose est celle ordinaire du lieu ou elle a dû être livrée. Si l'on n'est pas convenu d'un lieu, c'est alors que la valeur de la chose doit-être celle du lieu où la demande en est formée. Il en est de même de toutes les autres choses.

TITULUS QUARTUS.

De eo, quod certo loco dari oportet (1).

~~~~~~~~~~

1. GAJUS, *lib.* 9, *ad edictum provinciale.*

Ratio hujus actionis.

ALIO loco, quàm in quem sibi dari quisquè stipulatus esset, non videbatur agendi facultas competere : sed quià iniquum erat, si promissor ad eum locum, in quem daturum se promisisset, nunquàm accederet, (quod vel data opera faceret, vel quià aliis locis necessario distringeretur, non posse stipulatorem ad suum pervenire, ideò visum est, utilem actionem in eam rem comparare.

2. ULPIANUS, *lib.* 27, *ad edictum.*

De utilitate actoris et rei.

Arbitraria (2) actio utriusquè (3) utilitatem continet, tàm actoris, quàm rei. Quod si (4) rei interest, minoris sit pecuniæ condemnatio, quam intentatum est : aut si actoris (5), majoris pecuniæ fiat.

---

(1) Lib. 3. C. 18.
(2) L. 3. l. 4. S. 1. infr. h. t.
(3) L. 8. infr. eod. l. un. C. ubi conven. qui certo loco.
~~~~~~~~~~

TITRE QUATRE.

De ce qui doit-être livré dans un certain endroit (1).

~~~~~~~~

1. GAJUS, *liv.* 9, *sur l'édit provincial.*

Motifs de cette action.

Il semblait que l'on n'avait pas le droit de demander une chose dans un lieu différent de celui où l'on avait stipulé qu'elle nous serait livrée, mais comme il y aurait de l'injustice, si celui qui avait promis ne venait jamais dans l'endroit, où il aurait promis de livrer la chose (ce qu'il pourrait faire ou avec intention, ou parce qu'il serait retenu ailleurs par des affaires, comme, disons-nous, il y aurait de l'injustice à ce que le créancier ne pût jamais atteindre son débiteur, parconséquent se faire payer de sa dette, il a semblé qu'il était très-juste d'accorder au créancier une action utile pour agir contre son débiteur par-tout ailleurs.

2. ULPIEN, *liv.* 27, *sur l'édit.*

De l'avantage du demandeur et du défendeur.

Cette action est arbitraire (2), et elle a été établie pour l'avantage (3) des deux parties, du demandeur et du défendeur. Si donc le défendeur a intérêt à ne pas (4) se libérer dans un lieu différent de celui où il s'est engagé à payer, il sera condamné à une somme inférieure à celle demandée ; si au contraire (5), c'est le demandeur qui a intérêt à être payé là où il forme sa demande, dans ce cas le défendeur paiera une somme plus forte que celle qu'il doit.

---

(4) §. ult. in pr. infr. h. l. §. 33. vers. propter quam causam. Inst. de action.

(5) D. §. ult. infr. h. l.
~~~~~~~~

De causâ hujus actionis.

§. 1. Hæc autèm actio ex illâ stipulatione venit, ubi stipulatus sum à te, *Ephesi decem dari.*

De formâ libelli in obligatione alternatâ.

§. 2. Si quis *Ephesi decem, aut Capuæ hominem dari* stipulatus experiatur, non debet,
detracto altero loco, experiri : nè auferat loci
utilitatem reo.

De effectû promissionis alternatæ.

§. 3. Scœvola lib. **xv**, quæstionum ait, non
utiquè ea, quæ tacitè insunt stipulationibus,
semper in rei esse potestate : sed quid debeat,
esse in ejus arbitrio : àn debeat, non esse. Et ideò
eum, qui *Stychum aut Pamphilum promittit*,
eligere (1) posse, quod solvat, quamdiù ambo
vivunt : cæterùm ubi (2) alter decessit, extingui
ejus electionem : ne fit in arbitrio ejus, àn debeat, dùm non vult vivum præstare, quem solum
debet. Quare et in proposito eum, qui promisit
Ephesi, aut Capuæ, si fuerit in ipsiùs arbitrio,
ubi ab eo petatur, conveniri non potuisse : semper
enìm alium locum electurum ; sic evenire, ut
fit in ipsius arbitrio, àn debeat ; quare putat
posse ab eo peti altero loco, et sinè loci adjec-
tione. Damus igitùr actori electionem (3) peti-
tionis. Et generalitèr definit Scævola, petitorem
electionem habere, ubi petat : reum, ubi solvat ;
scilicèt antè petitionem. Proindè mixta [inquit]

---

(1) L. 10. in fin. infr. de jure dot.
(2) L. 95. in pr. et §. 1. infr. de solution.

De la cause de cette action.

§. 1. Cette action dérive de la clause par laquelle j'ai exigé de vous que *vous me paieriez à Ephèse.*

De la forme de l'exploit à l'égard d'une obligation alternative.

§. 2. Si quelqu'un s'est engagé à fournir une *somme d'argent à Ephèse*, ou un *esclave à Capoue*, celui à l'égard de qui il a pris cet engagement ne peut pas intenter son action en divisant ces deux endroits, de peur qu'il ne prive son débiteur de l'avantage de pouvoir se libérer dans le lieu qui lui sera le plus avantageux et plus commode.

De l'effet d'une promesse alternative.

§. 3. Scœvola, au liv. xv des questions, dit que les clauses tacites, contenues dans une promesse, ne sont pas toujours subordonnées au choix du débiteur; il est le maître à la vérité de prononcer sur la chose qu'il préférera devoir, mais il ne dépend pas de lui de choisir s'il devra, ou s'il ne devra pas. C'est pourquoi celui qui promet de fournir l'esclave Stychus ou Pamphile, peut choisir (1) celui qu'il donnera, si tous deux vivent; mais si l'un d'eux est mort, alors il n'y a plus de choix (2). Si la chose n'était pas ainsi, il lui serait libre de ne rien devoir en refusant de livrer l'esclave vivant qui est le seul qu'il doive. C'est pourquoi si, dans l'hypothèse rapportée plus haut, celui qui a promis de donner une *somme d'argent à Ephèse*, ou de fournir un *esclave à Capoue*, avait la liberté de choisir le lieu où l'action serait intentée contre lui, il ne pourrait être actionné dans aucun endroit; car il choisirait toujours un lieu différent de celui que son créancier aurait choisi, et il arriverait par là qu'il serait le maître de devoir, ou de ne pas devoir (3). En conséquence Scœvola pense que le débiteur peut être actionné dans 'un de ces deux endroits, sans parler du lieu. On donne

---

(3) L. 19. §. fin. supr. de judic immò vide l. 5. §. 1. in fin. infr. depositi.

rerum alternatio locorum alternationi, ex necessitate facit actoris electionem, et in rem proptèr locum : alioquìn tollis ei actionem, dùm vis reservare reo optionem.

De stipulatione Ephesi et Capuæ.

§. 4. Si quis ità stipulatur, *Ephesi et Capuæ*, hoc ait, ut Ephesi partem, et Capuæ partem petat.

De insulà faciendà.

§. 5. Si quis *iusulam fieri* stipuletur, et locum (1) non adjiciat, non valet stipulatio.

De die expresso vel sub audito.

§. 6. Qui ità stipulatur *Ephesi decem dari*, si amè diem Ephesum pervenire possit, agat, perperàm antè diem agi : quià et Julianus putat, diem tacitè (2) huic stipulationi inesse. Quarè verùm puto, quod Julianus ait, eum, qui Romæ stipulatur, *hodie Carthagine dari*, inutilitèr (3) stipulari.

De adjecto.

§. 7. Idem Julianus tractat, àn is, qui *Ephesi sibi*, *aut Titio dari* stipulatus est, si alibi Titio

---

(1) L. 95. l. 115. in pr. infr. de verb. oblig.
(2) L. 24. infr. de oper. libert. l. 41. §. pen. l. 73. in pr. l. 137. §. 2. infr. et §. 5. Inst. de verb. oblig.

donc au demandeur le choix du lieu où il formera sa demande. Scævola décide en général que c'est toujours au demandeur à choisir le lieu où il voudra former sa demande, et au défendeur celui où il se libérera, mais avant que la demande soit formée ; par conséquent, dit-il, l'alternative des choses, mêlée à celle des lieux, procure nécessairement au demandeur l'avantage du choix, même celui de la chose qu'il desire ; parce qu'il est le maître de choisir le lieu. Autrement en voulant réserver au débiteur l'option, vous privez le créancier de son action.

De la stipulation d'une somme payable à Ephèse et à Capoue.

§. 4. Celui qui a stipulé qu'on lui paierait une somme à *Ephèse* et à *Capoue*, est censé avoir consenti à en recevoir une partie à Ephèse, et une partie à Capoue.

D'une maison qui doit être bâtie.

§. 5. Si quelqu'un stipule qu'on lui bâtira une maison, faute par lui d'avoir désigné le lieu où elle sera bâtie, la stipulation sera nulle (1).

Du jour exprimé, ou sous-entendu.

§. 6. Si celui qui stipule qu'on lui paiera une somme à Ephèse, a formé son action avant le jour où le débiteur sera arrivé à Ephèse, l'action est en vain intentée, parce que Julien pense que cette stipulation renferme tacitement un terme (2). C'est pourquoi je pense comme Julien qui dit que : celui qui stipule à Rome qu'on lui paiera aujourd'hui une somme à *Carthage* stipule inutilement (3).

De ce qui a été ajouté.

§. 7. Le même Julien propose ce qui suit. Celui qui a stipulé qu'on *lui paierait une somme à Ephèse, ou*

_____

(3) D. §. 5. Inst. de verb. oblig. vidè tamen l. ult. §. 4. infr. eod.

solvatur, nihilominùs possit intendere, sibi dari oportere? Et Julianus scribit, liberationem non contigisse : atquè ideò posse peti, quod interest. Marcellus autèm et aliàs tractat, et apud Julianum notat, posse dici, et si mihi alibì solvatur, liberationem contigisse; quamvìs invitus accipere non cogar; planè, si non contigit liberatio, dicendum ait, superesse petitionem integræ summæ; quemadmodùm si quis insulam alibì fecisset, quàm ubì promiserat, in nihilum liberaretur. Sed mihi videtur summæ solutio distare à fabricâ insulæ; et ideò quod interest, solùm petendum.

De utilitate rei et actoris, et de officio judicis

§. 8. Nunc *de officio judicis* hujus actionis loquendum est : utrùm quantitati contractus debeat servire, àn vel excedere, vel minuere quantitatem debeat : ut si interfuisset rei, Ephesi potiùs solvere, quam eo loci, quò conveniebatur, ratio ejus haberetur? Julianus Labeonis opinionem secutus, etiàm actoris habuit rationem : cujus interdùm potuit interesse, Ephesi recipere. Itàquè utilitas quoquè actoris veniet; quid enim, si trajectitiam pecuniam dederit, Ephesi recepturus, ubì sub pœnâ debebat pecuniam, vel sub pignoribus : et distracta pignora sunt, vel pœna commissa morâ tuâ? vel fisco aliquid debebatur, et res stipulatoris vilissimo distracta est? in hanc arbitrariam, quod interfuit, veniet : et quidèm ultrà legitimum modum usurarum. Quid si merces solebat comparare? et àn et lucri ratio ha-

à *Titius*, si l'on paye ailleurs à *Titius*, pourra-t-il former malgré cela sa demande? Julien écrit que dans ce cas le débiteur n'est pas libéré, et que par conséquent l'on pourra former une demande relativement à l'intérêt que l'on a à ce que la somme ait été payée dans l'endroit convenu. Mais Marcellus traite aussi la même question ailleurs et il remarque sur Julien que l'on peut dire, que si mon débiteur me paye ailleurs que dans l'endroit convenu, il est libéré; quoique l'on ne puisse pas me forcer à recevoir malgré moi ce qui m'est dû; assurément si le débiteur n'est pas libéré, la somme entière, dit-il, pourrait être exigée de lui, de même que si quelqu'un avait promis de bâtir une maison dans un certain endroit, et qu'il l'eût construite dans un tout autre endroit, il ne serait pas libéré de sa promesse; mais il me semble que la différence est grande entre le paiement d'une somme et la construction d'une maison, c'est pourquoi la demande ne peut plus porter que sur les dommages et intérêts.

De l'avantage du demandeur et du défendeur, et du devoir du juge.

§. 8. Nous avons à présent à parler du devoir du juge dans l'action dont il est ici question. Doit-il se renfermer dans la quantité exprimée au contrat, ou peut-il l'augmenter ou la diminuer, en prenant en considération l'intérêt que le débiteur a de se libérer plutôt à *Ephèse* que dans l'endroit convenu? Julien qui a suivi l'opinion de Labéon, dit que le juge doit avoir aussi égard à l'intérêt que le demandeur a à ce que le paiement lui soit fait dans le lieu convenu plutôt qu'ailleurs. Le juge doit donc aussi considérer l'intérêt du demandeur. Car qu'arriverait-il s'il avait donné de l'argent qu'il faisait valoir, comptant le recevoir à Ephèse où il devait pareille somme qu'il avait promise sous une peine, ou en donnant des gages, et que les gages aient été vendus, ou qu'il ait encouru la peine à laquelle il s'était soumis par le retard qu'il a éprouvé, ou bien si le créancier lui-même devait quelque chose au fisc, et que, pour payer, il ait été obligé de vendre ses biens à vil prix? L'intérêt qu'il a eu à ce que cette somme lui fût rendue en son tems et lieu, entrera dans notre action, et même cet intérêt sera porté au-delà

bebatur, non soliùs damni? Puto et lucri (1) habendam rationem,

3. Gaius , *liv.* 9 , *ad edictum provinciale.*

Ideò in (2) arbitrium judicis refertur hæc actio, quià scimus , quàm varia (3) sint pretia rerum per singulas civitates, regionesquè; maximè vini, olei, frumenti ; pecuniarum (4) quoquè , licet videatur una et eadèm potestas ubicunquè esse, tamèn aliis locis faciliùs, levibus usuris inveniuntur, aliis difficiliùs, et gravibus usuris.

4. Ulpianus , *lib.* 27 , *ad edictum.*

De reo absolvendo.

Quod si Ephesi petetur, ipsa sola summa petetur, nec ampliùs quid; nisi si quid esset stipulatus, vel si temporis utilitas intervenit.

§. 1. Interdùm judex, qui ex hâc actione cognoscit , cùm sit arbitraria (5), absolvere reum debet, cautione ab eo exactâ de *pecuniâ ubi solvendâ*, *ubi promissa* est ; quid enim, si ibi vel oblata pecunia actori dicatur, vel deposita , vel ex facili solvenda ? Nonnè debebit înterdùm absolvere? In summâ, æquitatem [quoquè] antè oculos habere debet judex , qui huic àctioni addictus est.

---

(1) V. l. 15. in pr. infr. ratam rem haberi.
(2) L. 2. in pr. supr. h. t.

du taux fixé par la loi ; mais si le créancier était dans
l'usage de faire le commerce de marchandises ? Doit-on
aussi prendre en considération le gain qu'il a manqué de faire
par ce retard, ou seulement la perte qu'il a faite ? Je suis
d'avis que l'on doit aussi considérer les bénéfices qu'il a
manqué de faire (1).

3. GAJUS, *liv.* 9, *sur l'édit provincial.*

C'est la raison pour laquelle cette action (2) est subor-
donnée à la volonté du juge, parce que nous n'ignorons
pas combien les choses varient sous le rapport de la valeur (3) dans chaque ville, dans chaque canton, sur-tout
la valeur du vin, de l'huile et du froment. L'argent
même (4), quoiqu'il semble qu'il ait par-tout la même
valeur, se trouve cependant plus aisément dans certains
endroits que dans d'autres, et l'intérêt est plus fort dans
certains endroits qu'il ne l'est dans d'autres.

4. ULPIEN, *liv.* 27, *sur l'édit.*

Du défendeur qui doit être absous.

Mais si la dette est exigée à Ephèse, par exemple, lieu
convenu, on ne pourra pas demander plus que la dette,
à moins que l'on ait stipulé quelque chose au-delà, ou
qu'en différant le paiement il n'en résulte quelqu'avantage
pour le créancier.

§. 1. Il est des cas où le juge qui connaît de cette action,
au moyen de ce qu'elle est arbitraire, doit absoudre le
débiteur (5) en donnant par ce dernier caution *de payer
là où il a promis de le faire.* Car qu'en serait-il si le débiteur disait qu'il a offert de payer le créancier en cet
endroit, ou s'il a réalisé ses offres en déposant l'argent dans
cet endroit, ou s'il lui est plus facile de s'y libérer ; le juge
ne devra-t-il pas dans ces cas absoudre le débiteur ? En
général l'équité doit être la base de la conduite du juge
qui connaît de ces matières.

---

(3) L. 63. §. ult. infr. ad leg. Falcid. §. 33. vers. quæ utilitas. Iust. de
action.
(4) D. §. 33. vers. sed et pecuniæ.
(5) L. 2. in pr. l. 3. supr. h. t.

5. PAULUS, *lib.* 28, *ad edictum.*

De jussu testatoris.

Si heres à testatore jussus sit, *certo loco quid dare*, arbitraria actio competit.

6. POMPONIUS, *lib.* 22, *ad Sabinum.*

De mutuo.

Aut mutua pecunia [sic] data fuerit, ut certo loco reddatur.

7. PAULUS, *lib.* 28, *ad edictum.*

In bonæ fidei judiciis, etiàm si [in] contrahendo convenit, *ut certo loco quid præstetur*, ex empto, vel vendito, vel depositi actio competit; non arbitraria actio,

§. 1. Si tamèn *certo loco traditurum se* quis stipulatus sit, hâc actione utendum erit.

8. AFRICANUS, *lib.* 3, *quæstionum.*

De bonæ fidei judiciis. De stipulatione.

Centum Capuæ dari stipulatus, fidejussorem accepisti; ea pecunia ab eo (1) similitèr, ut ab ipso promissore peti debebit; id est, ut, si alibì (2) quàm Capuæ petantur, arbitraria agi debeat; hisquè tanti æstimetur; quanti (3) ejus vel actoris interfuerit, eam summam Capuæ potiùs, quàm alibi solvi. Nec oportebit, quod fortè per reum

---

(1) L. 3. infr. de fidejussor. tutor.
(2) §. 35. vers. propter quam causam. Inst. de action.

5. PAUL, *liv.* 28, *sur l'édit.*

De l'ordre donné par le testateur.

Si un testateur a chargé son héritier de payer une somme *dans un certain endroit*, il y aura lieu dans ce cas à l'action que nous traitons.

6. POMPONIUS, *liv.* 22, *sur Sabinus.*

Du prêt.

Ainsi que dans le cas où on a prêté une somme pour être rendue dans un certain endroit.

7. PAUL, *liv.* 28, *sur l'édit.*

Dans les jugemens de bonne foi, quoiqu'il soit convenu entre les parties contractantes *qu'il serait donné, ou fait quelque chose dans un certain endroit,* on ne pourra pas se servir de notre action pour faire exécuter la convention, mais on exercera les actions qui naissent de la nature du contrat qu'on aura fait, comme celles de l'achat, ou de la vente, ou du prêt.

§. 1. Si cependant quelqu'un *s'est engagé* à livrer une chose dans un certain endroit, on pourra intenter contre lui notre action.

8. AFFRICANUS, *liv.* 3, *des questions.*

Des actions de bonne foi. De la stipulation.

Vous avez stipulé que l'on vous rendrait à Capoue, une somme que vous avez prêtée; et, pour assurer l'exécution de cette promesse, vous vous êtes fait donner un répondant. Vous pouvez exiger la somme du répondant, de la même manière que vous l'exigeriez de votre débiteur,

---

(1) L. un. C. ubi conven. qui certo loco.

steterit, quominùs tota centum Capuæ solve-
rentur, obligationem fidejussoris augeri ; neque
enim hæc causa rectè comparabitur obligationi
usurarum ; ibi enim duæ stipulationes sunt, hic
autem una pecuniæ [creditæ] est : circà cujus
executionem, æstimationis ratio arbitrio judicis
committitur. Ejusque differentiæ manifestissimum
argumentum esse puto, quòd si post moram
factam pars pecuniæ soluta sit, et reliquum petatur, officium judicis tale esse debeat, ut æs-
timet, quanti actoris intersit, eam duntaxat
summam, quæ petetur, Capuæ solutam esse,

9. ULPIANUS, *liv.* 47, *ad Sabinum.*

Ubi solvi debet.

Is, qui certo loco dare promittit, nullo (1) alio
loco, quàm in quo promisit, solvere invitò
stipulatore potest.

10. PAULUS, *lib.* 4, *quæstionum.*

De fidejussore post moram accepto.

Si post moram factam, quominùs Capuæ solveretur, cùm arbitrariá vellet agere, fidejussor
acceptus sit ejus actionis nomine : videamus,
nè ea pecunia, quæ ex sententiá judicis acce-
dere potest, non debeatur, nec sit in obligatione ; adeò ut, nunc quoque fortè soluta, vel
si Capuæ petatur, arbitrium judicis cessat ; nisi
[si] quis dicat, si judex centum et viginti con-
demnare debuerit, centum solutis ex universitate,

---

(1) L. 5. §. 1. infr. depositi. l. 122. in pr. infr. de verb. oblig. l. 16
§. 1. infr. de fidejussor. l. 9. C. de solution.

c'est-à-dire que si la somme est demandée ailleurs qu'à *Capoue* , on se servira de notre action, et on aura égard à l'intérêt que le créancier ou le débiteur avait à ce que la somme fût payée à Capoue plutôt qu'ailleurs, et l'obligation du répondant ne devra pas être plus forte en raison de ce que c'est par la faute du débiteur que toute la somme n'a pas été payée à Capoue. Car cette raison ne peut pas être valablement comparée à l'obligation résultant des intérêts ; en effet, il y a ici deux promesses, savoir l'une qui a pour objet l'argent prêté, l'autre les intérêts ; quant à l'intérêt que le créancier avait à ce que la promesse fût exécutée, c'est le juge qui doit l'estimer ; et je pense que la preuve la plus évidente de cette différence consiste en ce que, si une partie de la somme a été payée après que le débiteur a été mis en demeure, et que l'on en demande le reliquat, il est du devoir du juge de n'avoir égard à l'intérêt que le demandeur avait à être payé à Capoue, que pour la somme qui lui restera due.

9. ULPIEN, *liv.* 47, *sur Sabinus.*

Dans quel endroit le débiteur doit se libérer.

Celui qui s'est engagé à payer ou à fournir une chose dans un certain lieu, ne peut pas (1) malgré le créancier se libérer ailleurs que dans l'endroit où il a promis de le faire.

10. PAUL, *liv.* 4, *des questions.*

Du répondant fourni par le débiteur après qu'il a été en demeure.

Si après qu'un débiteur a été en demeure de payer à Capoue, suivant la convention, le créancier étant dans l'intention de former contre lui l'action dont nous parlons, a accepté un répondant que le débiteur lui a offert pour assurer le paiement de sa dette, la somme à laquelle le juge condamnerait le débiteur à cause du retard où il serait de payer à Capoue, serait-elle due, et entrerait-elle dans cette obligation, ensorte que si la dette est payée à l'instant, ou exigée à Capoue, le juge ne puisse plus condamner le débiteur à payer au-delà de la dette ? C'est ce que nous avons à examiner. A moins

tàm ex sorte , quàm ex pœnâ , solutum videri ; ut supersit petitio ejus , quod excedit sortem , et accedat pœna pro eâdem quantitate ? Quod non puto admittendum : tantò magìs quòd creditor , accipiendo pecuniam , etiàm remisisse pœnam videtur.

que l'on ne dise que si le juge a condamné à payer cent-
vingt, au lieu de cent qui étaient dûs, et que le débiteur
ait payé cent en un seul et même paiement, la peine a été
cumulée avec la dette, de manière qu'il y aura lieu à demander ce qui reste de la dette, et que la peine accédera
dans la même proportion ; mais je ne pense pas que ce
raisonnement puisse être admis, et avec d'autant plus de
raison que le créancier, en recevant sa dette, semble avoir
fait remise de la peine.

TITULUS QUINTUS.

De (1) pecuniâ constitutâ,

~~~~~~~~~~

1. ULPIANUS , *lib.* 27 , *ad edictum.*

Ratio.

Hoc edicto prætor favet naturali æquitati, qui constituta ex consensû facta custodit: quoniàm grave est fidem (2) fallere.

Et verba edicti. De muliere.

§. 1. Ait Prætor : *qui pecuniam debitam constituit. Qui* (3) sic accipiendum est , *quævè* ; nàm et mulieres de constitutâ tenentur, si non intercesserint.

De pupillo.

§. 2. De pupillo , etsi nihil sit expressum edicto, attamèn sinè tutoris auctoritate constituendo non obligatur. (4)

---

(1) Lib. 4. C. 18. §. 9. Inst. de action.
(2) L. 25. in pr. infr. h. t. l. 1 in pr. supr. de pact. l. 1. §. 4. infr. depositi.
~~~~~~~~~~

TITRE CINQ.

*De l'action appelée Constitut (1), que
l'on a contre celui qui a promis de
payer une somme due.*

1. ULPIEN, *liv.* 27, *sur l'édit.*

Motif.

LE préteur en proposant cet édit favorise l'équité naturelle, qui veut que l'on remplisse les engagemens que l'on a contractés. Car on a peine à se familiariser avec l'idée d'un homme qui manque à sa parole. (2)

Et expressions de l'édit. De la femme.

§. 1. Le préteur dit ; — *Celui qui a promis de payer une somme due.* Ce mot *celui* (3) doit s'entendre aussi des *femmes.* Car les femmes sont également tenues de remplir les promesses qu'elles ont faites, à moins, qu'elles ne se soient obligées pour autrui.

Du pupille.

§. 2. Il n'a rien été dit dans l'édit du pupille, cependant s'il a fait une promesse sans l'autorité de son tuteur, il n'est pas obligé (4).

---

(3) L. 1. infr. de verb. sign. l. 5. §. 1. infr. de homine libero exhib.
(4) L. 41. supr. de condict. indeb. lib. 59. infr. de oblig. et act.

De filio familiâs.

§. 3. Sed si filius familiâs constituerit , àn teneatur, quæritur? Sed puto verûm , et ipsum constituentem teneri, et patrem de peculio.

Da stipulatione inutili.

§. 4. Eum qui inutiltèr sipulatus est , cùm stipulari voluerit, non constitui sibi , dicendum est de constitutâ experiri non posse ; quòniàm non animo constituentis, sed promittentis factum sit.

Si aliud pro debito constituatur.

§. 5. An potest aliud constitui , quàm quod debetur, quæsitum est? Sed cùm jàm placet, rem pro re solvi posse (1), nihil prohibet, et aliud pro debito constitui : deniquè si quis centum debens, frumentum ejusdem pretii constituat, puto valere constitutum.

De debito ex contractû.

§. 6. *Debitum* autèm ex quâcunquè causâ potest constitui, id est, ex quocunquè contractû (2) sivè certi (3), sivè incerti : et si ex causâ emptionis quis pretium debeat, vel ex causâ dotis , vel ex causâ tutelæ , vel ex quocunquè alio contractû.

Vel naturlitèr.

§. 7. Debitum autèm vel naturâ sufficit.

___

(1) L. 17. C. de solution. Inst. in pr. quib. mod. tollitur oblig.
(2) Adde l. 29. infr. h. t.

De l'action appelée Constitut , etc.

Du fils de famille.

§. 3. On demande si le fils de famille qui aurait fait
une promesse, serait obligé ? J'atteste que le fils de famille
est tenu personnellement, et que le père est obligé jusqu'à la concurrence de ce qui se trouve dans le pécule
du fils.

De la stipulation inutile

§. 4. On doit dire que celui-là stipule inutilement qui
en voulant engager un autre envers lui par une stipulation solemnelle, l'a simplement engagé par une simple
promesse ; et il n'aura pas l'action dont il est ici question ,
parce que le débiteur a voulu simplement s'engager par
une promesse, et non pas par *Constitut*.

Si l'on promet de payer une chose pour un autre.

§. 5. Mais on à demandé si on pouvait s'engager par
Constitut à payer une chose différente de celle qui est
due. Il est décidé qu'un tel engagement est valable , puisqu'il est permis (1) de payer une chose pour un autre.
En un mot si quelqu'un devant une somme quelconque,
a promis de donner du bled en place pour la valeur de
la somme, je pense que le *Constitut* est valable.

De la dette dérivant d'un contrat.

§. 6. Une dette, n'importe qu'elle soit la cause d'où
elle provienne, c'est-à-dire, qu'elle provienne d'une obligation dont l'objet est certain (2) ou incertain (3), peut
faire la matière d'un Constitut , même dans le cas ou le débiteur devrait soit pour cause d'achat, ou de dot, ou de
tutelle, en un mot pour quelque contrat que ce soit.

Ou du droit civil.

§. 7. Or il suffit que la dette soit due suivant le droit
civil.

---

(2) V. l. un. C. de sentent. quæ pro eo, quod interest.

Vel jure prætorio. De his qui de peculio tenentur.

§. 8. Sed et is , qui honorariâ actione , non jure civili obligatus est , constituendo tenetur ; videtur enim debitum , et quod jure honorario debetur. Et ideò et pater et dominus de peculio obstricti, si constituerint , tenebuntur usquè ad eam quantitatem , quæ tunc fuit in peculio , cùm constituebatur : cæterùm , si plùs suo nomine constituit, non tenebitur in id , quod plùs est.

2. JULIANUS , *lib.* 11 , *Digestorum.*

Quòd si filii nomine constituerit se decèm soluturùm , quamvis in peculio quinquè fuerint , de constitutâ in decèm tenebitur.

3. ULPIANUS , *lib.* 27, *ad edictum.*

De marito.

Quòd si maritus plùs constituit ex dote , quàm facere potuerat : quià debitum constituerit , in solidum quidèm tenetur, sed mulieri, in quantùm facere potest , condemnatur.

De obligatione civili tantùm.

§. 1. Si quis autèm constituerit , quod jure civili debebat , jure prætorio non debebat, id est, per exceptionem , àn constituendo teneatur, quæritur? Et est verùm , ut [et] Pomponius scribit , eum non teneri : quià *debita juribus* non est pecunia , quæ constituta est.

Ou

Ou du droit prétorien. De ceux qui sont tenus du pécule.

§. 8. Celui même qui n'est pas obligé suivant le droit civil, mais par le droit prétorien, est tenu de remplir la promesse qu'il a faite, car ce qui est dû suivant le droit prétorien, est censé dû de même que s'il l'était par le droit civil. Par conséquent le père, et le maître qui sont obligés sous le rapport du pécule de leurs fils, ou de leurs esclaves, s'ils promettent de payer sont tenus jusqu'à la concurrence de ce qui composait le pécule, lorsqu'ils ont promis. Mais si l'un ou l'autre s'est obligé en son propre nom au-de-là des forces du pécule, ils ne seront pas tenus de cet excédent.

2. JULIEN, *liv.* 11, *du Digeste.*

Mais si un père promet de payer pour son fils une somme de dix, quoiqu'il ne se trouve dans le pécule que cinq, il sera malgré tout, tenu en vertu de sa promesse à payer les dix qu'il a promis.

3. ULPIEN, *liv.* 27, *sur l'édit.*

Du mari.

Si un mari s'est engagé par Constitut, à rendre la dot de sa femme, mais au-de-là de ses facultés, il sera tenu au moyen de l'engagement qu'il a pris de payer tout ce qu'il a promis, parce que ce qu'il a promis est dû ; mais la condamnation du mari au profit de sa femme, sera proportionné à ses facultés.

De l'obligation seulement civil.

§. 1. On demande si celui qui devait suivant le droit civil, mais qui ne devait pas suivant le droit prétorien, c'est-à-dire parce qu'il avait une exception à opposer au créancier, on demande, disons-nous, s'il serait obligé en vertu de la promesse qu'il aurait faite. Il est plus vrai d'adopter dans ce cas l'opinion de Pomponius qui dit qu'il n'est pas obligé, parce qu'une somme due suivant le droit civil n'est pas une somme promise en vertu d'un Constitut.

Tom. 8   4

De obligatione in diem.

§. 2. Si is, qui [et] jure civili , et prætorio debebat, in diem (1) sit obligatus, àn constituendo teneatur ? et Labeo ait, teneri, [constitutum] : quam sententiam et Pædius probat ; et adjicit Labeo, vel proptèr has pòtissimùm pecunias, quæ nondûm peti possunt , constituta inducta ; quam sententiam non invitus probarem : habet enim utilitatem , ut ex die obligatus , constituendo se eâdèm die soluturum, teneatur.

4. PAULUS , *lib.* 29, *ad edictum.*

Sed et, si citeriore die constituat se soluturum, similitèr tenetur.

5. ULPIANUS , *lib.* 27 , *ad edictum.*

Eum , qui Ephesi promisit se soluturum , si constituat alio loco se soluturum , teneri constat.

De legato.

§. 1. Julianus legatum Romæ constituentem, quod in provinciâ acceperat , putat conveniri debere (2) : quod et verum est. Sed [et] si non cùm esset, sed in provinciâ adhùc , Romæ constituit se Romæ soluturum , denegatur in eum actio de constitutâ.

Debitum quo modo accipitur.

§. 2. Quod exigimus (3) , ut sit debitum, quod constituitur , in rem exactum est : non utiquè

---

(1) L. 2 in pr. C. h. t.
(2) Obst. l. 8. supr. de ji d

§. 2. Celui qui était obligé par le droit civil, et par le droit prétorien, mais qui ne devait payer qu'à une époque fixe (1) est-il obligé en vertu de la promesse qu'il a faite de payer avant? Labéon dit qu'il est obligé par la promesse qu'il a faite, et Pedius est de son opinion. Labéon ajoute que les Constituts n'ont été établis, que pour assurer le paiement des sommes qui ne peuvent encore être exigées. J'adopterais volontiers cet avis, car il devient très-utile pour forcer celui qui, n'étant tenu de payer qu'à un certain tems, a promis de payer avant l'époque, pour le forcer, dis-je à tenir sa promesse.

4. PAUL, *liv.* 29, *sur l'édit.*

S'il s'engage par Constitut à payer avant l'époque où il doit le faire, le Constitut vaut, et doit avoir son effet.

5. ULPIEN, *liv.* 27, *sur l'édit.*

Il est hors de doute que celui qui a promis de payer une somme à Ephèse, et qui s'oblige ensuite par Constitut à la payer ailleurs, est tenu de remplir son obligation.

D'un député.

§. 1. Julien pense qu'un député qui promet de payer à Rome ce qu'il avait reçu en province, peut-être (2) actionné à Rome, et cela est vrai. Mais s'il avait fait cette promesse n'étant pas encore à Rome, mais bien dans la province qu'il n'avait pas encore quittée, cette promesse ne serait pas obligatoire pour lui. Et on ne pourrait pas former contre lui l'action que nous traitons.

Dans quel sens il faut entendre le mot dû.

§. 2. Lorsque nous exigeons, pour donner lieu (3) à notre action, que la somme soit due, nous entendons qu'il

---

(3) L. 2. in pr . vers. ità tamen. C. h. t.

nt is , cui constituitur, creditor sit; nàm et quod ego debeo , tu constituendo teneberis (1) : et quod tibi debetur , si mihi constituatur , debetur.

De epistolâ

§. 3. Julianus quoquè lib. XI. scribit : Titius epistolam ad me talem emisit : *scripsi [me] secundùm mandatum Seji , si quid tibi debitum adprobatum erit , me tibi cauturum , et soluturum sinè controversiâ ;* tenetur Titius de constitutâ pecuniâ.

De personâ soluturâ.

§. 4. Sed si quis constituerit *alium soluturum*, non se pro alio , non (2) tenetur : et ità Pomponius lib. VIII. scribit.

Et cui solvendum est.

§. 5. Itèm, si mihi constituas , te soluturum , teneberis. Quòd si mihi constitueris, *Sempronio te soluturum*, non teneberis.

De procuratore.

§. 6. Julianus lib. XI. Digestorum scribit , procuratori constitui posse : quod Pomponius ità interpretatur , ut ipsi procuratori constituas te soluturum, non domino.

---

(1) §. 9. Inst. de action.

suffit que la somme soit due en général , et il n'est pas
nécessaire que celui à qui l'on promet par Constitut , soit
lui-même créancier. Car vous , en promettant de payer
pour moi ce que je dois , vous êtes tenu d'exécuter votre
promesse (1) et ce que l'on vous doit , m'est dû , si on me
promet de me le payer.

D'une lettre.

§. 3. Julien écrit aussi au liv. xi ce qui suit. Titius
m'a adressé une lettre dont voici le contenu. *Je vous écris
selon la commission que m'en a donné Séjus, que , s'il
est prouvé qu'il vous soit dû quelque chose, je vous ré-
ponds de votre dette, et que je vous la paierai sans
nulle dificulté.* Titius, d'après cette lettre , est soumis à
l'action du Constitut.

De la personne qui doit payer.

§. 4. Mais si quelqu'un a promis par un Constitut qu'un
autre paiera , et non pas qu'il paiera pour un autre , il
n'est pas (2) soumis à cette action, c'est ce qu'écrit Pomponius au livre VIII.

Et de celle à qui on doit payer.

§. 5. De même si vous promettez par Constitut de me
payer , vous y serez obligé, mais si vous promettez de payer
à Simpronius vous n'êtes pas obligé.

D'un fondé de pouvoir.

§. 6. Julien dit au livre xi du Digeste , que l'on peut
même promettre par Constitut à un fondé de pouvoir de
payer ce que l'on doit à celui qui l'a constitué. Ce que
Pomponius interprète dans ce sens, c'est à-dire que ce n'est
que dans le cas où vous promettez de payer au fondé de
pouvoir lui-même , et non dans celui où vous prometteriez
de payer au constituant.

---

(2) L. 38. in pr. infr. de verb. oblig. Authent. Si quando C. h. t.
Novell. 115. c. 6. §. 3. Inst. de inutil. stipul.

De tutore actore municipum, curatore.

§. 7. Itèm tutori pupilli constitui potest, et actori municipum, et curatori furiosi.

§. 8. Sed et ipsi constituentes tenebuntur.

§. 9. Si actori muuicipum, vel tutori pupilli, vel curatori furiosi, vel adolescentis, ità constituatur, *municipibus solvi*, vel *pupillo*, vel *furioso*, vel *adolescenti :* utilitatis gratiâ puto dandam municipibus, vel pupillo, vel furioso, vel adolescenti utilem (1) actionem.

§. 10. Servo quoquè constitui posse constat : et si servo constituatur, *domino solvi*, vel *ipsi servo*, qualem qualem servum domino adquirere obligationem.

6. PAULUS, *lib.* 2, *sententiarum.*

De eo qui bonâ fide servit.

Idèm est, et si ei, qui bonâ fide mihi servit, constitutum fuerit.

7. ULPIANUS, *lib.* 27, *ad edictum.*

De filio familiâs.

Sed et si filio familiâs constituatur, valet constitutum.

De adjecto.

§. 1. *Si mihi, aut Titio* stipuler, Titio cons-

---

(1) V. l. 2. infr. quando ex facto tutor.

Du tuteur, du syndic d'une communauté d'habitans, du curateur.

§. 7. On peut de même s'obliger par Constitut envers le tuteur d'un pupille, le syndic d'une communauté d'habitans, et le curateur d'un fou.

§. 8. Toutes ces personnes seront également obligées, si elles s'engagent par Constitut.

§. 9. Je pense que si quelqu'un s'engage par Constitut envers le tuteur d'un pupille, le syndic d'une communauté d'habitans, ou le curateur d'un fou, ou d'un mineur, à payer soit au *pupille*, soit à *la communauté d'habitans*, soit *au fou*, ou enfin *au mineur*, je pense, dis-je, qu'en faveur de l'utilité de ces engagemens, on doit donner une action utile (1) au pupille, ou à la communauté, ou au fou, ou au mineur.

§. 10. Il est constant que l'on peut aussi s'engager par Constitut envers un esclave, et que si l'on promet par Constitut à l'esclave, de payer à *son maître*, ou à *lui-même*, l'esclave, quelqu'il soit, acquiert à son maître l'obligation.

6. PAUL, *liv.* 2, *des sentences.*

De celui qui est esclave de bonne foi.

Il en est de même de celui qui fait un Constitut a un homme libre qui est mon esclave de bonne foi.

7. ULPIEN, *liv.* 27, *sur l'édit.*

Du fils de famille.

Le Constitut est valable lors-même qu'il est fait à un fils de famille.

De celui qui est ajouté.

§. 1. Si je stipule que l'on payera à moi, ou à Titius,

titui suo nomine non posse, Julianus ait : quià non habet petitionem (1), tametsi solvi (2) ei possit.

8. PAULUS, *lib.* 29, *ad edictum.*

Si verò *mihi, aut Titio* constitueris *te soluturum,* mihi competit actio. Quòd si posteàquàm soli mihi te soluturum constituisti, solveris Titio, nihilominùs mihi teneberis. (3)

9. PAPINIANUS, *lib.* 8 *quæstionum.*

Titius tamèn indebiti condictione tenebitur ; ut quod ei perperàm solutum est, ei, qui solvit, reddatur.

10. PAULUS, *lib.* 29, *ad edictum.*

De duobus reis stipulandi.

Idèm est, et si ex duobus reis stipulandi post alteri constitutum, alteri posteà solutum est : quià loco ejus, cui jàm solutum est, haberi debet is, cui constituitur.

11. ULPIANUS, *lib.* 27, *ad edictum.*

Si non apparet debitor.

Hactenùs igitùr constitutum valebit, si, quod constituitur (4), debitum sit ; etiàm si nullus apparet, qui interìm debeat : utputà, si antè aditam hereditatem debitoris, vel capto eo ab

---

(1) Fac. l. 55. §. 2. infr. de verb. oblig.
(2) §. 4. Inst. d. t.

Julien pense que le Constitut qui serait fait à Titius, ne serait pas valable; parce que Titius n'a pas le droit de demander (1) quoique l'on puisse valablement payer entre ses mains. (2)

8. PAUL, *liv.* 29, *sur l'édit.*

Mais si vous vous *êtes engagé par Constitut à payer à moi ou à Titius*, l'action m'est acquise, et si après que vous vous êtes engagé par Constitut à ne payer que moi seul, vous payez à Titius, vous n'en serez pas moins obligé envers moi (3).

9. PAPINIEN, *liv.* 8, *des questions.*

Mais vous aurez contre Titius l'action en demande de restitution d'une chose induement payée, afin qu'il vous rende ce que vous lui avez mal à propos payé.

10. PAUL, *liv.* 29, *sur l'édit.*

De deux créanciers solidaires.

Il en est de même du cas où un débiteur qui a deux créanciers solidaires, ayant promis par Constitut de payer à l'un d'eux, paie ensuite à l'autre, parce que celui à qui le Constitut a été fait, est censé représenter celui à qui le débiteur a payé.

11. ULPIEN, *liv.* 27, *sur l'édit.*

Si le débiteur n'est pas apparent.

La promesse par Constitut ne sera donc valable qu'autant que la somme qui en fait l'objet est due (4). Quand bien même le débiteur ne serait pas apparent, tel, par exemple, le cas où l'héritier du débiteur fait cette promesse avant d'avoir accepté la succession, ou celui où quelqu'un promet de payer pour un autre prisonnier de

___

(3) V. l. 59. Infr. de solut.
(4) L. 5. §. 2. supr. l. 2. in pr. circa med. C. h. t.

hostibus , constituat quis se soluturum : nàm et Pomponius scribit , valere constitutum , quoniàm debita pecunia constituta est.

Si plus octavo decimo vel minùs constituatur quàm debitum sit.

§. 1. Si quis centum aureos debens, *ducentos* constituat , in centum tantùmmodo tenetur : quià (1) ea pecunia debita est; ergo et is , qui sortem , et usuras, quæ non debebantur , constituit , tenebitur in sortem duntaxàt.

12. PAULUS , *lib.* 13 , *ad edictum.*

Sed et si decem debeantur, *et decem et Sty- chum* constituat, potest dici , decem tantùmodo nomine teneri.

13. IDEM , *lib.* 29 , *ad edictum.*

Sed si quis viginti debens , *decem* constituit se soluturum , tenebitur.

14. ULPIANUS , *lib.* 27 , *ad edictum.*

De certâ vel incertâ quantitate.

Qui autèm constituit se soluturum , tenetur , sivè adjecit certam quantitatem, sivè non.

De pignore.

§. 1. Si quis constituerit *se pignus daturum*, cùm utilitas pignorum irrepserit , debet etiàm hoc constitutum admitti.

---

(1) V. princ. h. l.

guerre, car Pomponius écrit que, dans ce cas, le Constitut est valable, parce que la somme promise est due.

Si le Constitut porte une somme au-dessus, ou-dessous
de la dette.

§. 1. Celui qui, ne devant que cent écus d'or, en promet par Constitut deux cents, *n'est tenu* que de payer les cent qu'il devait, parce que ces cent écus sont les seuls qui sont dûs (1) ; donc celui qui promet par Constitut le capital et les intérêts qui ne sont pas encore dûs, n'est obligé que pour le capital.

12. PAUL, *liv.* 13, *sur l'édit.*

Celui qui doit dix, et qui s'engage par Constitut *à payer ces dix*, ou à *donner l'esclave Stychus*, n'est tenu qu'à donner dix.

13. PAUL, *liv.* 29, *sur l'édit.*

Mais si quelqu'un, devant vingt, s'engage par Constitut à payer *dix*, est obligé par le Constitut qu'il a fait.

14. ULPIEN, *liv.* 27, *sur l'édit.*

De la somme déterminée ou indéterminée.

Celui qui s'est engagé par un Constitut à payer, est tenu de le faire, soit qu'il ait spécifié la somme, soit qu'il ne l'ait pas exprimée.

Du gage.

§. 1. Si quelqu'un a promis par Constitut de *fournir un gage*, comme l'utilité des gages est reconnue, il est obligé par le Constitut qu'il a fait.

Vel fidejussore dando.

§. 2. Sed et si quis *certam personam fide-jussuram pro se* constituerit (1), nihilominùs tenetur, ut Pomponius scribit. Quid tamèn, si ea persona nolit fidejubere? Puto teneri eum qui constituit: nisì aliud factum est. Quid, si antè decessit? Si morâ interveniente, æquum est te-neri eum, qui constituit, vel in id, quod interest, vel ut aliam (2) personam non minùs idoneam fidejubentem præstet: si nullâ morâ interveniente, magis puto non teneri.

Quibus modis, per quas personas constituitur.

§. 3. Constituere autèm et præsentes et ab-sentes possumus; sicut pacisci (3), et per nuncium, et per nosmet ipsos, et quibuscunquè verbis.

15. Paulus, *lib. 29, ad edictum.*

Et licèt libera (4) persona sit, per quam tibi constitui, non erit impedimentùm quod per liberam personam adquirimus (5) quià ministerium tantùmmodo hoc casû præstare videtur.

16. Ulpianus, *lib. 27, ad edictum.*

De duobus constituentibus.

Si duo, quasì duo rei, constituerimus, vel cum altero agi poterit in solidum. (6)

---

(1) Vide tamèn 1. 38. in pr. infr. de verb. oblig.
(2) L. 25. in fin. supr. de recept. qui arbitr.
(5) L. 2. in pr. supr. de pact.

§. 2. Suivant ce qu'écrit Pomponius, celui qui a promis qu'une *certaine personne répondrait pour lui* (1) est obligé en vertu de sa promesse. Mais qu'arriverait-il si cette personne ne voulait pas répondre ? Je pense que celui qui a fait la promesse est obligé, à moins qu'il n'y ait eu de nouvelles choses. Mais si elle était décédée avant d'avoir répondu ? S'il y avait eu du retard de la part de celui qui a promis, il est juste qu'il soit obligé, ou à payer des dommages-intérêts, ou à fournir un autre répondant solvable (2), s'il n'y a pas eu de retard de sa part, je pense qu'il n'est pas soumis à l'action du Constitut.

Comment et par quelles personnes se fait un Constitut.

§. 3. Nous pouvons faire un Constitut, absent comme présent, de même que nous pouvons faire une convention (3) par nous-mêmes, et par lettre, et en employant n'importe quelles expressions.

15. Paul, *liv.* 29, *sur l'édit.*

Quoique la personne, par l'entremise de laquelle nous faisons un Constitut, soit libre (4), rien n'empêche que ce que nous acquérons par cette personne (5) libre, ne nous soit valablement acquis, parce que dans ce cas il est censé nous prêter simplement son ministère.

16. Ulpien, *liv.* 27. *sur l'édit.*

De deux personnes qui s'engagent par un Constitut.

Si nous nous engageons tous deux comme deux débiteurs solidaires, l'un et l'autre pourrons être actionnés pour le tout (6).

---

(4) L. 24. §. ult. infr. de usur. l. 3. in pr. infr. quod vi aut clam.
(5) L. 18. in pr. infr. de adquir vel amitt. possess.
(6) Vide tamèn l. ult. C. h. t. et Nov. 99. c. 1.

De loco, et tempore.

§. 1. Sed et certo loco, et tempore constituere quis potest ; nec solùm eò loci [posse eum] petere, ubì ei constitutum est : sed , exemplo arbitrariæ actionis, ubìquè potest.

Verba edicti.

§. 2. Ait Prætor : *si appareat, eum, qui constituit, nequè solvisse, nequè fecisse* (1)*, nequè per actorem stetit* (2)*, quominùs fieret, quod constitutum est.*

Si per rerum naturam stetit quominùs fierit.

§. 3. Ergo, si non stetit per actorem , tenet actio : etiàm si per rerum naturam stetit , sed magìs dicendum est, subveniri reo debere.

Quo tempore consideratur, àn reus fecerit.

§. 4. Hæc (3) autèm verba prætoris, *nequè fecisse reum, [quod constituit,]* utrum ad tempus constituti pertinent , àn verò usquè ad litis contestationem trahimus, dubitari potest ? Et puto ad tempus constituti.

17. PAULUS , *lib.* 29, *ad edictum.*

Sed et si aliâ die offerat, nec actor accipere voluit , nec ulla causa justa fuit non accipiendi, æquum est , succurri reo aut exceptione , aut justâ interpretatione ; ut factum actoris usquè

---

(1) §. ult. hic. l. 17. infr. h. t.
(2) L. 18. in pr. infr. eod.

Du tems et du lieu.

§. 1. Quelqu'un peut s'engager par un Constitut à payer dans un certain lieu et dans un certain tems , et non-seulement le créancier pourra demander à être payé dans l'endroit où le débiteur aura promis de le faire, mais même il le pourra par-tout ailleurs, à l'exemple de l'action arbitraire.

Termes de l'édit.

§. 2. Le préteur s'exprime ainsi : *S'il paraît que celui qui s'est engagé par Constitut, n'a pas payé, ou n'a pas fait* (1) *ce qu'il a promis, et si le demandeur* (2) *n'a pas été lui-même un obstacle à ce que la chose promise n'ait eu lieu.*

Si la nature elle-même des choses s'oppose à ce que la chose ait lieu.

§. 3. Donc l'action a lieu s'il n'y a pas eu d'obstacle de la part du demandeur, quand bien même la nature des choses aurait mis obstacle à l'exécution de la promesse, mais dans ce cas on doit venir au secours du défendeur.

A quel tems on doit rapporter l'obligation de la part du défendeur d'exécuter ce qu'il a promis.

§. 4. Or ces (3) termes du préteur , *si le défendeur n'a pas fait ce à quoi il s'est engagé par Constitut*, donnent lieu de douter , s'ils se rapportent au tems du Constitut, ou s'ils sont relatifs à l'époque où l'action a été intentée? Je pense qu'ils sont relatifs au tems fixé par le Constitut.

17. PAUL, *liv.* 29, *sur l'édit.*

Si celui qui a promis offre de payer un jour différent de celui fixé par le Constitut, et que le demandeur refuse de recevoir, sans avoir à opposer des raisons justes et valabes, l'équité veut que l'on vienne à son secours, en lui accordant une exception, ou en interprétant équitablement l'édit du préteur, afin que le demandeur ne puisse s'en prendre

---

(3) §. 2. supr. h. l.

ad tempus judicii ipsi noceat : ut illa verba ; *nequè fecisse*, hoc significent, ut nequè in diem, in quem constituit, fecerit, nequè posteà.

18. ULPIANUS, *lib. 27, ad edictum.*

Quo tempore consideratur, àn per actorem steterit.

Itèm illa verba prætoris (1), *nequè per actorem stetisse*, eandèm recipiunt dubitationem. Et Pomponius dúbitat, si fortè ad diem constituti per actorem non steterit, antè stetit, vel posteà ? Et puto, et hæc ad diem constituti referenda : proindè si valetudine impeditus : aut vi, aut tempestate petitor non venit, ipsi necere Pomponius scribit.

An sit debitum.

§. 1. Quod adjicitur, *eamquè pecuniam, cùm constituebatur, debitam* (2), *fuisse*, interpretationem pleniorem exigit. Nàm primùm illud efficit, ut, si quid tunc debitum, cùm constitueretur; nunc non sit, nihilominùs teneat constitutum : quià retrorsùm se actio refert. Proindè temporali actione obligatum constituendo, Celsus et Julianus scribunt teneri debere : licét post constitutum dies temporalis actionis exierit. Quarè et si post tempus obligationis se soluturum constituerit, adhùc idem Julianus putat : quoniàm eo tempore constituit, quo erat obligatio, licét in id tempus, quo non tenebatur.

Quid persequitur hac actio.

§. 2. E re autèm est hic subjungere, utrùm

---

(1) L. 15. §. 2. supr. h. t.

qu'à lui seul de ce qui pourra arriver jusqu'au jour du jugement ; en sorte que ces mots *n'a pas fait*, doivent être ainsi entendus, c'est-à-dire, s'il n'a pas fait, ou donné le jour où il s'y est engagé, ni par la suite.

18. ULPIEN, *liv.* 27, *sur l'édit.*

A quel tems il faut se reporter pour savoir si l'obstacle vient de la part du demandeur.

De même ces expressions du préteur , *si le demandeur n'a pas mis d'obstacle*, offrent quelque difficulté; Pomponius doute de ce que l'on devrait dire dans l'hypothèse où le demandeur n'aurait pas apporté d'obstacle au jour fixé par le Constitut, mais bien avant, ou après. Je pense que ces expressions doivent se rapporter au jour fixé par le Constitut ; par conséquent si le demandeur ne se présente pas , parce qu'il en a été empêché soit par la maladie, la force, ou une tempête, Pomponius dit que tous ces contre-tems lui deviennent préjudiciables.

Ou si la chose est due.

§. 1. Ce qui est ajouté dans l'édit , *si la somme promise était due* (1) exige une interprétation plus étendue, car cela signifie d'abord que si la chose était due au moment où le Constitut a été fait, et que maintenant elle ne le soit plus , le Constitut n'en subsiste pas moins, parce que l'action se reporte au tems qui a précédé. C'est ce qui a fait dire à Celse et à Julien que celui contre qui on a simplement une action temporelle, s'il vient à s'obliger par Constitut, reste obligé, quoique le tems où l'action temporelle doit être intentée soit écoulé après le Constitut. C'est pourquoi s'il a promis par Constitut de payer après le terme fixé par son obligation, Julien pense encore de même, parce qu'il a fait le Constitut dans le tems que l'obligation existait, quoiqu'il se soit obligé pour un tems où il ne l'était plus.

Qui est-ce que cette action poursuit.

§. 2. Il est à propos d'examiner ici si cette action com-

---

(1) L. 11. in pr. supr. l. 2. pr. circa med. C. eod.

pœnam contineat hæc actio , àn rei persecutionem? Et magìs est, ut etiàm Marcellus putat, ut rei sit persecutio.

An qui hâc actione egit, sortis obligationem consumat.

§. 3. Vetus fuit dubitatio , àn , qui hâc actione egit , sortis obligationem consumat ? Et tutius est dicere, solutione potiùs ex hâc actione factâ liberationem contingere , non (1) litis contestatione : quoniàm solutio ad utramquè obligationem proficit.

19. PAULUS, *lib.* 29, *ad edictum.*

De conditione.

Id, quod sub conditione debetur , sivè purè (2), sivè certo die constituatur, eâdèm conditione suspenditur : ut existente conditione , teneatur ; deficiente, utraquè actio depereat.

§. 1. Sed is , qui purè debet , si sub conditione constituat , inquit Pomponius, in hunc utilem actionem esse.

De peculio.

§. 2. Si pater , vel dominus constituerit se soluturum, quod fuit in peculio, non minuetur peculium, eo quòd ex eâ causâ obstrictus esse cæperit : et licèt interierit peculium, non tamèn liberatur.

---

(1) L. 4. supr. de his. qui effud.

prend une peine envers celui qui a manqué à sa promesse , ou si elle tend seulement à faire payer la chose. Il y a plus lieu de croire, comme le pense Marcellus, que cette action se poursuit que le paiement de la chose.

Si celui qui intente cette action perd son obligation principale.

§. 3. Les anciens ont douté si celui qui intente cette action perdait son obligation principale. Il est plus sûr de dire que la libération du débiteur a plutôt lieu en vertu de cette action, que par l'action principale (1), parce que le paiement de la chose sert à éteindre l'une et l'autre obligation.

19. PAUL , *liv.* 29, *sur l'édit.*

De la condition.

Ce que l'on doit sous condition, et que l'on promet par Coustitut soit purement, ou en fixant un certain terme, est suspendu par la même condition apposée à l'obligation principale, de sorte que tant que la condition existe, on est obligé par le Constitut que l'on a fait, mais si la condition n'arrive pas, les deux obligations sont éteintes.

§. 1. Mais, dit Pomponius, si celui qui, devant purement , s'oblige par Coustitut conditionnellement, il y a contre lui une action utile.

Du pécule.

§. 2. Si le père ou le maître promet de payer jusqu'à la concurrence de ce qui se trouvera dans le pécule, le pécule ne sera pas diminué par suite de l'obligation qu'il aura contractée, et le pécule vînt-il à cesser d'exister, il ne sera pas pour cela libéré.

____

(2) L. 2. in pr. vers. et dubitaretur, an pro debito sub conditione vers. et liceat pro debito pure. C. h. t.

20. Idem, *lib.* 4, *ad Plautium.*

Nec enim , quod crescit peculium , aut de-
crescit , pertinet ad constitutoriam actionem.

21. Idem, *lib.* 29 , *ad edictum.*

De rei pretio peremptæ post moram.

Promissor Stychi , post moram ab eo factam ,
mortuo Stycho , si constituerit se pretium (1)
ejus soluturum , tenetur.

De constituto sine die.

§. 1. Si sinè die constituas , potest quidem
dici , te non teneri , licèt verba edicti latè pa-
teant ; alioquin et confestìm agi tecùm poterit ,
si statim , ut constituisti, non solvas : sed modicum
tempus statuendum est , non minùs decem (2)
dierum , ut , exactio celebretur. (3)

Quomodo satisfaciendum est constituto.

§. 2. Constituto satìs non facit , qui soluturum
se constituit , si offerat satisfactionem. Si quis
autém constituat *se satisdaturum* , fidejussorem
vel pignora det , non tenetur : quià nihil ìntersit ,
quemadmodùm satisfaciat.

22. Idem, *lib.* 6 , *brevis edicti.*

De hereditate restitutá vel evictá.

Si post constitutam tibi pecuniam , hereditatem

---

(1) Adde l. 23. infr. eod.
(2) Vide tamèn §. 2. in pr. Inst. l. 41. §. 1. infr. de verb. oblig. l. 14.
infr. de reg. jur.

20. LE MÊME, *liv.* 4, *sur Plautius.*

Car encore que le pécule puisse augmenter ou diminuer, cela ne peut faire la matière de l'action qui vient du Constitut.

21 LE MÊME, *liv.* 29, *sur l'édit.*

Du prix de la chose qui n'existe plus.

Celui, qui ayant promis de fournir un esclave, et qui a été en demeure de le livrer, s'il s'oblige à en payer le prix, après la mort de l'esclave, est obligé à tenir sa promesse (1).

Du Constitut fait sans jour.

§. 1. Si vous promettez sans fixer de jour, on peut dire que vous n'êtes pas obligé, quoique les termes de l'édit puissent être interprétés dans un sens étendu; autrement on pourrait vous actionner sur-le-champ, si vous ne payez pas aussitôt que vous avez promis; mais on doit accorder un délai modique, au moins de dix jours (2), avant que la chose puisse être exigée (3).

Comment on sastifait à un Constitut.

§. 2. Celui qui a promis de payer, ne satisfait pas à sa promesse, s'il offre une autre espèce de satisfaction. Mais si quelqu'un a promis de donner caution, il est libéré s'il donne un répondant ou des gages, parce qu'il importe peu de quelle manière il donne caution.

22. LE MÊME, *liv.* 6, *de l'édit abrégé.*

D'une succession rendue, ou dont on a été évincé.

Si vous avez rendu une succession d'après le sénatus-consulte Trébellien, après qu'un débiteur de cette succes-

---

(3) V. l. 10°. infr. de solution.

ex senatusconsulto Trebelliano restitueris, quoniàm sortis petitionem transtulisti ad alium, deneganda est tibi pecuniæ constitutæ actio. Idèm est in hereditatis possessore post evictam hereditatem. Sed magis est, ut fideicommissario, vel ei, qui vicit, decernenda esset actio. (1)

23. JULIANUS, *lib.* 11, *Digestorum.*

De re post moram peremptâ.

Promissor hominis, homine mortuo, cùm per eum staret, quominùs traderetur, etsi hominem daturum se constituerit, de constitutâ pecuniâ tenebitur (2), ut pretium ejus solvat.

24. MARCELLUS, *lib. singulari responsorum.*

De epistolâ.

Titius Sejo epistolam emisit in hæc verba : *Remanserunt apud me quinquagintâ ex credito tuo, ex contractû pupillorum meorum, quos tibi reddere debebo idibus martii probos* (3) . *quòd si ad diem suprà scriptum non dedero, tunc dare debebo usuras tot.* Quæro, àn Lucius Titius in locum pupillorum hâc cautione reus successerit ? Marcellus respondit, si intercessisset stipulatio, successisse. Itèm quæro, àn, si non successisset, de constitutâ teneatur ? Marcellus respondit, in sortem teneri (4) : est enìm humanior et utilior ista interpretatio.

____

(1) Immo vide. l. 17. §. pen. supr. de pact.
(2) Adde l. 21. supr. h. t.

sion vous a promis de vous payer ce qu'il lui devait, au moyen de ce que vous avez transmis à un autre l'obligation principale, vous ne pourrez exercer l'action qui vient du Constitut. Il en est de même à l'égard de celui qui possédait une succession dont il a été évincé, et il est plus dans l'ordre d'accorder cette action au fideicommissaire, ou à celui à qui la succession a été adjugée (1).

23. JULIEN, *liv.* 11, *du Digeste.*

De la chose qui a cessé d'exister après que celui qui la devait à été en demeure de la livrer.

Quelqu'un qui s'est obligé de fournir un esclave, lequel est mort après que celui qui le devait, était en demeure de le livrer, a promis de le livrer; quoique sa promesse ait eu pour objet un esclave, cependant sa promesse dans ce cas sera convertie en une somme d'argent, afin qu'il soit tenu d'en payer le prix (2).

24. MARCELLUS, *liv. unique des réponses.*

D'une lettre.

Titius a écrit en ces termes à Séjus. *J'ai entre les mains cinquante pièces que vous avez prêtées à mes pupilles, et que je dois vous rendre en espèces ayant cours aux* (3) *Ides de mars. Si je ne vous les paie pas au jour indiqué, je m'oblige à payer tant d'intérêts.* Je demande si Lucius Titius en vertu de cette promesse s'est rendu le débiteur de Séjus à la place de ses pupilles. Marcellus a répondu que, s'il y avait eu une stipulation solennelle, qu'il avait succédé dans cette dette à ses pupilles. Je demande aussi si, dans le cas où il ne leur aurait pas succédé, il il est obligé en vertu de sa promesse. Marcellus a répondu qu'il en est tenu relativement au principal (4). Et en effet cette interprétation est moins rigide et plus utile.

---

(3) L. 20. in pr. supr. de reb cred.
(4) Vide tamen. l. ult. infr. de institor. act.

25. PAPINIANUS, *lib.* 8, *quæstionum.*

De obligatione alienatâ.

Illud, aut illud debuit, et constituit alterum : àn vel alterum, quod non constituit, solvere possit quæsitum est ? Dixi, non esse audiendum, si velit hodiè fidem (1) constitutæ rei frangere.

De jurejurando.

§. 1. Si, jurejurando delato, *deberi tibi* juraveris, cùm habeas eo nomine actionem, rectè de constitutâ agis. Sed et si non ultrò detulero jusjurandum, sed referendi necessitate (2) compulsus id fecero, quià nemo dubitat, modestiùs facere qui referat, quàm ut ipse juret; nulla distinctio adhibetur, tametsi ob tuam facilitatem ad meam verecundiam subsecuta sit referendi necessitas.

26. SCÆVOLA, *lib.* 1, *responsorum.*

De epistolâ.

Quidam ad creditorem litteras ejus modi fecit: *Decem, quæ Lucius Titius ex areâ tuâ mutuo acceperat, salvâ ratione usurarum habes penès me, domine.* Respondit, secundùm ea, quæ proponerentur, actione de constitutâ pecuniâ eum teneri.

27. ULPIANUS, *lib.* 14, *ad edictum.*

De debitore præsente, vel absente, invitô.

Utrùm præsente debitore, àn absente, consti-

---

(1) V. l. 1, in pr. supr. h. t.

25. PAPINIANUS, *liv.* 8, *des questions.*

De l'obligation changée.

Une personne s'est obligée à fournir telle ou telle chose, et elle a ensuite promis de fournir l'une de ces choses. On a demandé si elle était libre de payer celle qu'elle n'avait pas promise. J'ai répondu qu'on ne devait pas l'écouter, si elle voulait aujourd'hui ne pas tenir la promesse qu'elle avait faite (1).

Du serment.

§. 1. Si le serment vous ayant été déféré, vous avez affirmé *qu'il vous était dû*, votre serment vous donnant une action, vous pourrez utilement exercer celle qui provient du Constitut. Si au contraire je ne vous ai pas déféré de moi-même le serment, mais que je l'aie fait y étant contraint par la nécessité (2) de le référer, parce que personne ne doute que celui qui réfère le serment ne soit plus modeste que celui qui le fait, on n'admettra néanmoins ici aucune distinction, quoique ce ne soit que par un effet de ma modestie que j'aie été dans le cas de vous le référer, et pour vous y déterminer plus aisément.

26. SCÆVOLA, *liv.* 1. *des réponses.*

D'une lettre.

Un particulier a écrit en ces termes à son créancier. *J'ai, monsieur, entre les mains les dix pièces que vous avez prêtées à Lucius Titius, de votre propre bourse, sauf les intérêts.* J'ai répondu que, dans l'espèce proposée, il était soumis à l'action du Constitut.

27. ULPIEN, *liv.* 14, *sur l'édit.*

Du débiteur absent ou présent, ou à l'occasion duquel une chose est faite malgré lui.

Il importe peu que la promesse de payer ait été faite en

---

(2) L. 3. in pr. l. 58. supr. de jurejur. l. 12. §. 1. c. de reb. cred.

tuat quis, parvì refert : hoc ampliùs, etiàm invito (1) constituere eum posse , Pomponius lib. XXXIV , scribit. Undè falsam putat opinionem Labeonis existimantis , si , postquàm qui constituit pro alio, dominus ei denunciet , ne solvat , in factum exceptionem dandam ; nec immeritò Pomponius : nàm cum semel sit obligatus, qui constituit, factum debitoris non debet eum excusare.

28. Gajus , *lib.* 4 , *ad edictum provinciale.*

De effectû constituti.

Ubi quis pro alio constituit se soluturum, adhùc (2) is, pro quo constituit, obligatus manet.

29. Paulus , *lib.* 24 , *ad edictum.*

De obligatione ex delicto.

Qui injuriarum , vel furti , vel vi bonorum raptorum tenetur actione, constituendo tenetur.(3)

3o. Idem , *lib.* 2 , *sententiarum.*

De adjecto.

Si quis duobus pecuniam constituerit , *tibi aut Titio* , etsi stricto jure propriæ actioni pecuniæ constitutæ manet obligatus, etiàmsi Titio solverit , tamèn per exceptionem adjuvatur.

31. Scævola , *lib.* 5 , *Digestorum.*

De errore constituentis.

Lucius Titius Sejorum debitor decessit : hi

----

(1) L. 9. infr. de solution. Immo vide. l. 19. §. 2. infr. de donation.
(2) L. 15. infr. de in rem verso.

l'absence, ou en la présence du débiteur. Pomponius va plus loin, car il dit, au liv. XXXIV, que cette promesse peut être faite malgré lui (1); c'est ce qui le porte à désapprouver l'opinion de Labéon qui pensait que, si quelqu'un s'étant engagé à payer pour un autre, le maître lui signifiait de ne pas payer, on devait lui accorder une exception expositive du fait; et Pomponius a raison, car celui qui a promis étant une fois obligé personnellement , le fait du débiteur ne doit pas l'excuser.

28, GAJUS, *liv. 4, sur l'édit provincial.*

De l'effet du Constitut.

Quoique l'on s'engage par Constitut à payer pour un autre, celui pour qui on a promis de payer n'en reste pas moins obligé (2).

29. PAUL, *liv. 24 , sur l'édit.*

De l'obligation provenant d'un délit.

Celui contre qui on a l'action des injures, du vol, des effets enlevés par violence, est tenu par la promesse qu'il a faite (3).

3o. LE MÊME, *liv. 2 des sentences.*

D'un nom ajouté à celui d'un autre.

Si quelqu'un a promis par Constitut de payer à deux personnes, à *vous*, ou à *Titius*, quoique dans la rigueur du droit , il reste obligé envers vous, et soumis à l'action du Constitut, s'il a payé à Titius, on doit venir à son secours en lui accordant une exception contre vous.

3r. SCÆVOLA, *liv. 5, du Digeste.*

De l'erreur où est celui qui fait le Constitut.

Lucius Titius est mort débiteur des Séjus. Ceux-ci ont persuadé à Publius Mævius que la succession de Titius lui

____

(3) Arg. l. 1. §. 6. in pr. supr. h. t.

persuaserunt Publio Mævio, quòd hereditas ad eum pertineret, et fecerunt, ut epistolam in eos exponeret, debitorem sese esse, quasi heredem patrui sui confitentem : qui et addidit epistolæ suæ, *quod in rationes suas eadem pecunia pervenit :* quæsitum est, cùm ad Publium Mævium ex hereditate Lucii Titii nihil pervenerit, àn ex scripturâ propositâ de constitutâ pecuniâ conveniri possit? Et àn doli exceptione uti possit? Respondit, nec civilem eo nomine actionem competere : sed nec de constitutâ, secundùm eâ, quæ proponerentur. Idèm quæsiit, usurarum nomine quod ex causâ suprà scriptâ datum sit, àn repeti possit ? Respondit, secundùm eà quæ proponerentur, posse. (1)

____

(1) L. 26, §. 2. supr. de condict. indeb.

appartenait, et sont parvenus à lui faire écrire une lettre à eux adressée dans laquelle il se déclarait leur débiteur, comme héritier de son oncle. Publius Mævius ajouta même dans sa lettre que *l'argent que Titius devait était entré dans ses biens.* On a demandé si, au moyen de ce que Publius Mævius n'avait rien touché de la succession de Titius, on pourrait former contre lui, en vertu de sa lettre, l'action provenant du Constitut, et s'il pourrait opposer l'exception tirée de la mauvaise foi. J'ai répondu que les créanciers n'avaient pas, à cet égard, contre Publius Mævius aucune action civile, et que, dans l'espèce proposée, ils n'avaient pas même l'action du Constitut; on a demandé encore si l'on pourrait redemander les intérêts qui auraient été payés pour la cause ci-dessus mentionnée. J'ai répondu que, suivant l'exposé, il y avait lieu d'en demander la restitution (1).

TITULUS SEXTUS

De commodati (1), *vel contrà*

1. ULPIANUS, *lib.* 28, *ad edictum.*

Edictum.

AIT prætor, *quod quis commodasse dicetur, de eo judicium dabo.*

De commodato et utendo, dato. De rebus mobilibus, et immobilibus. De habitatione.

§. 1. Hujus edicti interpretatio non est difficilis. Unum solùmmodo notandum : quòd, qui edictum concepit, *commodati* fecit mentionem, cùm Pacuvius *utendi* fecit mentionem. Inter commodatum autèm, et utendum datum Labeo quidem ait tantùm interesse, quantùm inter genus, et speciem : commodari enim rem mobilem, non etiàm soli ; utendam dari etiàm soli. Sed, ut apparet, propriè commodata res dicitur, et quæ soli est ; idquè [et [Cassius existimat : Vivianus [ampliùs] etiàm habitationem commodari posse ait. (2)

____

(1) Lib. 4. c. 23. §. 2. Inst. quib. mod. re contrah. oblig.

TITRE SIX.

De l'action directe et contraire qui provient du prêt à usage (1).

ULPIEN, *liv.* 28, *sur l'édit.*

Edit.

Le préteur dit : *Lorsqu'il s'agira de prêt, je donnerai action.*

Du prêt, et de ce qui est donné à usage. Des choses mobiliaires et immobiliaires. De l'habitation.

§. 1. Rien de plus facile que l'interprétation de cet édit, il n'y a qu'une seule remarque à faire, c'est que celui qui a fait cet édit, a parlé *du prêt*, comme Pacuvius avait parlé *de ce qui est donné à usage.* Labéon dit qu'il n'y a entre le prêt, et ce qui est donné à usage, d'autre différence que celle qui existe entre le genre et l'espèce. Car le prêt ne se fait que des choses mobiliaires, et non de celles immobiliaires, et ces dernières sont données à usage. Mais il paraît qu'un immeuble, à proprement parler, peut être dit prêté, c'est ce qu'en pense Cassius. Vivianus va plus loin, car il dit quo peut prêter le droit d'habitation (2).

____

(2) L. 17. in pr. infr. de præscr. verb.

De pupillo de furioso.

§. 2. Impuberes commodati actione non tenentur (1), quoniàm nec constitit commodatum in pupilli personâ sinè tutoris auctoritate ; usquè adeò, ut, etiàm (2) si pubes factus dolum aut culpam admiserit, hâc actione non (3) tenetur : quià ab initio non constitit.

2. PAULUS, *lib.* 29, *ad edictum.*

Nec in furiosum commodati actio danda est (4); sed ad exhibendum adversùs eos dabitur, ut res exhibita vindicetur.

3. ULPIANUS, *lib.* 28, *ad edictum.*

Sed mihi videtur, si locupletior (5) pupillus factus sit, dandam utilem commodati actionem, secundùm Divi Pii rescriptum.

De rei deteriatione.

§. 1. Si reddita quidèm sit res commodata, sed deterior reddita, non videbitur reddita, [quæ deterior (6) facta redditur,] nisi quòd interest, præstetur : propriè enim dicitur *res non reddita*, quæ deterior (7) redditur.

De in litem jurando. De tempore æstimationis ineundæ.

§. 2. In hâc actione, sicùt in cæteris bonæ

---

(1) Excip. l. 3. in pr. infr. h. t.
(2) Vide tamen l. 1. §. 15. infr. depositi.
(3) Immò vide. l. 1. C. si advers. delict. l. 2. infr. de fidejussor.
(4) V. l. 5. infr. de reg. jur.

Du pupille et du fou.

§. 2. Les impubères ne sont pas soumis à l'action du prêt à usage (1), parce qu'un pupille ne peut contracter l'obligation du prêt sans l'autorité de son tuteur, et c'est au point que, s'il se rend coupable de mauvaise foi, ou s'il commet une faute, après avoir atteint l'âge de puberté (2), il n'est pas tenu (3) de cette action, parce que l'obligation a été nulle dans son principe.

2. PAUL, *liv.* 29, *sur l'édit.*

On ne peut intenter l'action du prêt contre un fou (4), mais on peut intenter contre lui l'action en représentation de la chose, afin que l'on puisse la revendiquer sur lui.

3. ULPIEN, *liv.* 28, *sur l'édit.*

Mais d'après un rescrit de l'empereur Antonin, il me semble que, si le prêt (5) a enrichi le pupille, on doit accorder contre lui l'action du prêt.

De la détérioration de la chose.

§. 1. Si l'on rend la chose prêtée dans un mauvais état, elle ne sera pas censée être rendue (6), à moins que l'on ne tienne compte de la détérioration; car, à proprement parler, on n'est pas censé *rendre une chose prêtée*, quand on la rend en mauvais état (7).

De l'affirmation en justice, du tems auquel on doit reporter l'estimation.

§. 2. Dans cette action, comme dans toutes celles qui sont de bonne foi, on admet également l'affirmation en justice (8), pour estimer la valeur de la chose, et on a

---

(6) L. 17. in fin supr. de condict. indeb. l. 10. in pr. infr. de institor, act. l. 5. in pr. et §. 1. infr. de auctor. tutor.

(7) V. l. 10. in pr. infr. h. t.

(8) L. 1. §. 16. infr. depositi.

fidei judiciis , similitèr in litem (1) jurabitur : et
rei judicandæ tempus , quanti res sit , observatur ;
quamvìs in stricti , litis contestatæ tempus
spectetur.

De herede.

§. 3. Heres ejus , qui commodatum accepit ,
pro eâ parte (2), quâ heres est , convenitur : nisi (3)
fortè habuit facultatem totiùs rei restituendæ ,
nec faciat ; tunc enìm condemnatur in solidum ;
quasi hoc boni judicis arbitrio conveniat.

De his qui sunt in alienâ potestate.

§. 4. Si filio familiâs servovè commodatum
sit , duntaxàt de peculio agendum erit : cum filio
autèm familiâs ipso et directo quis poterit. Sed
et si ancillæ vel filiæ familiâs commodaverit ,
duntaxàt (4) de peculio [erit] agendum.

§. 5. Sed non tantùm ex causâ doli earum
personarum pater vel dominus condemnetur ,
sed et ipsius quoquè domini vel patris fraus duntaxàt venit : ut Julianus lib. XI. circà pigneratitiam actionem distinguit.

De eo quod usû consumitur.

§. 6. Non potest commodari id , quod usû
consumitur (5) , nisi fortè ad pompam vel ostenta-
tionem quis accipiat.

____

(1) L. 5. in pr. supr. de in litem jurand.
(2) Excip. l. 17. . 2. infr. h. t.
(3) L. 6. §. 1. supr. de edendo.

égard, pour estimer cette chose, (1) au tems du jugement, quoique, dans les actions du droit strict, on se reporte au tems de la contestation en cause.

De l'héritier.

§. 3. L'héritier de celui qui a reçu la chose à titre de prêt, peut être actionné jusqu'à la concurrence de la portion qui lui revient (2) dans la succession, à moins qu'il n'ait eu (3) la facilité de rendre la chose dans son entier, et qu'il ne l'ait pas fait. Car, dans ce cas, il est condamné pour le tout, parce que, dans un tel jugement, il est du devoir du juge de se décider d'après les motifs que lui suggère l'équité.

De ceux qui sont sous la puissance d'autrui.

§. 4. Si la chose a été prêtée à un fils de famille ou à un esclave, le père ou le maître ne pourra être actionné que jusqu'à la concurrence de ce qui se trouvera dans le pécule de l'un ou de l'autre. On pourra cependant actionner directement le fils. Mais si c'est à un esclave du sexe, ou à une fille que le prêt a été fait, on ne pourra (4) agir que sous le rapport du pécule.

§. 5. Non-seulement le père ou le maître est condamné comme étant responsable du dol des personnes dont nous venons de parler, mais même à cause de son propre dol. C'est ce que Julien distingue au liv. XI, en parlant de l'action pignératrice.

De ce qui se consomme par l'usage.

§. 6. On ne peut prêter les choses qu'un premier usage anéantit, à moins que celui qui les emprunte (5) ne le fasse que pour la pompe et l'ostentation.

---

(4) L. 27. in pr. infr. de pecul.
(5) Arg. l. 2. in pr. supr. de reb. cred. l. 1. §. 3. infr. de oblig. et act.

6..

4. GAJUS , *lib.* 1 , *de verborum obligationibus.*

De pecuniâ numeratâ.

Sæpè etiàm ad hoc commodantur pecuniæ , ut dicis (1) gratiâ numerationis loco intercedant.

5. ULPIANUS , *lib* 28 , *ad edictum.*

De loco et tempore.

Si , *ut certo loco , vel tempore reddatur commodatum ,* convenit , officio judicis inest , ut rationem loci , vel temporis habeat.

De litis æstimatione solutâ.

§. 1. Si quis hâc actione egerit, et oblatam litis æstimationem susceperit, rem offerentis facit (2).

De dolo , culpâ , diligentiâ.

§. 2. Nunc videndum est , *quid veniat in commodati actionem :* utrùm dolus àn et culpa ? An verò et omne periculum ? Et quidèm in contractibus interdùm dolum solum , interdùm et culpam præstamus : dolum (3) , in deposito ; nàm , quià nulla *utilitas* ejus versatur , apud quem deponitur , meritò dolus præstatur solus : nisì fortè et merces (4) accessit ; tunc enim (ut est et constitutum) etiàm culpa exhibetur : aut si hoc ab initio convenit (5) , ut et culpam , et periculum præstet is, penès quem deponitur. Sed ubi utriùsquè utilitas vertitur , ut in empto (6) ; [ut] in

---

(1) L. 1. §. 34. infr. de SC. Silan.
(2) V. l. . inf. pro emptore.
(3) L. 1. §. 8. in fin. infr. depositi. l. 25. infr. de reg. jur.
(4) V. d. l. 1. §. 9. l. 2. §. 24. infr. vi bonor. rapt.

4. GAJUS. *liv.* 1, *des obligations verbales.*

De l'argent compté.

Quelquefois on prête une somme, pour que celui à qui on la prête (1), ait l'air de faire un paiement.

5. ULPIEN, *liv.* 28, *sur l'édit.*

Du tems et du lieu.

Si l'on est convenu que la chose prêtée *sera rendue dans un certain lieu, et à une certaine époque*, le juge doit avoir égard au lieu, et au tems où la chose doit être rendue.

Du paiement de la valeur de la chose.

§. 1. Si celui qui intente cette action, accepte l'offre qui lui est faite de la valeur de la chose, il transmet, dans ce cas, la propriété de cette chose à sa partie adverse (2).

Du dol, de la faute, et du soin.

§. 2. Il nous reste à présent à examiner quelles sont les choses qui entrent dans la nature de l'action du prêt. Se composent-elles du dol, ou de la faute, et même des cas fortuits qui peuvent anéantir la chose? Nous pensons qu'il est des contrats où l'on n'est responsable que de sa mauvaise foi, et d'autres où l'on est même tenu de ses fautes. Dans le contrat de *dépôt* (3), on répond de son dol; car le dépositaire ne tire *aucun avantage du dépôt*, et c'est la raison pour laquelle il n'est tenu que de sa mauvaise foi, à moins qu'en raison de ce dépôt, on ne soit convenu d'un salaire (4); car alors, d'après les ordonnances, le dépositaire répond de sa faute; ou si, dans l'origine, il a été convenu entre les parties (5), que le dépositaire serait responsable et de sa faute et des cas fortuits; mais, lorsque l'avantage est dès deux côtés, tel que dans les contrats de vente (6), de louage, de dot, de gage, de société, on de-

---

(5) D. l. 1. §. 6. l. 7 §. 15. supr. de pact.
(6) L. 23. infr. de reg. jur.

locato, [ut] in dote, [ut] in pignore, [ut] in
societate : et dolus, et culpa præstatur. Commodatum autèm plerumquè (1) solam utilitatem
continet ejus, cui commodatur; et ideò verior
est. Quinti [Mucii] sententia existimantis, et
culpam præstandam, et diligentiam. (2)

De re æstimatá.

§. 3. Et si fortè res æstimata (3) data sit,
omne periculum præstandum ab eo, qui æstimationem se præstaturum recepit.

*De senectute, morbo, vi latronum, incendio, ruiná,
damno fatali.*

§. 4. Quod (4) verò senectute contigit, vel
morbo, vel vi latronum ereptum est : aut quid
simile accidit, dicendum est, nihil (5) eorum
esse imputandum ei, qui commodatum accepit;
nisi (6) aliqua culpa interveniat. Proindè et si
incendio (7), vel ruiná aliquid contigit, vel aliquod
damnum fatale, non tenebitur : nisi (8) fortè,
cum possit res commodatas salvas facere, suas (9)
prætulit.

De custodiá.

§. 5. Custodiam planè commodatæ rei etiàm
diligentem debet præstare.

Hominis commodati.

§. 6. Sed, àn etiàm hominis commodati custodia præstetur, apud veteres dubitatum est,

____

(1) V. §. 10. infr. hic. l. 18. in pr. vers. at si utriusquè. infr. h. t.
(2) L. 18. in pr. infr. h. t. l. 13. in fin infr. de pignorat. act. l. 8. §. 3.
infr. de precar.
(3) L. 1. in fin. infr. de æstimator.
(4) L. 18. in pr. infr. h. t.

vient responsable du dol et de la faute dont on se sera
rendu coupable. Mais ordinairement, le prêt n'est avantageux (1) qu'à celui à qui il est fait ; c'est pourquoi l'opinion
de Quintus Mucius est plus vraie, lorsqu'il pensait que celui
à qui on prête est responsable des pertes survenues par sa
faute et par un défaut de soin (2).

De la chose estimée.

§. 3. Et si la chose prêtée l'a été avec estimation (3),
la perte de la chose est aux risques et périls de celui qui
a promis de rendre la valeur de la chose.

De la vieillesse, de la maladie, de l'incendie, de la ruine, du dommage causé par un cas fortuit.

§. 4. Quant à (4) la détérioration arrivée à la chose par
vieillesse, maladie, ou la perte survenue, parce que les
voleurs s'en seront emparés avec violence (5), ou quelqu'autre
cause semblable, il faut dire qu'on ne doit pas en rendre
responsable celui à qui elle a été prêtée, à moins qu'il
n'ait commis quelque (6) faute à cet égard ; par conséquent,
si la chose a été (7) incendiée, ou si elle est tombée en
ruine, ou si elle a éprouvé quelqu'accident fortuit, celui
à qui elle aura été prêtée, ne sera pas tenu de ces événemens ; à moins que, pouvant la sauver (8), il n'ait préféré
sauver la sienne (9).

De la conservation.

§. 5. Il doit apporter beaucoup de soin pour la conservation de la chose.

D'un esclave prêté.

§. 6. Mais les anciens doutaient si celui à qui on a prêté
un esclave était responsable du soin qu'il a eu à le garder.

---

(5) L. 23. in fin. infr. de reg. jur. L 6. C. de pignorat. act.
(6 . §. 2. vers. sed propter Inst. qnib. mod. re contrah. oblig.
(7) L. 1. §. 4. infr. de oblig. et act.
(8) Adde l. 13. §. 1. infr. de admin. tutor.
(9) Vide tamen l. 14. in pr. infr. de præscr. verb. l. 6. C. de servit.

nàm interdùm et hominis custodia præstanda est : si (1) vinctus commodatus est : vel ejus ætatis, ut custodia indigeret. Certè si hoc actum est, ut custodiam is qui rogavit, præstet, dicendum erit præstare.

De morte, de servo qui de machinâ cecidit.

§. 7. Sed interdùm et mortis damnum ad eum, qui commodatum rogavit, pertinet : nàm si tibi equum commodavero, *ut ad villam adduceres,* tu ad bellum duxeris, commodati teneberis. Idèm erit et in homine. Planè, si sic commodavi, *ut* (2) *ad bellum duceres,* meum erit periculum. Nàm et si servum tibi tectorem commodavero, et de machinâ ceciderit, periculum meum esse Namusa ait. Sed ego ità hoc verùm puto, si tibi commodavi, *ut* [*et*] *in machinâ operaretur ;* cæterum si, ut de plano opus faceret, tu eum imposuisti in machinâ, aut si machinæ culpa factum minùs diligentèr non ab ipso ligatæ, vel funium, perticarumquè vetustate : dico periculum, quod culpa contigit rogantis commodatum, ipsum præstare debere. Nàm et Mela scripsit, si servus lapidario commodatus sub machinâ perièrit, teneri fabrum commodati, qui negligentiùs machinam colligavit.

De usù rei commodatæ.

§. 8. Quinimò et qui aliàs re commodatâ utitur, non solùm commodati, verùm furti (3) quoquè tenetur, ut Julianus lib. xi. Digestorum scripsit.

---

(1) L. 13. in fin. infr. de reg. jur. l. 21. in pr. supr. de rei vind.
(2) V. l. 13 §. 5. infr. locati.
(3) L. 16. supr. de condict. furt. l. 84. §. 1. infr. de oblig. et act. §. 6.

Car quelquefois on est responsable de la garde d'un esclave, s'il est prêté étant enchaîné, (1), ou d'un âge qui exigeait qu'on le gardât. Certainement si l'on est convenu que celui qui a demandé que la chose lui fût prêtée serait tenu de la garder, il doit exécuter la convention.

De la mort d'un esclave qui est tombé de dessus un échaffaud.

§. 7. Il est des cas où celui à qui on a prêté une chose est responsable de sa mort; car si je vous ai prêté un cheval pour le conduire à la campagne, et que vous l'ayez mené à la guerre, vous en serez responsable; il en sera de même d'un esclave; mais si je vous l'ai prêtée pour que *vous l'emmenassiez à la guerre* (2), le risque, dans ce cas, sera pour moi seul. Car Namusa dit que si l'esclave que je vous ai prêté est maçon de son métier, et qu'il tombe de dessus un échafaud, je dois courir les risques de sa mort; mais je pense que ce sentiment de Namusa n'est vrai qu'autant que je vous l'ai prêté pour qu'il *travaillât, monté sur un échafaud*, car s'il devait travailler à terre, et que vous l'ayez fait travailler sur un échafaud, ou si l'échafaud n'étant pas assez solidement établi parce qu'il aurait été mal-construit, ou parce que les cordages et les perches qui le soutenaient, étaient trop vieilles, je dis que l'accident que mon esclave a éprouvé étant arrivé par la faute de celui à qui il a été prêté, il doit en être responsable; car Mela dit que si l'on prête un esclave à un carrier, et que cet esclave vienne à périr sous un échafaud, l'ouvrier qui a mal assuré l'échafaud est responsable et obligé en vertu de l'action du prêt.

De l'usage de la chose prêtée.

§. 8. Il y a plus, c'est que celui qui emploie la chose qui lui a été prêtée à un tout autre usage que celui auquel il devait l'employer, non seulement est soumis à l'action du prêt (3), mais encore (4) à celle du vol. C'est ce qu'écrit

---

Inst. de oblig. quæ ex delict. excip. §. 7. et 8. in pr. Inst. eod. l. 76. in pr. infr. de furt.

Deniquè ait, si tibi *codicem* commodavero, et in eo chirographum debitorem tuum cavere feceris; egoquè [hoc] interlevero, si quidèm ad hoc tibi commodavero, ut caveretur tibi in eo, teneri me tibi contrario judicio : si minùs, nequè me certiorasti ibi chirographum esse scriptum, etiàm teneris mihi (inquit) commodati; imò (ait) etiàm furti : quoniàm alitèr re commodatâ usus es : quemadmodùm qui equo (inquit) vel vestimento alitèr, quàm commodatum est, utitur, furti tenetur.

De re quæ sequitur rem commodatam.

§. 9. Usquè adeò autèm diligentia in re commodatâ præstanda est, ut etiàm in eâ (1), quæ sequitur rem commodatam, præstari debeat : utpotà, equam tibi commodavi, quam pullus comitabatur, etiàm pulli [te] custodiam præstare debere, veteres responderunt.

Quibus casibus, dolus tantùm prestatur.

§. 10. Interdùm planè dolum solum in re commodatâ, qui rogavit, præstabit : utpotà si quis itâ convenit; vel si suâ (2) duntaxàt causâ commodavit, sponsæ fortè suæ, vel uxori, quo honestiùs culta ad se deduceretur; vel si quis ludos edens prætor scenicis commodavit, vel [ipsi] prætori quis ultrò commodavit.

In quibus speciebus agitur commodati.

§. 11. Nunc videndum, *in quibus speciebus commodati actio locum habeat* ? Et est apud veteres de hujusmodi speciebus dubitatum.

––––––––––

(1) L. 14. §. 15. infr. d. t.

Julien au liv. xi du Digeste. Enfin, dit-il, si je vous ai prêté *un registre*, et que sur ce registre vous ayez fait faire une promesse chirographaire, et que moi, à qui vous l'auriez rendu, j'aie effacé cette promesse, si je ne vous l'ai prêté que pour que vous fissiez faire dessus une promesse à votre débiteur, je suis tenu envers vous par l'action contraire du prêt. Mais si vous ne m'avez pas informé que vous eussiez fait inscrire sur ce registre une promesse à votre profit, j'aurai contre vous l'action du prêt ; même, ajoute ce jurisconsulte, celle provenant du vol, parce que vous ne vous êtes pas servi de mon registre comme vous eussiez dû le faire ; de même que, dit-il, celui qui se sert d'un cheval ou d'un habit pour tout autre usage que celui pour lequel il eût dû s'en servir, est tenu de cette action du vol.

De la chose qui suit celle prêtée.

§. 9. Le soin que l'on doit apporter pour la chose prêtée est tel qu'il doit même s'étendre jusque sur tout ce qui suit cette même chose (1), par exemple, je vous ai prêté une jument que son poulain accompagnait, vous devez également en avoir soin, c'est ce que les anciens ont répondu.

Dans quels cas celui à qui on prête n'est tenu que de son dol.

§. 10. Il est des cas où celui à qui la chose a été prêtée est seulement tenu de son dol ; par exemple, tel est le cas où il y a eu une convention expresse à cet égard, ou si le prêt (2) a été fait en faveur seulement de celui qui prête, comme si, par exemple, il a prêté des bijoux à sa future épouse, ou à sa femme, afin qu'elle parût plus décemment, ou si un prêteur, donnant des jeux publics, prête quelque chose aux acteurs, ou si on a prêté quelque chose au préteur lui-même à cette occasion, sans y être aucunement astreint.

Dans quels cas l'action du prêt a lieu.

§. 11. Il nous reste à examiner *à présent dans quels cas l'action du prêt a lieu.* Voici ceux qui ont donné matière à douter aux anciens jurisconsultes.

---

(2) L. 10. §. 1. l. 12. in pr. infr. h. t.

De re datâ ut pignore detur, vel pro alio pignoratur.

§. 12. Rem tibi dedi, *ut creditori tuo pignori dares ;* dedisti : non repignoras (1) , ut mihi reddas : Labeo ait , commodati actionem locum habere ; quod ego puto verum esse, nisi (2) merces intervenit : tunc enim, vel in factum , vel ex locato conducto agendum erit. Planè , si ego pro te rem pignori dedero tuâ voluntate, mandati erit actio. Idèm Labeo rectè dicit , si à me culpa absit *repignorandi* , creditor autèm nolit reddere pignus , competere tibi ad hoc duntaxat commodati , ut tibi actiones adversùs eum præstem. Abesse autèm culpa à me videtur, sivè jàm solvi pecuniam, sivè solvere sum (3) paratus. Sumptum planè litis cæteraque æquum est eum agnoscere, qui commodatum accepit.

De servo commodato cum lance.

§. 13. Si me rogaveris , *ut servum tibi cùm lance commodarem*, et servus lancem perdiderit , Cartilius ait , periculum ad te respicere : nàm et lancem videri commodatam : quarè culpam in eam quoquè præstandam. Planè, si servus cùm eâ fugerit , eum , qui commodatum accepit, non teneri : nisi fugæ præstitit culpam.

De triclinio stato et argento ibi relicto.

§. 14. Si de me petisses , *ut triclinium tibi sternerem , et argentum ad ministerium præberem* , et fecero : deindè petisses, ut idèm

____

(1) L. pen C. eod.
(2) L. 19. in fin. infr. de præscr. verb.

De la chose donnée pour être mise en gage, ou qui l'a été pour le compte d'un autre.

§. 12. Je vous ai donné une chose pour que *vous la donnassiez à titre de gage à votre créancier*, vous la lui avez donnée, et vous ne voulez pas retirer votre gage (1) afin de me rendre ma chose. Labéon dit que dans ce cas il y a lieu contre vous à l'action du prêt. Je suis de son avis, pourvu cependant que celui qui a prêté ne retire à cette occasion aucune récompense (2); car alors il y aura lieu ou à une action expositive du fait, ou à l'action du loyer. Mais si, de votre consentement, j'ai mis en gage pour vous une chose qui m'appartenait, j'aurai contre vous l'action du mandat. Le même Labéon dit avec raison que, si ce n'est pas par ma faute que le gage n'est pas retiré, mais bien parce que le créancier ne veut pas le rendre, vous aurez contre moi l'action du prêt, seulement pour que je vous transporte mes actions à l'effet de les exercer contre mon créancier. Or je suis censé n'être pas en faute si déjà j'ai payé mon créancier, ou que je sois prêt de le faire (3). Il est juste que celui à qui la chose a été prêtée, indemnise le prêteur des frais qu'il aura été obligé de faire pour obtenir la chose du créancier; et de toutes les autres dépenses qu'il aura été obligé de faire à cette occasion.

De l'esclave prêté avec un plat.

§. 13. Si vous m'avez prié de *vous prêter un esclave avec un plat*, et qu'il ait perdu ce plat, Cartilius dit que la perte en est pour vous, car il est censé que je vous ai prêté un plat; c'est pourquoi vous êtes responsable du soin que vous avez dû mettre à le garder. Mais si l'esclave a pris la fuite avec ce plat, celui à qui cet esclave a été prêté n'en répondra pas (du plat), à moins que ce ne fût par sa faute que l'esclave eût pris la fuite.

D'une salle à manger garnie, de l'argenterie qui y a été laissée.

§. 14. Si vous m'avez prié de vous garnir une salle à manger, *et de vous fournir l'argenterie nécessaire, et que j'aie rempli vos intentions à cet égard*, qu'ensuite vous m'ayez engagé; à faire la même chose le lendemain, mais

---

(3) L. 6. §. 1. quib. mod. pignus.

sequenti die facerem , et cùm commodè argentum domî referre non possem , ibì hoc reliquero , et perierit : quâ actione agi possit , et cujus esset periculum ? Labeo de periculo scripsit , multùm (1) interesse , custodem posui , àn non : si posui, ad me periculum spectare : si minùs, ad eum , penès quem relictum est. Ego puto commodati quidèm agendum , verum custodiam eum præstare debere , penès quem res relictæ sunt : nisì aliud nominatim convenit.

De re duobus commodatâ.

§. 15. Si duobus vehiculum commodatum sit, vel locatum simùl, Celsus filius scripsit lib. VI. Digestorum , quæri posse , utrùm unusquisquè eorum in solidum, àn pro parte teneatur ? Et ait , duorum quidèm in solidum dominium (2), vel possessionem (3) esse non posse; nec quemquam partis corporis dominum esse: sed totiùs corporis pro indiviso pro parte dominium habere. Usum autèm balnei quidèm , vel porticus , vel campi uniuscujusquè in solidum esse ; nequè enìm minùs me uti , quòd et aliùs uteretur : verùm in vehiculo commodato , vel locato , pro parte quidèm effectû me usum habere , quià non omnia loca vehiculi teneam ; sed esse verius ait , et dolum, et culpam, et diligentiam , et custodiam in totum me præstare debere. Quarè duo quodammodo rei habebuntur (4) : si alter conventus præstiterit , liberabit (5) alterum : et ambobus competit furti actio.

---

(1) L. 51. infr. de adquir. vel amitt. possess.
(2) L. 10. §. 3. infr. de castrensi pecul.
(3) L. 5. §. 5. infr. de adquir. vel amitt. possess.

que ne pouvant remporter commodément l'argenterie chez
moi, je l'ai laissée dans votre salle à manger, et que cette
argenterie ait disparu ; quelle action puis-je intenter
contre vous, et aux risques et périls de qui cette argenterie a-t-elle été perdue ? Labéon dit à ce sujet qu'il importe beaucoup de savoir (1) si j'y ai mis, ou ou non, un
gardien. Si j'y en ai mis un, la perte est pour moi ; dans
le cas contraire, elle regarde celui chez lequel elle a été
déposée. Pour moi, je pense que l'on peut intenter l'action
du prêt, et que celui chez qui l'argenterie a été laissée
est responsable du soin qu'il a dû apporter à la garder,
à moins qu'il n'y ait eu convention contraire.

D'une chose prêtée à deux personnes.

§. 15. Si l'on prête, ou loue une voiture à deux personnes en même tems, Celse, fils, au liv. vi du Digeste,
écrit que l'on peut demander si chacune d'elles est tenue
de payer le loyer en entier, ou si elle n'en est tenue que
pour sa portion, c'est-à-dire la moitié ; et il dit que la
propriété (2), ou la possession d'une chose ne peut pas
appartenir en entier à deux personnes (3), et que l'on ne
peut pas être maître de telle partie d'un effet, mais que
l'on peut seulement avoir dans le tout la propriété d'une
portion par indivis. Mais un bain, une promenade, une
galerie appartiennent à chacun en entier, car, de ce que
vous vous en servez, je n'éprouve pas de diminution dans
l'usage que j'en fais ; mais lorsqu'il s'agit du prêt ou du
louage d'une voiture fait à deux personnes, j'ai en effet
l'usage de la moitié, car je ne peux pas remplir toute la
capacité de la voiture ; mais il dit que je dois être responsable en entier du dol, de la faute et du défaut de soin
ou de garde par suite desquels il est résulté quelque dommage envers le maître de la voiture. C'est pourquoi les
deux personnes à qui la voiture aura été, ou prêtée ou
louée, seront en quelque sorte deux débiteurs solidaires (4) ;
et si l'une d'elles, ayant été actionnée, paie ce à quoi elle
aura été condamnée, l'autre sera déchargée (5), et toutes
deux auront l'action pénale du vol dans le cas où la chose
prêté ou louée aura été volée.

---

(4) L. 9. in pr. infr. de duob. reis constit.
(5) §. 1. in fin. Inst. de duob. reis stipul. v. l. 57. infr. de reg jur.

6. POMPONIUS, *lib.* 5, *ad Sabinum.*

Ut alterutro agente, alteriùs actio contrà furem tollatur.

7. ULPIANUS, *lib.* 28, *ad edictum.*

Undè quæritur, si alter furti egerit, àn ipse solus debeat commodati conveniri? Et ait Celsus, si alter conveniatur, qui furti non egit, et paratus sit periculo suo conveniri alterum, qui furti agendo lucrum sensit ex re commodatâ, debere eum audiri et absolvi.

§. 1. Sed si legis Aquiliæ (1) adversùs socium ejus habuit commodator actionem, videndum erit, ne cedere debeat, si fortè damnum dedit alter, quod hic, qui convenitur, commodati actione sarcire compellitur: nàm et si adversùs ipsum habuit Aquiliæ actionem commodator, æquissimum est, ut commodati agendo remittat actionem, nisi fortè quis dixerit, agendo eum è lege Aquiliâ, hoc minùs consecuturum, quam ex causâ commodati consecutus est: quod videtur habere rationem.

8. POMPONIUS, *lib.* 5, *ad Sabinum.*

De possessione et proprietate rei commodatæ.

Rei commodatæ et possessionem, et proprietatem retinemus. (2)

---

(1) L. 18. §. 1. infr. h. t.

9. ULPIANUS.

6. POMPONIUS , *liv*. 5. *sur Sabinus*.

Et si l'une d'elles exerce cette action , l'autre ne pourra pas l'intenter.

7. ULPIEN, *liv*. 28 , *sur l'édit*.

C'est ce qui a donné lieu de demander si, l'une d'elles ayant intenté l'action du vol, ce ne serait que contre elle seule que l'action du prêt pourrait être formé? Celse a répondu que si c'est celui qui n'a point intenté l'action du vol, qui est actionné, il doit être écouté s'il demande que le demandeur dirige son action , (au péril de la vie du défendeur) contre celui qui a tiré avantage de l'action pénale du vol, et qu'il doit-être absous, (celui qui est actionné, et n'a pas intenté l'action du vol.)

§. 1. Mais si celui qui a prêté la chose à deux personnes a eu droit d'intenter l'action de la loi Aquilia (1) contre l'une d'elles, nous aurons à examiner si dans le cas où l'autre a causé du dommage que celui qui est actionné a été forcé de payer au maître de la chose en vertu de l'action du prêt, si, dis-je, le maître est obligé de lui transporter l'action de la loi *Aquilia* qu'il a eue contre son associé ; car si celui qui a prêté la chose a eu contre lui l'action de la loi *Aquilia*, il est de la plus grande justice qu'en intentant l'action du prêt, il fasse remise de celle de la loi *Aquilia* ; à moins que l'on ne prétende qu'en intentant l'action de la loi Aquilia, il retirera d'autant moins qu'il aura déjà reçu en vertu de l'action du prêt, ce qui n'est pas dénué de raison.

8. POMPONIUS, *liv*. 5. *sur Sabinus*.

De la possession et de la propriété de la chose prêtée.

Nous conservons la possession et la propriété de la chose que nous prêtons (2).

---

(1) Adde l. 9. infr. h. t.

9. ULPIANUS, *lib.* 2, *ad edictum.*

Nemo enim commodando, rem facit ejus (1), cui commodat.

10. IDEM, *lib.* 29, *ad Sabinum.*

De usû rei. De culpâ. De deterioratione.

Eum, qui rem commodatam accepit, si in eam rem usus est, in quam accepit, nihil præstare, si eam in nullâ parte culpâ suâ deteriorem (2) fecit, verùm est : nàm si culpâ [ejus] fecit deteriorem, tenebitur.

De re inspectori datâ.

§. 1. Si rem inspectori dedi, àn similis sit ei, cui commodata res est, quæritur. Et, si quidèm meâ (3) causâ dedi, dùm volo pretium exquirire, dolum mihi tantùm præstabit : si suî, et custodiam, et ideò (4) furti habebit actionem. Sed et si, dùm refertur, periit, si quidèm ego mandaveram, per (5) quem remitteret, periculum meum erit : si verò ipse, cui voluit, commisit, æquè culpam mihi præstabit, suî causâ accepit.

11. PAULUS, *lib.* 5, *ad Sabinum.*

Qui non tàm idoneum hominem elegerit, ut rectè id perferri possit.

12. ULPIANUS, *lib.* 29, *ad Sabinum.*

Si mei causâ, dolum (6) tantùm.

De eo qui missus est, ut rem commodatam reciperet.

§. 1. Commodatam rem missus qui repete-

---

(1) L. 8. supr. eod §. 2. inst. quib. mod. re contrah. oblig. l. 2. §. 1. infr. pro hered. l. 1. in fin. infr. de precario.

(2) L. 18. §. 1. l. ult. infr. h. t.

(3) L. 12. in pr. infr. eod.

9. ULPIEN. *liv.* 2, *sur l'édit.*

Car personne, en prêtant une chose, n'en transmet pas la propriété (1) à celui à qui il la prête.

10. LE MÊME, *liv.* 29, *sur Sabinus.*

De l'usage de la chose. De la faute. De la détérioration.

Il est certain que celui qui emploie la chose prêtée à l'usage convenu, n'est tenu à rien autre chose qu'à la rendre, fût-elle même détériorée, pourvu que la détérioration qu'elle a éprouvée ne vînt pas de sa faute (2); car si elle en venait, il en serait responsable.

De la chose donnée pour être examinée.

§. 1. On demande si, dans le cas où je donne une chose à quelqu'un pour l'examiner, celui-ci peut être assimilé à celui à qui une chose est prêtée? Si je l'ai donnée pour mon avantage particulier (3), c'est-à-dire pour qu'il l'examinât, il ne sera tenu envers moi que de sa mauvaise foi; si au contraire c'est pour son propre avantage, il sera responsable envers moi du défaut de soin qu'il aura mis à la garder; c'est pourquoi il aura l'action du vol (4), mais si elle a été perdue pendant qu'on me la rapportait, et que je l'eusse chargé de me l'envoyer par quelqu'un (5), je courrais les risques de cette perte. S'il en a chargé qui bon lui a semblé, il sera tenu envers moi à raison de sa faute, s'il l'a reçue à titre d'obligeance de ma part.

11. PAUL, *liv.* 5, *sur Sabinus.*

La raison est qu'il doit s'imputer à lui-même de n'avoir pas fait choix pour la rapporter d'un homme capable de s'acquitter de cette commission.

12. ULPIEN, *liv.* 20, *sur Sabinus*

Si je lui ai donné la chose pour mon propre avantage, il ne sera tenu envers moi que de sa mauvaise foi (6).

De celui qui a été envoyé pour redemander une chose prêtée.

§. 1. Celui que l'on a envoyé pour redemander une

---

(4) L. 78. infr. de furt.
(5) L. 12. §. 1. infr. h. t.
(6) L. 5. §. 10. supr. eod.

Tom. 8.

teret, cùm recepisset, aufugit. Si(1) dominus ei dari jusserat, domino perit : si commonendi causâ miserat, ut referretur res commodata ei, qui commodatus est.

13. Pomponius. *lib.* 11 , *ad Sabinum.*

De re non apparente.

Is qui commodatum accepit, si non apparentis rei nomine, commodati condemnetur , cavendum ei est, *ut repertam dominus ei præstet*

De quæstû.

§. 1. Si quem quæstum fecit is, qui experiendum (2) quid accepit , veluti si jumenta fuerint, eaquè locata sint , id ipsum præstabit , qui experiundum dedit: nequè enìm antè eam rem quæstui cuiquè esse oportet , [priùs] quàm periculo ejus sit.

De eo qui bonâ fide servit commodanti.

§. 2. Si libero homini, qui mihi bonâ fide serviebat, quasi servo , rem commodavero , videamus, àn habeam commodati actionem; nàm et Celsus filius ajebat, si jussissem (3) eum aliquid facere , vel mandati (4) cum eo , vel præscriptis verbis experiri me posse. Idem ergò et in commodato erit dicendum. Nec obstat , quod non hâc mente cum eo, qui liber bonâ fide nobis serviret, contraheremus , quasi eum obligatum habituri: plerumquè enìm id accidit , ut extrà id quod ageretur , tacita obligatio nascatur , veluti , cùm per errorem indebitum solvendi causâ datur.

---

(1) **L** 10. in fin. supr. eod.

chose prêtée a pris la fuite après qu'elle lui a été remise. Si le maître (1) avait donné ordre qu'on la lui remît, la perte est pour le maître; s'il n'avait été envoyé que pour dire qu'on la rapportât, c'est celui à qui elle a été prêtée qui doit en supporter la perte.

13. Pomponius, *liv.* 11, *sur Sabinus.*

De la chose qui ne se retrouve pas.

Si celui à qui une chose a été prêtée, a été condamné en vertu de l'action du prêt, faute par lui de la rendre, parce qu'il ignorait ce qu'elle était devenue, le maître doit lui donner *caution de la lui rendre, si elle vient à être retrouvée.*

Du gain.

§. 1. Si celui qui a eu une chose pour en faire l'épreuve (2) a fait quelque gain à cette occasion, comme si, par exemple, le prêt consistait en chevaux ou bêtes de somme, et qu'il les ait loués, il sera tenu de rendre ce qu'il aura reçu à titre de loyer. Car on ne peut tirer du bénéfice d'une chose, qu'autant qu'elle est à nos risque, péril et fortune.

De celui qui sert de bonne foi celui qui prête.

§. 2. Si j'ai prêté une chose à une personne libre, qui me servait de bonne foi, mais comme si elle était mon esclave, examinons si j'ai contre elle l'action du mandat; car Celse, fils, disait que si je lui avais ordonné de faire quelque chose, (3) je pourrai intenter contre lui l'action du mandat, (4) ou l'action expositive de la convention. On devra dire la même chose à l'égard du prêt, et on n'objectera pas que nous n'avons pas eu en contractant, avec celui qui nous servait de bonne foi, l'intention de l'obliger; car il arrive souvent que sans avoir l'intention de s'obliger, on le fait cependant tacitement, comme par exemple, lorsque l'on donne une chose pour payer ce que l'on ne doit pas.

---

(2) L. 20. in. pr. infr. de præser. verb.
(3) L. 54. s. 3. infr. de adquir. rer. domin.
(4) Obst. l. 19 §. 2. supr. de negot. gest.

14. ULPIANUS *lib.* 48 , *ad Sabinum.*

De servo commodanto.

Si servus meus rem meam tibi , scienti (1) nolle me tibi commodari , commodaverit , et commodati et furti nascitur actio , et præterea condictio ex causâ furtivâ.

15. PAULUS , *lib.* 29 , *ad edictum.*

De re alienâ.

Commodare possumus etiàm alienam rem , quam possidemus : tametsi scientes alienam possidemus.

16. MARCELLUS , *lib.* 5 , *Digestorum.*

Ità ut , et si fur , vel prædo commodaverit , habeat commodati actionem. (2)

17. PAULUS , *lib.* 29 , *ad edictum.*

De pactio nè dolus præstetur.

In commodato [hæc] pactio , *nè dolus præs- tatur* , ràta non est. (3)

Si contraria actio moveatur sinè principali.

§. 1. Contraria commodati actio etiàm sinè principali moveri potest , sicùt et cæteræ , quæ dicuntur *contrariæ.* (4)

De herede commodatarii.

§. 2. Si ex facto heredis agatur commodati ,

---

(1) V. l. 14. C. de furt.
(2) L. 6₁. in pr. supr. de judic.
(3) L. 27. §. 3. supr. de pact. l. 1. §. 7. infr. depositi. l. 13. circa fin. infr. de reg. jur.

14. ULPIEN, *liv.* 48, *sur Sabinus.*

De l'esclave qui prête.

Si mon esclave vous a prêté une chose à moi, sachant bien que mon intention n'était pas de vous la prêter, (1) il y a lieu dans ce cas à l'action du prêt et du vol, et en outre à l'action en restitution de la chose volée.

15. PAUL, *liv.* 29, *sur l'édit.*

De la chose d'autrui.

Nous pouvons prêter même la chose d'autrui que nous possédons, encore que nous sachions bien qu'elle ne nous appartient pas.

16. MARCELLUS, *liv.* 5, *du Digeste.*

Ensorte que si un voleur, ou un possesseur de mauvaise foi, a prêté la chose d'autrui, il y a lieu à l'action qui dérive prêt (2).

17. PAUL, *liv.* 29, *sur l'édit.*

De la clause par laquelle on n'est pas tenu de la mauvaise foi.

La clause qui en matière de prêt, porterait que celui à qui la chose serait prêtée, *ne serait pas tenu de sa mauvaise foi*, serait nulle (3).

Si l'action contraire est intentée sans l'action principale.

§. 1. On peut intenter l'action contraire du prêt, intentée sans intenter l'action principale, comme peuvent l'être toutes les autres actions, que l'on appelle *actions contraires.* (4)

De l'héritier de celui qui a prêté.

§. 2. Si l'action du prêt est intentée contre l'héritier à

---

(4) L. 18. in fin. infr. h. t. l. 10 in pr. supr. de negot. gest. l. 1. §. fin. infr. de contraria tutel.

in solidum condemnatur, licèt ex parte heres
est. (1)

De effectû commodati.

§. 3. Sicùt autèm voluntatis et officii magis,
quàm necessitatis est, commodare, ità modum
commodati, finemquè præscribere, ejus est,
qui beneficium tribuit. Cùm autèm id fecit (id
est, postquàm commodavit) tunc finem præscribere, et retrò agere, atquè intempestivè usum
commodatæ rei auferre, non officium tantùm
impedit, sed et suscepta obligatio intèr dandum
accipiendumquè: geritur enìm negotium invicèm;
et ideò invicèm propositæ sunt actiones, ut appareat, quod principio beneficii ac nudæ voluntatis
fuerat, converti in mutuas præstationes actiones-
què civiles: ut accidit in eo, qui absentis negotia
gerere inchoavit: nequè (2) [enìm] impunè peritura,
deseret: suscepisset enìm fortassis alius, si is non
cœpisset; *voluntatis est enìm suscipere mandatum, necessitatis* (3) *consummare.* Igitùr si
pugillares mihi commodasti, *ut debitor mihi
caveret,* non rectè facies importunè repetendo:
nàm si negasses, vel emissem, vel testes adhi-
buissem. Idèmquè est, si ad fulciendam insulam
tigna commodasti, deindè protraxisti, aut etiàm
sciens vitiosa (4) commodaveris: *adjuvari quippè
nos, non decipi, beneficio oportet.* Ex quibus
causis etiàm contrarium judicium utile esse dicendum est.

---

(1) V. l. 5. §. 3. supr. h. t.
(2) L. 6. in fin. supr. de negot. gest.

cause de son fait, il est condamné pour le tout, quoiqu'il
ne soit héritier que pour une portion. (1)

De l'effet du prêt.

§. 3. Comme l'action de prêter est plus un effet de la
volonté et du désir d'obliger, que celui de la nécessité,
celui qui prête est le maître de prescrire le mode du prêt,
et d'en fixer le terme, mais lorsque la chose est faite,
c'est-à-dire, lorsque le prêt est consommé, car non–seulement le service qu'il a rendu s'oppose à ce qu'il puisse
prescrire un nouveau terme, revenir sur ses pas, et priver
celui à qui la chose est prêtée, de l'avantage de s'en servir
en tems utile, mais il y a une obligation de contractée
entre celui qui prête et celui qui reçoit. Et il y a convention
de part et d'autre ; et c'est pour démontrer que ce qui dans
le principe a été un acte d'obligeance et de pure volonté,
produit une obligation mutuelle et des actions civiles,
que ce contrat donne lieu à des actions de part et d'autre ;
c'est ce qui arrive à l'égard de celui qui a commencé à
gérer les affaires d'un absent. Car il ne peut pas les abandonner impunément. (2) Un autre que lui s'en serait peut-
être chargé s'il n'avait pas commencé à s'en mêler. *Se
charger d'une procuration est un acte de la volonté, et
consommer l'affaire que l'on a entreprise est une nécessité.* (3) Si vous m'avez donc prêté des tablettes pour
que *mon débiteur me fît dessus une promesse*, vous ne
pourrez pas me les redemander, dans un moment où je
ne pourrais vous les rendre sans beaucoup de difficulté,
car si dans le tems vous me les eussiez refusées, ou j'en
eusse acheté, ou j'eusse reçu la promesse de mon débiteur
devant témoins. Il en est de même si vous m'avez prêté
des poutres pour étayer ma maison, et qu'ensuite vous les
retiriez, ou si celles que vous m'avez prêtées étaient mauvaises, et que vous le sçussiez ; (4) car *en rendant service
à quelqu'un, nous devons vouloir l'obliger et non le tromper.*
On doit dire que dans tous les cas celui à qui on a prêté
la chose peut intenter utilement l'action contraire du prêt.

---

(1) V. l. 5. §. 1. l. 22. §. fin. infr. mandati.
(2) L. 18. §. pen. infr h. t.

De duabus rebus commodatis.

§. 4. Duabus rebus commodatis, rectè de alterâ commodati agi posse, Vivianus scripsit. Quod ità videri verum, si separatæ sint, Pomponius scripsit : nàm eum qui carrucham putà, vel lecticam commodavit, non rectè acturum de singulis partibus.

§. 5. Rem commodatam perdidi, et pro eâ pretium dedi, deindè (1) res in potestate tuâ venit : Labeo ait, contrario judicio aut (2) rem mihi præstare te debere, aut, quod à me accepisti, reddere.

18. Gajus, *lib.* 18, *ad edictum provinciale.*

De dolo. Culpâ. Diligentiâ. Casibus quibus resisti non potest.

In rebus commodatis talis *diligentia* præstanda est, qualem (3) quisquè diligentissimus (4) pater familiâs suis rebus adhibet : ità, ut tantùm eos casus non præstet, quibus resisti non possit ; velutì (5), mortis servorum, quæ sinè dolo et culpâ ejus accidunt, latronum hostiumvè incursus, piratarum insidias, naufragium, incendium, fugas servorum (6), qui custodiri non solent. Quod autèm de latronibus, et piratis, et naufragio diximus, ità scilicèt accipiemus, si in hoc commodata sit alicui res, ut eam rem peregrè secùm ferat : alioquìn si cui ideò argentum commodaverim, quod (7) is amicos ad cæ-

---

(1) Fac. l. 21. in pr. infr. eod.
(2) Adde l. 6. supr. de rei vind. l. 2. sup.. de condict. sine causâ.
(3) L. 1. §. 4. infr. de oblig. et act.
(4) V. l. 25. §. pen. infr. locati.

De deux choses prêtées.

§. 4. Vivien écrit que lorsque deux choses ont été prêtées, on peut intenter régulièrement l'action du prêt relativement à une seule; ce qui suivant Pomponius est vrai, si elles sont séparées car celui qui a prêté, par exemple, une charette ou une litière ne peut intenter l'action du prêt pour chaque partie en particulier.

§. 5. J'ai perdu une chose que vous m'aviez prêtée et j'en ai payé la valeur. Ensuite vous avez recouvré cette chose (1). Labéon dit que je puis intenter l'action contraire du prêt contre vous (2), pour que vous me la rendiez, ou que vous soyez tenu de me rendre ce que vous avez reçu de moi.

18. Gajus, *liv.* 18, *sur l'édit provincial.*

Du dol. De la faute. Du soin. Et des évènemens auxquels on ne peut s'opposer.

On doit apporter à l'égard des choses prêtées, le même soin (3) que le père de famille le plus soigneux apporterait aux siennes propres (4), en sorte qu'il n'y a que les événemens seuls que l'on n'a pu ni prévoir ni empêcher, dont il ne sera pas responsable; telle est la mort des (5) esclaves, arrivée sans son dol et sa faute, l'incursion des ennemis ou des voleurs; tels sont les embûches des pirates, le naufrage, l'incendie, la fuite des esclaves (6) qu'il n'est pas d'usage de garder. Mais quant à ce que nous avons dit des voleurs, des pirates et du naufrage, il faut entendre cela du cas où la chose prêtée à quelqu'un l'a été pour qu'il l'emmenât avec lui au loin, autrement si j'ai prêté de l'argenterie à quelqu'un pour, comme il me l'avait dit, donner à manger à ses amis, et qu'au lieu de l'employer à cet usage il l'ait emporté au loin, nul doute qu'il ne soit responsable des événemens auxquels il aura exposé cette argenterie sous le rapport des voleurs, des pirates et du naufrage. Les choses ne sont ainsi que dans le cas où le prêt a tourné tout à l'avantage de celui à qui on a prêté. Mais s'il a tourné à l'avantage de tous deux (7),

---

(5) L. 5. §. 4. supr. h. t.
(6) L. 23. in fin. infr. de reg. jur.
(7) L. 1. §. 4. in fin. infr. de oblig. et act.

nam invitaturum se diceret, et id peregre secùm
portaverit, sinè ullâ dubitatione, etiàm piratarum,
et latronum, et naufragii casum præstare debet.
Hæc ità, si duntaxàt accipientis gratiâ commodata sit res. At si utriùsquè, velutì si communem
amicum ad cœnam invitaverimus : tuquè ejus
rei curam suscepisses, et ego tibi argentum
commodaverim, scriptum quidèm apud quosdam
invenio, quasi dolum tantùm præstare debeas.
Sed videndum est, nè et culpa præstanda sit :
ut ità culpæ fiat æstimatio, sicùt in rebus pignori datis et dotalibus æstimari solet.

De re deterioratâ.

§. 1. Sivè autèm pignus, sivè commodata
res, sivè deposita, deterior (1) ab eo qui acceperit, facta sit, non solùm istæ sunt actiones, de
quibus loquimur, verùm etiàm legis Aquiliæ (2) :
sed, si quâ earum actum fuerit : aliæ tollun-
tur. (3)

De impensis a commodatario factis.

§. 2. Possunt justæ causæ intervenire, ex
quibus cum eo, qui commodasset, agi deberet :
velutì, de impensis in valetudinem (4) servi factis,
quævè post fugam requirendi, reducendiquè ejus
causâ factæ essent ; nàm cibariorum (5) impensæ,
naturali scilicèt ratione, ad eum pertinent, qui
utendum accepisset. Sed et id, quod de impensis valetudinis (6) aut fugæ diximus, ad
majores impensas pertinere debet : modica enìm
impendia verius est, ut, sicuti cibariorum, ad
eundèm pertineant.

---

(1) L. 3. §. 1. l. 10. in pr. supr. h. t.
(2) L. 7. §. 1. supr. eod.
(3) L. 71. in pr. infr. de furt. vide tamèn d. l. 7. in fin.
(4) Adde l. pen. infr. h. t. l.

comme si , par exemple , nous avons invité un ami commun à manger que vous vous fussiez chargé du soin de la table , et que je vous aie prêté mon argenterie , je trouve écrit chez quelques Jurisconsultes que dans ce cas vous n'êtes tenu que de votre mauvaise foi; mais examinons si vous ne seriez pas responsable de votre faute, de manière cependant que l'estimation de cette faute serait celle qui a lieu en matière de choses données en gage, et en dot.

De la chose détériorée.

§ 1. Non seulement il y a lieu aux actions dont nous venons de parler, mais à celle de la loi Aquilia , (1) lorsque , soit le gage , soit la chose donnée à titre de prêt ou de dépôt a été détérioré (2) par celui qui l'a reçue ; mais l'usage de l'une de ces actions empêche celui des autres (3).

Des dépenses faites par celui à qui la chose a été prêtée :

§. 2. Il peut quelques fois y avoir de justes causes pour actionner celui qui a prêté. Telles sont , par exemple , les dépenses faites pour la maladie d'un esclave prêté (4), celles faites pour la recherche d'un esclave fugitif, ou pour le ramener , car les dépenses de la nourriture (5) regardent , suivant la raison naturelle, celui qui l'a reçu pour s'en servir. Quant à ce que nous avons dit; même des dépenses faites relativement à la maladie ou à la fuite de l'esclave (6) ; cela ne doit s'entendre que des dépenses majeures , car les dépenses de peu de conséquence , commes celles de la nourriture regardent celui à qui l'esclave a été prêté.

---

(5) Adde l. 6. §. 2. C. de appellat.
(6) Adde l. 3o. §. 1. infr. de ædilit. edict.

De vasis vitiosis.

§. 3. Itèm, qui sciens *vasa vitiosa* (1) commodavit, si ibì infusum vinum, vel oleum corruptum effusumvè est, condemnandus eo nomine est.

§. 4. Quod autèm contrario judicio consequi quisquè potest, id etiàm recto judicio, quo cum eo agitur, potest salvum habere jure (2) pensationis; sed fieri potest, ut ampliùs esset, quod invicèm aliquem consequi oporteat, aut judex pensationis (3) rationem non habeat, aut ideò de restituendâ re cum eo non agatur, quià ea res casû intercidit, aut sinè judicc restituta est: dicemus necessariam esse (4) contrariam actionem.

19. Julianus, *lib.* 1, *Digestorum.*

De damno injuriâ dato.

Ad eos, qui servandum aliquid conducunt, aut utendum accipiunt, damnum injuriâ ab alio datum non pertinere, procùl dubio est. Quâ (5) enim curâ aut diligentiâ consequi possumus, nè aliquis damnum nobis injuriâ det.

20. Idem, *lib.* 3, *ad Ursejum Ferocem.*

De re ei qui perferebat, interceptâ.

Argentum commodatum si tàm idoneo (6) servo meo (7) tradidissem ad te perferendum, ut non debuerit quis æstimare futurum, ut à quibusdàm malis hominibus deciperetur: tuum, non meum, detrimentum erit, si id mali homines intercepissent.

---

(1) L. 17. §. 3. in fin. supr. h. t.
(2) L. 15. in fin. infr. de furt. obst. l. ult. C. h. t.
(3) L. 7. §. 1. infr. de compens.
(4) V. l. 17. §. 1. supr. h. t.

Des Vaisseaux viciés.

§. 3. De même celui qui a prêté des vaisseaux viciés (1),
est responsable à cette occasion du vin et de l'huile qui y
aura été mis et qui se sera gâté, ou répandu, et il doit-être
condamné en conséquence.

§. 4. Ce que quelqu'un peut obtenir par l'action contraire,
il peut aussi, si l'on intente contre lui l'action directe du
prêt, se la faire donner, en demandant la compensation (2),
mais il peut arriver qu'une partie soit dans le cas d'exiger
une somme plus forte que l'autre, ou que le juge ne veuille
pas admettre la compensation (3), ou que l'on ne puisse
pas intenter l'action en restitution, parce que la chose a
péri par cas fortuits, ou qu'elle a été rendue sans l'intervention du juge : nous dirons que dans ces cas l'action (4)
contraire est nécessaire.

19. JULIEN, *liv.* 1. *du Digeste.*
Du tort causé sans raison.

Il est hors de doute que ceux qui louent une chose pour
la garder, ou pour s'en servir, ne sont pas responsables du
tort que la chose a souffert par le fait d'un tiers sans raison
Car quelque soin que nous apportions à garder une (5)
chose, nous ne pouvons pas souvent empêcher que quelqu'un ne nous fasse du tort sans avoir de raison pour le faire

20. LE MÊME, *sur liv.* 3, *Urséius Férox.*
De la chose interceptée des mains de celui qui la portait.

Je vous ai rendu l'argenterie que vous m'aviez prêtée (6)
par le ministère d'un de mes esclaves reconnu (7) si intel-
ligent que personne n'eût jamais pu soupçonner qu'il fût
dans le cas de se laisser tromper par des gens mal inten-
tionnés. Dans ce cas la perte de l'argenterie sera pour votre
compte, et non pour le mien.

---

(5) L. 41. infr. locati.
(6) V. l. 11. supr. h. ti.
(7) L. 20. in fin. infr. de præscr. verb.

21. AFRICANUS, *lib*. 8, *quæstionum.*

De dominio.

Rem mihi commodasti , eandèm subripuisti :
deindè cùm commodati ageres , nec à te scirem
esse subreptam , judex me condemnavit, et solvi :
posteà comperi à te esse subreptam. *Quæsitum*
est , quæ mihi tecùm actio sit ? *Respondit* ,
furti quidèm non esse , sed (1) commodati contrarium judicium utile mihi fore.

Aut ejus servo rem commodatam subripiente.

§. 1. In exercitû contubernalibus vasa utenda
communi periculo dedi: ac deindè meus servus,
subreptis his , ad hostes profugit: et posteà sinè
vasis receptus est. Habiturum me commodati
actionem cum contubernalibus constat , pro cujusquè parte : sed et illi mecùm furti , servi nomine,
agere possunt , quandò et noxa caput sequitur.
Et si tibi rem periculo tuo utendam commodavero , eaquè à servo meo subripiatur , agere mecùm furti possis servi nomine.

22. PAULUS, *lib*. 22, *ad edictum.*

Si servus commodatus commodatario furtum fecerit.

Si servus, quem tibi commodaverim , furtum (2) fecerit, utrùm sufficiat contraria commodati actio, quemadmodùm competit, si quid
in curationem (3) servi impendisti: an furti agendum sit, quæritur ? Et, furti quidèm noxalem
habere , qui commodatum rogavit procùl dubio
est : contraria autèm commodati tunc eum te-

---

(1) L. 17. in fin. supr. h. t.
(2) V. l. 61. §. 1. infr. de furt.

21. AFRICANUS , *liv.* 8 , *des questions.*

Du Maitre.

Vous m'avez prêté une chose, ensuite vous me l'avez
volée. Vous avez intenté l'action du prêt contre moi, qui
ignorais que vous fussiez le voleur, et le juge m'ayant
condamné j'ai payé. J'ai découvert par la suite que vous
me l'aviez volée. On a demandé quelle action j'aurais
contre vous. J'ai répondu que ce ne serait pas l'action
du vol, mais l'action contraire du (1) prêt que je pourrais
intenter contre vous.

Ou de son esclave qui a volé la chose prêtée.

§. 1. J'ai prêté étant à l'armée, à mes compagnons
d'armes des vases qui devaient servir à tous ceux qui
habitaient avec moi sous la même tente, à nos risques
communs, ensuite mon esclave les ayant volé, a passé chez
l'ennemi, d'où il est revenu sans ces vases. Il est constant
que j'ai contre chacun de mes compagnons d'armes l'action
du prêt pour sa part, mais eux de leur côté auront contre
moi l'action pénale du vol au nom de mon esclave, parce
que le délit qu'a commis mon esclave le suit par-tout; et si
je vous ai prêté une chose pour vous en servir, mais à vos
risques, et que mon esclave vous la vole, vous pourrez intenter contre moi l'action pénale du vol à cause du délit de
mon esclave.

22. PAUL , *liv.* 22 , *sur l'édit.*

Si l'esclave prêté vole celui à qui il a été prêté.

Si je vous ai prêté un esclave qui s'est rendu coupable
de vol envers vous (2) , l'action contraire du prêt vous suf-
fira-t-elle, de même qu'elle vous suffirait, pour répéter les
dépenses que vous auriez faites pour sa maladie, (3) ou
demande-t-on , devez-vous intenter l'action du vol ? Il
n'y a pas de doute que vous n'ayez contre moi l'action
noxale : et je ne serai soumis à l'action contraire du prêt

---

(3) Adde l. 18. §. 2. supr. h. t.

neri, cùm sciens (1) talem esse servum, ignoranti commodavit.

23. POMPONIUS, *lib. 21 , ad Quintum Mucium.*

De equo deteriorato.

Si commodavero tibi equum , quo utereri usquè ad certum locum , (2) si nulla culpa tua interveniente, in ipso itinere deterior equus factus sit, non teneris commodati , nàm ego in culpâ ero , qui in tàm longum iter commodavi , qui eum laborem sustinere non potuit.

---

(1) L. 31. infr. tit. prox.

qu'autant que je vous aurais prêté cet esclave le connaissant pour (1) un voleur, et vous l'ignorant.

23. POMPONIUS, *liv.* 21, *sur Quintus Mucius.*

Du cheval détérioré.

Si je vous ai prêté un cheval pour aller jusqu'à un certain endroit, et si, sans qu'il y ait eu de votre faute le cheval vient à éprouver quelques détériorations en route, vous ne serez pas tenu de l'action du prêt envers moi, car ce sera à moi seul que je devrai m'en (2) prendre pour vous avoir prêté un cheval qui n'était pas en état de faire une aussi longue route.

------

(2) L. 10. iu pr. supr. h. t.

TITULUS SEPTIMUS.

De pigneratitiâ (1) *actione, vel contrà.*

1. ULPIANUS, *lib.* 40 , *ad Sabinum.*

De traditione et de nudâ conventione.

PIGNUS contrahitur non solâ traditione (2), sed etiàm (3) nudâ conventione, etsi non traditum est.

Si æs pro auro obligetur.

§. 1. Si igitùr contractum sit pignus nudâ conventione, videamus, àn si quis aurum ostenderit, quasì pignori daturus, et æs (4) dederit, obligaverit aurum pignori? Et consequens est, ut aurum obligetur, non autèm æs : quià in hoc non consenserint.

§. 2. Si quis tamèn, cùm æs pignori daret, adfirmavit hoc aurum esse : et ità pignori dederit, videndum erit, àn æs pignori obligaverit : et numquid, quià (5) in corpus consensum est, pignori esse videatur ? Quod magis est ;

---

(1) Lib. 4. C. 24. §. ult. Inst. quib. mod. re contrah. oblig.
(2) L. 1. §. 6. infr. de oblig. et act.

TITRE SEPT.

De l'*Action Pignératrice directe* (1), ou *contraire*.

1. ULPIEN, *liv.* 40, *sur Sabinus*.

De la tradition et de la simple convention.

L'OBLIGATION du gage se contracte non-seulement par tradition (2), mais encore (3) par une simple convention sans tradition.

Si le cuivre est obligé au lieu et place de l'or.

§. 1. Donc si elle est contractée par une simple convention, nous avons à examiner si quelqu'un ayant montré de l'or avec l'intention de l'offrir pour gage (4), et ayant donné en place du cuivre, a engagé son or. Il suit du principe que nous venons de poser, que l'or est obligé, et non le cuivre, parce que la convention n'a pas été telle.

§. 1. Cependant si quelqu'un donnant du cuivre en gage a assuré que c'était de l'or, et l'avait engagé à ce titre, nous avons à examiner si le cuivre serait donné en gage et si au moyen de ce que les parties ont consenti (5) l'une à donner, l'autre à recevoir le corps qui a été présenté, ce consentement réciproque a fait que le cuivre a été réellement engagé. Il est plus probable que le cuivre a été

(3) L. 4. infr. de pignorib. l. 17. §. 2. supr. de pact.
(4) L. 56. in pr. infr. h. t.
(5) L. 2. infr. de verb. oblig.

tenebitur tamèn pigneratitiâ contrariâ actione qui dedit, præter stellionatum (1) quem fecit.

2. POMPONIUS *lib. 6, ad Sabinum.*

Si pignus venditum oppignoretur secundo creditori.

Si [debitor] rem pignori datam vendidit, et tradidit, tuquè ei nummos credidisti, quos ille solvit ei creditori, qui pignus dederat, tibiquè cum eo convenît, *ut ea res, quam jàm vendiderat, pignori tibi esset,* nihil te egisse constat : quià (2) rem alienam pignori acceperis; eâ enim ratione emptorem pignus liberatum habere cœpisse : nequè ad rem pertinuisse, quod tuâ pecuniâ pignus sit liberatum.

3. IDEM, *lib.* 18, *ad Sabinum.*

De dolo debitoris in solutione.

Si quasì recepturus à debitore tuo cominùs pecuniam, reddidisti ei pignus, isquè per fenestram id misit excepturo eo, quem de industriâ ad id posueris, Labeo ait, furti te agere cum debitore posse, et ad exhibendum : et si agente [te] contrariâ pigneratitiâ, excipiat debitor de pignore sibi reddito ; replicabitur de dolo et fraude ; per quam nec redditum, sed per fallaciam ablatum id intelligitur.

4. ULPIANUS, *lib.* 41, *ad Sabinum.*

De venditione pignoris.

Si convenit de distrahendo pignore, sivè ab

____
(1) L. 16. §. 1. infr. h. t.

engagé , mais il sera soumis à l'action contraire du prêt, et en outre condamné sous le rapport du crime de stellionat dont il s'est rendu coupable (1).

2. POMPONIUS , *liv.* **6**, *sur Sabinus.*

Si un gage vendu est réengagé à un second créancier.

Si le débiteur vend et livre la chose qu'il a donnée en gage, et que vous lui ayez prêté de l'argent pour payer son créancier, sous la *condition que la chose qu'il avait déjà vendue vous serait donnée en gage* ; la convention faite entre vous est nulle , parce que vous avez reçu à titre de prêt la chose d'autrui (2). Car par l'arrangement que vous avez fait , l'acheteur a trouvé le gage à lui vendu libre , et il importe peu que ce soit avec vos deniers qu'il ait été dégagé.

3. LE MÊME , *liv.* 18 , *sur Sabinus.*

De la mauvaise foi du débiteur dans le cas du paiement.

Si espérant d'être payé de votre débiteur à l'instant même, vous lui avez rendu son gage, que ce débiteur l'eût jetté par la fenêtre , sous laquelle il avait aposté quelqu'un d'affidé pour le recevoir, Labéon pense que vous avez contre lui l'action du vol , et même celle en représentation de la chose ; et si vous , intentant l'action contraire du gage , votre débiteur vous opposait une exception tirée de ce que le gage vous aurait été rendu , vous lui repliqueriez en mettant en avant sa fraude et sa mauvaise foi. Et ainsi vous prouveriez que le gage ne vous a pas été rendu , mais qu'il vous a été enlevé par finesse.

4. ULPIEN , *liv.* 41 , *sur Sabinus.*

De la vente du gage.

S'il a été convenu entre le débiteur et le créancier , soit

---

(2) L. 2. l. 6 in fin. l. 7. l. 8. C. si aliena res pignori. l. 6. C. quæ res. pignori. l. 13. in fin. c. de donat. inter. vir. et uxor. v. L. ut. in fin. C. de pact.

initio, sivè posteà, non (1) tantùm venditio valet, verùm incipit emptor dominium rei habere. Sed etsi non convenerit de distrahendo pignore, hoc tamèn jure utimur, ut (2) liceat distrahere : si modò non convenit, *ne liceat.* Ubi verò convenit, *ne distraheretur,* creditor, si distraxerit, furti obligatur : nisi ei ter fuerit denunciatum, ut solvat, et cessaverit.

5. POMPONIUS, *lib.* 19, *ad Sabinum.*

Idquè juris est, sivè omninò fuerint pacti, *ne veneat,* sivè in summmâ, aut conditione, aut loco contrà pactionem factum sit.

6. IDEM, *lib.* 35, *ad Sabinum.*

Creditor non cogitur vendere pignus, sed cogitur ostendere cautione acceptâ.

Quamvìs convenerit, *ut fundum pigneratitium tibi vendere liceret,* nihilò (3) magis cogendus es vendere, licèt solvendo non sit is qui pignus dederit : quià tuâ causâ id caveatur. Sed Atilicinus, ex causâ cogendum (4) creditorem esse ad vendendum, dicit. Quid enim, si multò nimis sit, quod debeatur, et hodiè pluris venire possit pignus, quàm posteà ? Melius autèm est dici, eum (5) qui dederit pignus, posse vendere, et acceptâ pecuniâ solvere id, quod debeatur : ità tamen, ut creditor necessitatem habeat ostendere rem pigneratam, si mobilis sit, priùs idonea cautela (6) à debitore pro indemnitate ei

---

(1) V. l. 3. §. 1. C. de jure domin. impetrand. l. 1. C. de pact. pignor.
(2) L. 9. l. 14. C. de distract. pignor.
( ) L. 21. §. 3. infr. de fidejuss.

dès l'origine, soit par la suite, de vendre le gage, non-seulement la vente est valable (1), mais même l'acquéreur en acquiert à l'instant la propriété. Mais encore qu'il ne fut pas convenu que le gage serait vendu, l'usage veut qu'il soit permis de le vendre (2), à moins qu'il n'y ait eu convention expresse qu'il ne le serait pas, et dans ce cas si le créancier venait à le vendre, le débiteur aurait contre lui l'action du vol, à moins que le créancier n'eût signifié jusqu'à trois fois au débiteur qu'il eût à payer, et qu'il n'en n'eût rien fait.

5. POMPONIUS, *liv.* 19, *sur Sabinus.*

Et c'est ce qui s'observe, soit que les parties soient absolument convenues que le gage ne serait pas vendu, ou que l'on soit convenu ou de la somme ou de la condition, ou du lieu, et qu'il y ait eu contravention à cet égard.

6. LE-MÊME; *liv.* 35, *sur Sabinus.*

Le créancier n'est pas obligé de vendre le gage, mais il est tenu de le représenter.

Quoiqu'il ait été convenu que vous *auriez la liberté de vendre un fonds qui vous aurait été donné en gage*, vous ne pouvez cependant être forcé à le vendre (3), quoique celui qui a fourni le gage ne puisse payer, parce que l'insertion de cette clause n'a été faite que pour votre avantage particulier. Mais Attilicinus dit que le créancier (4) doit, en connaissance de cause, être forcé à vendre le gage; et en effet qu'en serait-il si la dette était moindre que le gage fourni, et que pour le moment le gage fût dans le cas d'être vendu à un prix beaucoup plus haut que par la suite. Il est plus convenable de dire que le débiteur qui a fourni le gage (5) peut le vendre et payer avec le prix de la vente, ce qu'il doit. De sorte que cependant le créancier sera obligé de représenter le gage si c'est une chose mobilliaire, après que le débiteur lui aura donné caution (6),

---

(4) L. 15. §. 5. infr. de re judicat.
(5) Nov. 112. c. 1. vers. de hoc autem.
(6) L. 8. §. 16. infr. quib. mod. pign.

præstenda; invitum enim creditorem cogi vendere, satìs inhumanum est.

§. 1. Si creditor pluris (1) fundum pigneratum vendiderit, si id fœneret, usuram ejus pecuniæ præstare debet ei, qui dederit pignus. Sed et si ipse usus sit eâ pecuniâ, usuram præstari oportet. Quòd si eam depositam habuerit, usuras non debet.

7. Paulus, *lib.* 2, *sententiarum.*

Si autèm tardiùs superfluum restituat creditor [id] quod apud eum depositum est, ex morâ [etiàm] usuras debitori hoc nomine præstare cogendus est.

8. Pomponius, *lib.* 35, *ad Sabinum.*

De impensis à creditore factis.

Si necessarias (2) impensas fecerim in servum, aut in fundum, quem pignoris causâ acceperim, non tantùm retentionem, sed etiàm contrariam pigneratitiam actionem habebo. Finge enim medicis, cùm ægrotaret servus, dedisse me pecuniam, et eum decessisse: itèm insulam fulsisse, vel refecisse, et posteâ deustam esse, nec habere, quod possem retinere.

De venditione pignoris.

§. 1. Si pignori plura mancipia, data sint, et quædam certis pretiis ità vendiderit creditor, *ut evictionem eorum præstaret* ; et creditum suum habeat : reliqua mancipia potest retinere, donèc

____

(1) L. 7. l. 24. §. 2. infr. h. t. l. 21. in fin infr. de pignorib.

pour sûreté de sa créance, car il est déjà assez dur pour le créancier d'être forcé de vendre le gage.

§. 2. Si le créancier a vendu le fonds qui lui a été donné en gage un prix qui excède le montant de ce qui lui est dû (1), et place cet excédent à intérêt, il doit compter de cet excédent au débiteur. Et s'il s'est servi lui-même de cet argent, il en payera l'intérêt. S'il ne l'a eu qu'en dépôt, il ne devra pas d'intérêt.

7. PAUL , *liv.* 2 , *des sentences.*

Si le créancier tarde long-tems à remettre à son débiteur, ce surplus qu'il a en dépôt, il est dans le cas d'être contraint à en payer les intérêts pour le tems qu'il a été en demeure de le remettre.

8, POMPONIUS , *liv.* 35 , *sur Sabinus.*

Des dépenses faites par le créancier.

Si j'ai fait des dépenses nécessaires pour (2) un esclave ou un fonds qui m'a été donné en gage, non-seulement j'ai le droit de les retenir, mais j'ai encore l'action contraire du gage. Et en effet, supposez que cet esclave soit tombé malade, et que j'aie été obligé de donner de l'argent aux médecins qui l'ont soigné, et qu'il soit mort, ou que j'aie étayé ou réparé une maison qui m'a été donnée en gage, et que le feu y ait pris, et que je ne puisse reprendre mes dépenses sur quelque ce soit.

De la vente du gage.

§. 1. Si plusieurs esclaves ont été donnés en gage, et que le créancier en ait vendu quelques uns moyennant un certain prix, *avec promesse de garantie en cas d'éviction*, et que par cette vente il soit rempli de sa créance, il peut néanmoins retenir les autres, jusqu'à ce qu'on lui ait donné caution

---

(2) L. 2. infr. l. 7. in fin. C. h. t. l. 6. C. de pignorib.

ei caveatur, quòd evictionis nomine promiserit, indemnem eum futurum.

§. 2. Si unus ex heredibus, portionem (1) suam solverit, tamèn tota (2) res pignori data venire poterit : quemadmodùm si ipse debitor portionem solvisset.

§. 3. Si annua. bima, trima die, [trigenta] stipulatus, acceperim pignus pactusquè sim, *ut*, *nisi suâ* (3) *quoquè die pecunia soluta esset*, *vendere eam mihi liceret :* placet, antequàm omnium pensionum dies veniret, non posse me pignus vendere; quià eis verbis omnes (4) pensiones demonstrarentur. Nec verùm est, suâ quâque die non solutam pecuniam; antequàm omnes dies venirent : sed omnibus pensionibus præteritis, etiàm (5) si una portio soluta non sit, pignus potest venire. Sed si ità scriptum sit, *si qua pecunia suâ die soluta non erit*, statîm competit ei pacti conventio.

§. 4. De vendendo pignore in (6) rem pactio concipienda est, ut omnes contineantur. Sed et si creditoris duntaxàt persona fuerit comprehensa, etiàm heres ejus jure vendet, si nihil in contrarium actum est.

§. 5. Cùm pignus ex pactione venire potest, non solùm ob sortem non solutam venire poterit, sed ob cætera quoquè, vel uti usuras (7) et quæ in id impensa sunt.

---

(1) L. 16. C. de distract. pign.
(2) D. 11. §. 4. infr. h. t. v. l. 63. infr. de evict.
(3) L. 12. infr. de usur.

de l'indemniser de tout ce qui pourrait lui arriver à l'occasion de la promesse de garantie qu'il a faite.

§. 2. Encore que l'un des héritiers du débiteur ait payé sa portion (1) le créancier peut cependant vendre le gage en entier, (2) de même que si le débiteur eût payé lui-même une partie de sa dette.

§. 3. Si , ayant stipulé trente payables , en un an en trois payemens, j'ai reçu un gage et que je sois convenu que *si la somme qui devait-être* (3) *payée à chaque terme* , ne l'était pas, *j'aurais la liberté de vendre le gage* ; on a décidé que je ne pouvais vendre le gage avant que les époques de tous les paiemens ne fussent arrivées , parce que la convention qui a été faite, semble comprendre les paiemens (4). Et il n'est pas vrai que chaque paiement n'est pas fait en son tems, avant que le dernier soit effectué ; mais toutes lorsque les échéances sont arrivées , ne restât-il plus qu'une portion de la dette à payer , (5) le gage peut-être vendu. Mais si la convention a été faite en ces termes , *si un paiement n'est pas fait à son échéance* , le créancier aurait pour lui une exception tirée de la convention , si le débiteur venait à l'actionner à l'occasion de la vente du gage.

§. 4. La convention qui porterait la permission de vendre le gage , doit-être conçue de manière qu'elle réfléchisse sur tous les possesseurs du gage. Mais si elle ne comprend que le seul créancier , son héritier lui succedera dans le droit qu'il avait lui-même de le vendre , à moins qu'il n'y ait eu de convention contraire.

§. 5. Lorsque l'on peut vendre le gage d'après la convention qui a été faite, il peut l'être non-seulement lorsque le principal n'est pas payé , mais encore pour toutes les clauses consenties , telles que les intérêts, (7) et toutes les dépenses faites pour la conservation du gage.

---

(4) L. 29. infr. de hered. instit.
(5) L. 6. C. de distr. pign.
(6) V. l. 7. §. 8. l. 40. in pr. supr. de pact.
(7) Fac. l. 10. §. 3. infr. h. t. l. 13. in fin. infr. de pignorib.

9. Ulpianus , *liv.* 28 , *ad edictum.*

De re alienâ.

Si rem alienam (1) mihi debitor pignori dedit, aut malitiosè (2) in pignore versatus sit, dicendum est, locum habere contrarium judicium.

Ob quam causam pignus dari potest.

§. 1. Non tantùm autèm ob pecuniam, sed (3) et ob aliam causam pignus dari potest; velutì si quis pignus alicui dederit, *ut pro se fidejubeat.*

Quid interest intèr pignus et hypothecam.

§. 2. Propriè (4) pignus dicimus, quod ad creditorem transit : *hypothecham*, cùm non transit, nec possessio ad creditorem. (5)

De solutione et satisfactione.

§. 3. Omnis (6) pecunia exsoluta esse debet, aut eo nomine satisfactum (7) [esse], ut nascatur pigneratitia actio. *Satisfactum* (8) autèm accipimus, quemadmodùm voluit creditor, licèt non sit solutum; sivè aliis (9) pignoribus sibi caveri voluit, ut ab hoc recedat; sivè fidejussoribus (10), sivè reo dato, sivè pretio aliquo, vel nudâ conventione, nascitur pigneratitia actio. Et generalitèr

---

(1) L. 16. §. 1. l. 32. infr. h. t.
(2) V. l. 54. infr. de fidejuss.
(3) L. 5. in pr. infr. de pignorib.
(4) §. 7. circà fin. Inst de act.
(5) Immò vide d. l. 5. §. 1. infr. de pignoribus.

9. ULPIEN, *liv.* 28, *sur l'édit.*

De la chose d'autrui.

Si mon débiteur m'a donné en gage la chose d'autrui (1), ou qu'il se soit conduit d'une manière astucieuse (2) à l'occasion du gage qu'il m'a donné, on doit dire que dans ce cas il y a lieu à l'action contraire du gage.

Pour quelle cause on peut donner un gage.

§. 1. On peut donner un gage non-seulement pour sûreté d'argent prêté (3), mais encore pour toute autre cause, comme si, par exemple, quelqu'un donne un gage à un autre *pour qu'il réponde pour lui.*

Quelle différence il y a entre le gage et l'hypothèque.

§. 2. On appelle à proprement parler (4) *gage* ce qui se transmet au créancier; et *hypothèque* la convention par laquelle on oblige une chose, sans en transférer la possession (5).

Du paiement, de la satisfaction.

§. 3. Le débiteur ne peut intenter l'action du gage contre le créancier pour recouvrer son gage, qu'autant (6) qu'il a payé en entier la somme qu'il devait, (7) ou que le créancier a été satisfait, sous le rapport de sa créance (8). Or nous regardons le créancier *satisfait*, lorsqu'il a agréé une chose dont il s'est contenté, (9) quoi qu'il n'ait pas été payé, par exemple lorsqu'il a accepté de nouveaux gages pour abandonner celui qu'il avait, ou lorsqu'il s'est fait donner des répondans (10), ou qu'il s'est fait un autre obligé, ou lorsqu'il s'est contenté d'une certaine somme, ou d'une simple promesse. Dans tous les cas il y a lieu à l'action

---

(6) V. l. ult. c. debitor. vendit pignor.
(7) L. 13. §. 4. infr. de pignorib. l. 6. in pr. infr. quib mod. pign.
(8) Adde l. 5. §. 17. infr. ut in possess. legat.
(9) L. 50. §. 1. infr. de jure dot.
(10) L. pen. infr. quib. mod. pign.

dicendum erit, quotièns (1) recedere voluit creditor à pignore, videri ei satisfactum, si, ut ipse voluit, sibi cavit, licèt in hoc deceptus sit.

De re alienâ.

§. 4. Is quoquè, qui rem alienam pignori dedit, solutâ pecuniâ potest pigneratitiâ experiri.

§. 5. Qui antè solutionem egit pigneratitiâ, licèt non rectè egit, tamèn, si offerat in judicio pecuniam, debet rem pigneratam, et quod sua interest, consequi.

10. GAJUS, *lib.* 9, *ad edictum provinciale.*

Quòd si non solvere (2), sed aliâ ratione satisfacere paratus est, fortè si expromissorem dare vult, nihil ei prodest.

11. ULPIANUS, *lib.* 28, *ad edictum.*

De lite contestatione.

Solutum non videtur, si lis contestata (3) cum debitore sit de ipso debito, vel si fidejussor conventus fuerit.

De novatione.

§. 1. Novata (4) autèm debiti obligatio pignus perimit : nisi convenit, ut pignus repetatur.

De pecuniâ non creditâ. De acceptillatione. De canditione deficiente. De pacto.

§. 2. Si quasi daturus tibi pecuniam, pignus

---

(1) V. l. 5. in pr. infr. d. t.
(2) L. 6. §. 1. infr. d. t.

du gage. En général on doit dire que toutes les fois (1) que le créancier a consenti à remettre le gage, il est censé satisfait, s'il a reçu les sûretés qu'il a exigées, quoique trompé à cet égard.

De la chose d'autrui.

§. 4. Celui-là aussi qui a donné la chose d'autrui en gage, peut, après avoir payé, intenter l'action pignératrice pour la recouvrer.

§. 5. Si celui qui a formé la demande en restitution du gage avant d'avoir payé, offre dans la même instance de payer, quoiqu'il n'ait pas procédé régulièrement dans le principe il doit cependant recouvrer la chose qu'il a donnée en gage et les intérêts qu'il peut avoir.

10. GAJUS, *liv.* 9, *sur l'édit provincial.*

Mais il ne serait pas écouté s'il offrait de satisfaire le créancier autrement qu'en le payant, (2) par exemple, s'il lui offrait un autre débiteur.

11. ULPIEN, *liv.* 28 *sur l'édit.*

De la contestation en cause.

S'il y a instance avec le débiteur relativement à sa (3) dette, ou si le répondant est actionné, l'on n'est pas censé avoir payé.

De la novation.

§. 1. La novation (4) de l'obligation principale éteint celle du gage, à moins que les parties ne soient convenues que les mêmes gages suivraient la nouvelle obligation.

De l'argent qui devant-être prêté ne l'a pas été. De l'acceptillation. Du défaut d'accomplissement de la condition de la convention.

§. 2. Si devant vous donner de l'argent j'ai reçu de vous

---

(3) Adde l. 13. §. 4. infr. de pignorib. l. un. C. etiam ob. chirographar.
(4) L. 18. infr. de novat. d. l. un.

accepero, nec dedero pigneratitiâ actione tenebor, et nullâ solutione factâ, idemquè, et si accepto lata sit pecunia, vel conditio defecerit, ob quam pignus contractum est ; vel si pactum (1) cui standum est, de pecuniâ non petendâ factum est.

De sorte et usuris.

§, 3. Si in sortem duntaxàt, vel in usuras obstrictum est pignus, eo soluto, proptèr quod obligatum est, locum habet pigneratitia. Sivè autèm usuræ in stipulatum sint, deductæ, sivè non : si tamèn pignus et in eas obligatum fuit, quamdiù quid ex his debetur, pigneratitia cessabit. Alia causa est earum, quas quis suprà licitum modum promisit ; nàm hæc penitùs illicitæ sunt.

De pluribus heredibus creditoris.

§. 4. Si creditori plures heredes extiterint, et uni ex his pars ejus solvatur, non debent cæteri heredes creditoris injuriâ adfici : sed possunt totum (2) fundum vendere, oblato debitori eo quod coheredi eorum solvit ; quæ sententia non est sinè ratione.

Cui solvendum est.

§. 5. *Solutam* [autèm] pecuniam accipendum non solùm si ipsi, cui obligata res est, sed et si alii sit soluta voluntate ejus ; vel ei, cui heres extitit ; vel procuratori ejus, vel servo pecuniis exigendis præposito. Undè si domum conduxeris (3), et ejus partem

---

(1) L. 5. infr. quib. mod. pign.
(2) V. l. 6. C. de locato.

un gage, et que je ne vous l'aie pas donné, je serai soumis à l'action pignératrice, même sans qu'il y ait eu de
paiement. Il en est de même si le créancier a fait remise
du gage, ou si la condition de laquelle dépendait le gage
n'a pas eu lieu, ou s'il y a eu une convention de laquelle
on n'a pas pu s'écarter, par laquelle le créancier s'est engagé à ne pas redemander sa dette (1).

Du principal et des intérêts.

§. 3. Si le gage n'a été donné que pour sûreté du capital
ou des intérêts, ce capital, et ces intérêts une fois payés, il
y a lieu à l'action pignératrice pour le recouvrer. Si le gage
était aussi obligé pour la sûreté des intérêts par une stipulation ou non, tant qu'il en restera dû quelque chose, il n'y
aura pas lieu à l'action du gage. Il n'en est pas de même
si les intérêts dont le gage répond sont au-dessus du taux
fixé par la loi, car ils sont illicites.

De plusieurs héritiers du créancier.

§. 4. Si un créancier a laissé plusieurs héritiers, et que
le débiteur ait payé à l'un d'eux la portion qui lui revenait
dans la dette, les autres héritiers ne doivent pas en souffrir
mais ils peuvent vendre la totalité du fonds (2), en offrant
au débiteur ce qu'il a payé à leur cohéritier. Cette opinion
n'est pas dépourvue de raison.

A qui il faut payer.

§. 5. La dette est censée payée non-seulement lorsqu'elle
l'a été à celui à qui elle était due, mais encore lorsqu'elle
l'a été à tout autre que ce dernier, d'après sa volonté, ou
à ses héritiers, ou à son fondé de pouvoir, ou à son esclave chargé de faire ses recouvremens. D'où il suit que si
vous avez loué une maison, que (3) j'en aie sous-loué une

---

(3) V. l. 8. §. 2. supr. h. t.

mihi locaveris, egoquè locatori tuo pensionem
solvero, pigneratitiâ adversùs te potero experiri ;
nàm Julianus scribit, solvi ei posse ; et si partem
tibi, partem ei solvero, tantundèm erit dicendum.
Planè in eam duntaxàt summam invecta mea et
illata tenebuntur, inquam cœnaculum conduxi ;
non enìm, credibile est hoc convenisse, ut ad
universam pensionem insulæ frivola mea tene-
rentur. Videtur autèm tacitè et cum domino ædium
hoc convenisse, ut non pactio cœnacularii proficiat
domino, sed sua propria.

De procuratore et tutore.

§. 6. Per liberam autèm personam pignoris
obligatio nobis non (1) adquiritur : adeò, ut nè
per procuratorem plerumquè vel tutorem (2) ad-
quiratur ; et ideò ipsi actione pigneratitiâ conve-
nientur. Sed nec mutat, quòd constitum est ab
imperatore (3) nostro, *posse* (4) *per liberam personam possessionem adquiri :* nàm hoc eo pertinebit, ut possimus pignoris nobis obligati possessionem per procuratorem, vel tutorem adprehendere ;
ipsam autèm obligationem libera persona nobis
non sempêr adquiret.

§. 7. Sed si procurator meus, vel tutor rem
pignori dederit, ipse agere pigneratitiâ poterit.
Quod in procuratore ità procedit, si (5) (ei)
mandatum fuerit pignori dare.

---

(1) V. l. 1. C. per quas person. nob. acquir. vide tamèn l. 23. §. 1. infr.
de pignorib.

partie, et que j'aie payé à celui à qui vous avez loué la maison entière, je pourrai intenter contre vous l'action du gage, car Julien a écrit que je pouvais payer entre ses mains. Il en serait de même si j'avais payé partie de mes loyers à lui, et partie à vous. Mais les meubles que j'aurai mis dans cette portion de maison ne répondront que des loyers de cette portion, car on ne peut croire que l'on soit convenu que les meubles qui garnissent une petite chambre répondront des loyers de la maison entière. Or il semble dans ce cas qu'il y a une convention tacite avec le maître de la maison, de laquelle il résulte que l'arrangement que le principal locataire a fait avec celui à qui il a loué une portion de la maison, ne le regarde en aucune manière.

Du fondé de pouvoir et du tuteur.

§. 6. L'obligation du gage ne peut nous être acquise par l'intermédiaire d'une personne libre (1) et c'est au point que souvent elle ne l'est pas par un fondé de pouvoir et un tuteur (2), en sorte que l'action pigneratrice aura lieu contre eux. Mais cela ne change rien à l'ordonnance de notre empereur (3) qui porte que *la possession peut-être acquise par le ministère d'une personne libre* (4), car on en pourrait tirer la conséquence que nous pouvons acquérir par un fondé de pouvoir la possession de la chose qui nous a été engagée, ou le tuteur l'acquérir au profit de son mineur : mais l'obligation du gage ne pourra nous être acquise par une personne libre.

§. 7. Si mon fondé de pouvoir, ou un tuteur a donné une chose en gage, il pourra lui-même intenter l'action pigneratrice. Mais cela ne pourra avoir lieu à l'égard du fondé de pouvoir, qu'autant qu'il aura été chargé (5) de la mettre en gage.

---

(2) L. ult. C. quando ex facto tutor.
(3) L. 1. C. de adquirend. et retinend. possess.
(4) V. l. 20. in fin. infr. de adquir. rer. domin.
(5) Adde l. 12. infr. h. t.

12. GAJUS, *lib.* 9, *ad edictum provinciale.*

Vel universorum bonorum administratio ei permissa est ab eo, qui sub pignoribus solebat mutuas pecunias accipere.

13. ULPIANUS, *lib.* 38, *ad edictum.*

De pacto creditoris cum emptore.

Si, cùm venderet creditor pignus, convenerit intèr ipsum, et emptorem, *ut* (1), *si solverit debitor pecuniam pretii emptori, liceret ei, recipere rem suam:* scripsit Julianus, et est rescriptum, ob hanc conventionem pigneraticiis actionibus teneri, creditorem ut debitori mandet ex vendito actionem adversùs emptorem: sed et ipse debitor aut vindicare rem poterit, aut in factum actione adversùs emptorem agere.

De dolo. Culpâ. Custodiâ. Vi majore.

§. 1. Venit autèm in hâc actione et dolus (2) et culpa, ut in commodato, venit et custodia : vis major (3) non venit.

14. PAULUS, *lib.* 29. *ad edictum.*

De diligentiâ.

Ea igitur, quæ diligens pater familiâs in suis rebus præstare solet, à creditore exiguntur.

---

(1) L. 7. C. 1. infr. de distr. pignor.
(2) L. 19. C. de pignorib.

12. GAJUS, *liv.* 9, *sur l'édit provincial.*

Ou qu'il lui aura été donné une procuration générale à l'effet d'administrer tous les biens de son mandant qui était dans l'usage de faire des emprunts en donnant des gages.

13. ULPIEN, *liv.* 38, *sur l'édit.*

De la convention du créancier avec l'acquéreur.

Si un créancier en vendant le gage qu'il a reçu *convient avec l'acquéreur, que si le débiteur le payait* (1) *celui-ci aurait la liberté de reprendre sa chose,* Julien a écrit, et il y a à ce sujet un rescrit, que le créancier, à cause de cette convention, est soumis aux actions pignératrices à l'effet de transporter au débiteur l'action de la vente *ex vendito* qu'il a contre l'acquéreur, et le débiteur lui-même pourra revendiquer sa chose ou intenter contre l'acquéreur une action expositive du fait.

De la mauvaise foi. De la faute. De la garde. Et de la force majeure.

§. 1. Dans l'action du gage, comme dans celle du prêt, on comprend la mauvaise foi (2), la faute et même la garde de la chose donnée en gage, c'est-à-dire, que celui qui a reçu la chose donnée à titre de gage est tenu de sa mauvaise foi, de sa faute, de sa négligence dans la garde de la chose, mais il n'est pas responsable des évenemens occasionnés par une force majeure (3).

14. PAUL, *liv.* 29, *sur l'édit.*

Du soin.

On exige du créancier tout le soin qu'un père de famille exact et soigneux a coutume d'apporter pour la conservation de sa propre chose.

---

(3) L. 30. infr. h. t.

15. Ulpianus, *lib.* 28, *ad edictum.*

De repromissione creditoris restituentis pignum.
De diligentiâ.

Creditor (1), cùm pignus reddit, de dolo debet debitori repromittere: et si pædium fuerit pigneratum, et de jure ejus repromittendum [est] ; né forté servitutes, cessante uti creditore, amissæ sint.

16. Paulus, *lib.* 29, *ad edictum.*

De tutore et curatore.

Tutor, lege non refragante (2), si dederit rem pupilli pignori, tuendum erit ; scilicèt (3) si in rem pupilli pecuniam accipiat. Idèm [est] et in curatore adolescentis, vel furiosi.

Si res aliena, vel obligata, vel morbosa pignori detur.

§. 1. Contrariam (4) pigneratitiam creditori actionem competere certum est. Proindè si rem alienam, vel alii pignoratam, vel in publicum obligatam dedit, tenebitur : quamvis et stellionatûs (5) crimen committat. Sed utrùm ità demùm, si scit, àn et si ignoravit? Et quantum ad crimèn pertinet, excusat ignorantia : quantum ad contrarium judicium, ignorantia [eum] non excusat : ut Marcellus lib. vi Digestorum scribit; sed si sciens creditor accipiat, vel alienum, vel

---

(1) Adde l. 21. §. 1. infr. de ædilit. edict.
(2) Adde l. 7. §. 5. infr. de reb. eor. qui sub. tutela.
(3) L. 3. C. si aliena res pignori.

15. ULPIEN, *liv.* 28 *sur l'édit.*

De la caution que doit donner le créancier qui rend le gage.

Lorsque le créancier (1) rend au débiteur son gage il doit lui donner caution de l'indemniser de sa mauvaise foi ; et si c'est un bien-fonds qui a été donné en gage, il doit aussi, en le rendant, garantir le débiteur qu'il en a conservé tous les droits, dans la crainte que s'il y avait quelques servitudes dues au fonds, leur non-usage, de la part du créancier, ne les ait laissées éteindre.

16. PAUL, *liv.* 29 *sur l'édit.*

Du tuteur et du curateur.

On devra venir au secours du tuteur (2) si sans contrevenir à la loi, il a donné en gage une chose appartenante à son pupille, si par exemple il a emprunté de l'argent pour l'avantage de son pupille, (3) et que cet emprunt ait tourné à son profit. Il en est de même du curateur d'un mineur ou d'un fou.

Si l'on donne en gage la chose d'autrui, ou celle déjà engagée à un autre, ou une chose vicieuse.

§. 1. Nul doute que le créancier n'ait l'action *contraire* du gage (4), par conséquent si le débiteur a donné en gage une chose appartenante à autrui, ou déjà engagée à un autre, ou obligée pour sûreté des deniers publics, (des impôts) il sera tenu de cette action, quoiqu'il commette le crime du stellionat (5). Mais est-il nécessaire qu'il ait connaissance de toutes ces choses pour être soumis à cette action, ou y est-il même soumis dans le cas où il les aurait ignorées ? Quant à ce qui regarde le crime, son ignorance devient son excuse. Quant à ce qui regarde l'action contraire du prêt, son ignorance ne peut l'y soustraire, comme l'écrit Marcellus au livre VI du Digeste.

---

(4) L. 9. in pr. supr. l. 32. infr. h. t.
(5) L. 1. In fin. supr. l. 26. infr. eod. l. 3. §. 1. infr. stellionat. l. 2. C. de crimin. stellion.

obligatum, vel morbosum, contrarium ei non competit.

De vectigali vel superficiario prædio.

§. 2. Etiàm vectigale (1) prædium pignori dari potest Sed et superficiarium (2); quià hodiè utiles (3) actiones superficiariis dantur.

17. MARCIANUS, *lib. singulari ad formulam hypothecariam,*

Sanè Divi Severus et Antoninus rescripserunt, ut sinè (4) deminutione mercedis soli obligaretur.

18. PAULUS, *lib.* 29, *ad edictum.*

De nomine debitoris.

Si convenerit, ut *nomen* (5) *debitoris mei pignori tibi sit*, tuenda est à prætore hæc conventio: ut et te in exigendâ pecuniâ, et debitorem adversùs me, si cum eo experiar, tueatur. Ergò, si id nomen pecuniarium fuerit, exactam pecuniam tecum pensabis; si verò corporis alicujus, id, quod acceperis, erit tibi pignoris loco.

De eo quod accedit rei pignoratæ.

§. 1. Si nuda proprietas pignori data sit, usus

____

(1) L. 31. infr. de pignorib·
(2) L. 13. §. 3. infr. d. t.

Mais si le créancier reçoit sciemment pour gage une chose appartenante à autrui, déjà obligée, ou vicieuse, il n'aura pas lui-même l'action contraire du prêt.

D'un fonds tenu à bail emphytéotique, ou dont on n'a que la superficie.

§. 2. On peut aussi engager un fonds tenu à bail emphytéotique (1), même un fonds dont on n'a que la superficie (2), parceque dans le droit actuel il est d'usage d'accorder à ces sortes de propriétaires des actions utiles (3).

17. MARCIEN, *liv. unique, sur la formule des hypothèques.*

Les empereurs Sévère et Antonin ont déclaré dans un rescrit, que tout ce qui vient d'être dit plus haut n'avait lieu qu'autant que la redevance que le tenancier paie ne diminuerait pas le sol (4).

18. PAUL, *liv.* 29, *sur l'édit.*

De l'obligation du débiteur.

S'il est convenu que *je vous donnerais à titre de gage l'obligation de mon débiteur* (5), le prêteur doit confirmer cette convention, afin que vous puissiez en exiger le montant de lui, et que dans le cas où après avoir payé, je l'actionnerais, pour qu'il eût à me satisfaire, vous puissiez le défendre contre moi, comme ne me devant plus rien. Si donc l'obligation est causée pour une somme d'argent, et que vous en ayez reçu le montant, vous ferez compensation de ce que je vous ai payé, avec ce que vous aurez reçu, si au contraire, cette obligation avait pour objet un corps certain, vous le garderez à titre de gage.

De ce qui survient à la chose engagée.

§. 1. Si on engage la nue propriété d'un fonds, l'usu-

___

(3) L. 74. l. 75. supr. de rei vind.
(4) L. 4. supr. de pact.
(5) L, 13. §. 2. in fin. infr. de pignorib, l. 1. C. quæ res pignori.

fructus , qui posteà adcreverit , pignori erit. Eadem causa est alluvionis (1).

De venditione pignoris.

§. 2. Si fundus pignoratus venierit, manere (2) causam pignoris ; quià cum suâ causâ fundus transeat ; sicùt in partû (3) ancillæ, qui post venditionem natus sit.

De nave factâ ex silvâ pignoratâ.

§. 3. Si quis caverit , *ut silva sibi pignori esset* , navem ex eâ materiâ factam , non esse pignoris , Cassius ait : quià aliud (4) sit materia , aliud navis. Et ideò nomitatìm in dando pignore adjiciendum esse ait , *quæquæ ex silvâ natâ factâ [vè] sint.*

De servo,

§. 4. Servus rem peculiarem si pignori dederit, tuendum est (5) , si liberam (6) peculii administrationem habuit : nàm (7) et alienare eas res potest.

19. MARCIANUS, *lib. singularum ad formulam hypothecariam.*

De filio familiâs.

Eadèm et de fiilio familiâs dicta intelligemus.

---

(1) L. 16. in pr. infr. de pignorib.
(2) L. 35. §. 1. in fin. infr. de donat. l. 14. l. 15. C. de pignorib. l. 3. l. 10 C. de remiss. pignor l. 12. C. de distr. pignor. Nov. 112. c. 1. post. med.

fruit qui par la suite retournera à cette propriété, sera partie du gage. Il en est de même de ce qui survient par alluvion (1).

De la vente du gage.

§. 2. Si l'on vend le fonds que l'on a engagé, il reste toujours grévé du gage (2) car la cause suit le fonds, comme cela arrive à l'égard de l'enfant dont l'esclave vendue est enceinte (3).

Du vaisseau construit avec des matériaux en gage.

§. 3. Si quelqu'un s'est fait donner en gage une forêt, Cassins dit que le vaisseau qui aura été construit avec les arbres et les planches provenant de cette forêt, n'est pas engagé, parce que la matière avec laquelle le vaisseau est construit, et le vaisseau lui-même, ne sont pas la même chose (4). Et c'est pourquoi il dit qu'il faut ajouter d'une manière expresse en donnant le gage, *et tout ce qui proviendra, et sera fait avec les bois provenans de la forêt.*

De l'esclave.

§. 5. L'esclave qui a donné en gage un effet (5) provenant de son pécule, doit être protégé, s'il avait la libre administration de son pécule (6), par la raison qu'il a la liberté de le vendre (7).

19. MARCIEN, *liv. unique sur la formule des hypothèques.*

Du fils de famille.

Il en est de même du fils de famille.

---

(3) V. l. 1. C. de partu pignor.
(4) Immò vide l. 7. in fin. pr. infr. de exceptione rei judic.
(5) Excip. l. 1. S. 1. infr. quæ res pignori.
(6) L. 10. C. quod cum eo.
(7) V. l. 9. S. 1. infr. infr. de pignorib.

20. PAULUS, *lib.* 29. *ad edictum.*

De re alienâ pignori datâ.

Aliena res pignori dari voluntate (1) domini potest: sed et si ignorante eo data sit, et ratum habuerit (2), pignus valebit.

Si pluribus simùl pignori detur.

§. 1. Si pluribus res simùl pignori detur, æqualis omnium causa est.

Quibus ex causis pigneratitia competit actio.

§. 2. Si per creditorem stetit (3), quominùs ei solvatur, rectè agitur pigneratitiâ.

Vel non.

§. 3. Interdùm et si soluta sit pecunia, tamèn pigneratitia actio inhibenda est, veluti si creditor pignus suum emerit à debitore.

21. IDEM, *lib.* 6, *brevis edicti.*

De domo et areâ.

Domo pignori data, et area ejus tenebitur; est enìm (4) pars ejus et contrà, jus (5) soli sequetur ædificium.

---

(1) L. 27. in fin. infr. h. t.
(2) L. 16. §. infr. de. pignorib.
(3) L. 19. C. de usur.

20. PAUL, *liv.* 29 *sur l'édit.*

De la chose d'autrui donnée en gage.

L'on peut donner en gage la chose d'autrui, du consentement (1) du maître, et si elle a été donnée en gage à son insçu, mais que par la suite il ait ratifié, (2) le gage est valablement contracté.

Si une chose est donnée en même tems en gage à plusieurs.

§. 1. Si une chose est donnée en gage en même tems à plusieurs personnes, la cause des uns et des autres est la même.

Quelles sont les causes qui donnent lieu à l'action pignératrice.

§. 2. Si c'est par le fait du créancier que le débiteur ne peut pas se libérer (3), celui-ci pourra régulièrement intenter l'action du prêt.

Ou qui n'y donnent pas lieu.

§. 3. Il est des cas, où même après que le débiteur a payé son créancier, l'on doit lui refuser l'action pignératrice, tel est celui où le créancier achète le gage du débiteur.

21. LE MÊME, *liv.* 6 *de l'édit abrégé.*

D'une maison et du terrein sur lequel elle est bâtie.

Lorsque l'on engage une maison, le terrain sur lequel elle est bâtie, est également engagé, car il en fait partie (4) et dans le sens inverse, si on engage le terrein, la maison construite dessus se trouve pareillement engagée (5).

---

(4) L. 20. §. 1. in fin. supr. de servitut. præd. urban.
(5) L. 19. §. 2. infr. de pignorib.

22. ULPIANUS, *lib.* 3o, *ad edictum.*

De eo quod creditor ob pignus subreptum.

Si pignore subrepto, furti egerit creditor, totum quicquid percepit, debito [eum] imputare Papianus confitetur: et est verùm, etiàm si culpa creditoris furtum factum sit. Multò magis hoc erit dicendum in eo quod ex condictione, consecutus est. Sed quod ipse debitor furti actione præstitit creditori, vel condictione àn debito sit imputandum, videamus? Et quidém non oportere id ei restitui (1), quod ipse ex furti actione præstitit, peræquè relatum est, et traditum. Et ità Papinianus lib. IX quæstionum ait.

Aut metûs causâ traditum percepit.

§. 1. Idèm [Papinianus ait], et si metûs causâ servum pigneratum debitori tradiderit, quem bonâ fide pignori acceperat: nàm si egerit, quod metùs causâ factum est, et quadruplum sit consecutus, [nihil] nequè restituet ex eo quod consecutus est, nec debito imputabit.

De prædone et fructibus.

§. 2. Si prædo (2) rem pignori dederit, competit ei et de fructibus pigneratitia actio, quamvis ipse fructus suos non faciet: à prædone enìm fructus et vindicari extantes possunt, et consumpti condici (3) : proderit igitùr ei, quod creditor bonâ fide possessor fuit.

---

(1) L. 79. infr. de furt. v. l. 42. supr. de condict. indeb. l. 74. infr. de solut. l. 46. infr. de reg jur.

22. ULPIEN, *liv.* 30 *sur l'édit.*

De ce que le créancier a reçu à cause d'un gage volé.

Si, le gage ayant été volé, le créancier intente l'action du vol, il doit suivant Papinien imputer sur ce qui lui est dû tout ce qu'il aura touché à l'occasion de ce vol, et cela est vrai, y eut-il même de la faute du créancier. A plus forte raison doit-on dire la même chose à l'égard de ce que le créancier a reçu en vertu de l'action en restitution d'une chose volée. Mais examinons si l'on doit imputer sur la dette, dans le cas où le débiteur eût été lui-même le voleur de la chose, ce qu'il aurait donné au créancier, en vertu de l'action pénale du vol, ou de celle en restitution d'une chose volée? D'après ce qui à été écrit et rapporté, cette compensation ne doit pas avoir lieu (1) c'est aussi ce que dit Papinien au liv. 1x des questions.

Ou parce qu'il aura été obligé par crainte de rendre le gage.

§. 1. Papinien dit la même chose du cas ou le créancier déterminé par une crainte grave et fondée aurait été forcé de rendre à son débiteur un esclave qui lui aurait été donné à titre de gage, et qu'il aurait reçu de bonne foi; car si le créancier a intenté l'action établie pour les cas ou l'on a fait quelque chose par crainte, et qu'il ait reçu de son débiteur le quadruple, il ne sera pas tenu de lui rendre ce qu'il aura reçu de lui, ni de l'imputer sur la dette.

Du possesseur de mauvaise foi et des fruits.

§. 2. Si un possesseur de mauvaise foi à donné en gage la chose qu'il tenait à ce titre (2), il y a lieu à l'action du gage même à l'égard des fruits, quoiqu'ils ne lui appar-tiennent pas; car les fruits existans peuvent être revendiqués sur le possesseur de mauvaise foi, et s'ils sont consommés, on peut former à leur égard la demande en restitution d'une chose volée. Il profitera (3) donc de ce que le créancier était possesseur de bonne foi.

---

(2) Adde l. 9. §. pen. supr. h. t.

(3) L. 13. in pr. supr. de reb. cred. l. 14. in fin. supr. de condict. causa dat. l. 3. C. de condict. ex lege.

Si debitor possessionem distracti pignoris non restituat.

§. 3. Si post distractum pignus debitor , qui precariò rogavit, vel conduxit pignus, possessionem non restituat , contrario judicio tenetur.

De creditore qui duplam vel simplam præstitit.

§. 4. Si creditor , cùm venderet pignus , duplàm promisit : (nàm usû hoc evenerat , [et] conventus ob evictionem [erat], condemnatus) : àn haberet regressum pigneratitiæ contrariæ actionis ? Et potest dici , esse regressum ; si modò sinè dolo et culpâ sic vendidit , et ut pater familiâs diligens id gessit : si verò nullum emolumentum talis venditio attulit , sed tanti venderet , quantò vendere potuit , etiàmsi hæc non promisit , regressum non habere.

23. **Tryphoninus**, *lib.* 8, *disputationum.*

Creditor usuras à debitore stipulatus, si duplum præstet, eas consequetur ; si simplùm tantùm nequaquàm.

Nec enim ampliùs à debitore , quàm debiti summàm , consequi poterit. Sed si stipulatio usurarum fuerat , et post quinquennium fortè , quàm pretium ex re obligatâ [consecutus est], victus eam emptori restituit , etiàm medii temporis usuras à debitore petere potest : quià nihil ei solutum esse , ut auferri non possit , palàm factum est : sed si simplum præstitit , doli exceptione repellendus erit ab usurarum petitione : quià habuit usum pecuniæ pretii , quod ab emptore acceperat.

Si le débiteur ne veut pas abandonner la possession du gage vendu.

§. 3. Si, après la vente du gage, le débiteur qui en avait gardé la possession à titre de précaire, ou de loyer, ne veut pas le rendre, il sera soumis à l'action contraire du gage.

Du créancier qui a payé le double, ou le simple.

§. 4. Si le créancier en vendant le gage s'est obligé à rendre le double, suivant l'usage en cas d'éviction, et qu'il ait été actionné et condamné à cause de l'eviction que l'acquéreur à souffert, a-t-il son recours par l'action contraire du gage contre le débiteur? L'on peut dire qu'il a ce recours; pourvu toutesfois qu'il ait vendu avec cette clause sans mauvaise foi, et sans faute de sa part, en un mot qu'il se soit conduit en bon père de famille exact et sage; mais si une telle vente n'a procuré aucun avantage et que la chose ait pu être vendue à un prix aussi haut, sans cette clause, il n'aura pas de recours.

23. TRYPHONINUS, *liv. 8 des disputes.*

Le créancier qui a stipulé des intérêts de son débiteur les exigera s'il paye le double, s'il paye le simple il ne le pourra pas.

Le créancier ne pourra donc exiger de son débiteur rien au-delà de sa dette, mais s'il y avait eu stipulation des intérêts, et qu'après cinq ans, qu'il aurait eu reçu le prix de la chose qui lui avait été donnée en gage, il eût été condamné à le rendre à l'acheteur, il pourra exiger du débiteur les intérêts du tems intermédiaire, parce qu'il est clair qu'il n'avait pas été payé de manière à pouvoir conserver toujours ce qu'il avait reçu. Si cependant-il n'avait rendu que le prix reçu, le débiteur à qui il demanderait les intérêts, pourrait lui opposer une exception tirée de sa mauvaise foi; parce qu'il s'est servi de l'argent qu'il a reçu de l'acquéreur.

24. ULPIANUS , *lib.* 3o , *ad edictum.*

De jure dominii impetrato et de evictione.

Elegantèr apud me quæsitum est, si impetrasset creditor (1) à Cæsare , *ut pignus possideret* , idquè evictum esset, àn habeat contrariam pigneratitiam ? Et videtur finita esse pignoris obligatio, et à contractû recessum. Imò utilis ex empto accommodata est, quemàdmodùm si pro soluto ei res data fuerit , ut in quantitatem debiti ei satisfiat, vel in quantum ejus intersit : et compensationem habere potest creditor , si fortè pigneratitiâ , vel ex aliâ causâ cum eo agetur.

De reprobes nummos solutis.

§. 1. Qui reprobos nummos solvit creditori, àn habet pigneratitiam actionem , quasi soluta pecuniâ, quæritur? Et constat, nequè pigneratitiâ eum agere , nequè liberari posse : quià reprobâ pecunia non liberat solventem ; reprobis videlicèt nummis reddendis.

De pignore pluris vendito , quàm debitum erat.

§. 2. Si vendiderit quidèm creditor pignus plurìs , quàm debitum erat, nondùm autèm pretium ab emptore exegerit : àn pigneratitio judicio conveniri possit ad superfluum reddendum ? An verò vel exspectare debeat , quoad emptor solvat , vel suscipere actiones adversùs emptorem ? Et arbitror , non esse urgendum ad solutionem

____

(1) V. l. 2. c. de jure domin. impetr. l. 59, in pr. infr. ad SC. Trebell. l. 63. §. fin. infr. de adquir. rer. domin.

24. ULPIEN, *liv.* 30 *sur l'édit.*

Du droit de propriété et de l'éviction.

On m'a consulté dans l'espèce qui suit, pour savoir si dans le cas, où le créancier qui aurait obtenu (1) de l'empereur le droit de *posséder le gage*, en eût été évincé, il aurait l'action contraire du gage. Il paraît que l'obligation du gage a cessé du moment où le créancier en est devenu le propriétaire, et que les parties ont renoncé au contrat. Mais on a accordé dans ce cas au créancier une action utile tirée de la vente, *ex empto*, comme si la chose engagée lui avait été donnée en paiement, pour qu'il se payât dessus jusqu'à la concurrence de sa dette, ou des intérêts ; et si le créancier était actionné par le débiteur soit en vertu de l'action pignératrice, ou en vertu de tout autre cause, il pourrait demander la compensation.

Du paiement fait avec de mauvaises espèces.

§. 1. On demande si celui qui a payé son créancier avec de mauvaises espèces, a l'action pignératrice pour redemander son gage, comme ayant payé ; il est certain qu'il n'a pas cette action, et qu'il n'est pas libéré parce qu'on ne peut se libérer en donnant de mauvaises espèces, par exemple, des pièces qui n'ont pas cours.

Si le prix de la vente du gage a excédé la dette.

§. 2. Si le créancier a tiré de la vente du gage au de-là de ce qui lui est dû, mais qu'il n'ait pas encore été payé de son acquéreur ; peut-il être actionné en vertu de l'action contraire du gage, pour rendre l'excédent ? Ou le débiteur doit-il attendre que l'acquéreur ait payé, ou le créancier doit-il lui transmettre les actions qu'il a contre l'acquéreur ? J'estime qu'on ne peut forcer le créancier à payer, mais que le débiteur doit attendre que l'acquéreur paie, ou s'il ne veut pas attendre, qu'il faut que le créancier lui transfère les ac-

creditorem ; sed aut exspectare debere debitorem ,
aut si non exspectat , mandandas ei actiones
adversùs emptorem , periculo tamèn venditoris.
Quòd si accepit jàm pecuniam , superfluum (1)
reddit.

De pignore deteriorato à creditore.

§. 3. In pigneratitio judicio venit , et si res
pignori datas malè (2) tractavit creditor , vel
servos debilitavit. Planè si (3) pro maleficiis suis
coërcuit , vel vinxit , vel obtulit præfecturæ , vel
præsidi , dicendum est , pigneratitiâ creditorem
non teneri ; quarè si (4) prostituit ancillam , vel
aliud improbatum facere coëgit , illicò pignus
ancillæ solvitur.

25. IDEM , *lib.* 31 , *ad edictum.*

De pignore meliorato à creditore.

Si servos pigneratos artificiis (5) instruxit creditor : si quidèm jàm imbutos , vel voluntate
debitoris , erit actio contraria. Si verò nihil
horum intercessit , si quidèm artificiis neces-
sariis (6) , erit actio contraria ; non tamèn sic ,
ut (7) cogatur servis carere pro quantitate sump-
tuûm debitor : sicùt enìm negligere creditorem
dolus, et culpa, quam præstat , non patitur ; ità
nec talem efficere rem. pigneratam , ut gravis
sit debitori ad recuperandum ; putâ , saltum

---

(1) L. 30. §. 1. supr. ad leg. Aquil. l. 21. in fin. infr. de pignorib. l. 15.
in. pr. infr. de fart. l. ult. C. de distr. pignor.

(2) L. 3. in fin. l. 7. C. h. t.

(3) V. l. 23. §. 1. supr. de usufruct. l. 96. infr. de verb. oblig.

tions qu'il a contre l'acquéreur, mais toujours à ses risques (du créancier.) Mais s'il a reçu le prix de la vente, il sera tenu (1) de rendre le surplus.

De la chose détériorée par le créancier.

§. 3. Si le créancier a détérioré la chose qu'il a reçue à titre de gage (2) ou s'il a altéré la santé des esclaves qui lui ont été donnés en gage, il est soumis à l'action directe du gage. Si cependant (3) il les a châtié parce qu'ils avaient mal fait, s'il les a mis aux fers, ou livré au préfet, ou au gouverneur de la province pour les punir des délits dont il se sont rendus coupables, on doit dire que dans tous ces cas, le créancier ne sera pas tenu de cette action. C'est pourquoi s'il prostitue une femme esclave qu'il a reçu à titre de gage (4), ou s'il l'a forcé de faire quelqu'autre chose de déshonnête, ou d'illicite, à l'instant le gage est rompu.

25. LE MÊME, *liv.* 31, *sur l'édit.*

Du gage amélioré par le créancier.

Si le créancier a fait apprendre quelque métier aux esclaves qui lui ont été donnés en gage (5) si déjà ils avaient eu quelques connaissances du métier qu'on leur a appris, ou qu'il l'ait fait d'après la volonté du maître; il aura contre lui l'action contraire du gage. Mais si les métiers qu'il leur a fait apprendre ne sont pas des métiers nécessaires (6), il n'y aura pas lieu à cette action. Il y a cependant cette remarque à faire ici, c'est qu'il ne faut pas que ces dépenses soient assez considérables pour que le maître, par l'impossibilité où il serait de les rembourser, se trouvât exposé à être privé de ses esclaves (7); car comme le créancier ne doit pas négliger la chose qu'il a en gage, et qu'il est responsable de sa mauvaise foi,

---

(4). Adde l. 12. C. de episcop. audient. l. 6. C. de spectac.
(5) L. 8. in pr. supr. h. t. l. 13. ?. 22. infr. de action. empti.
(6) L. 7. in fin. C. h. t.
(7) V. l. 38. supr. de rei vind.

grandem pignori datum ab homine, qui vix luere potest , nedùm excolere , tu acceptum pignori excoluisti sic , ut magni pretii faceres ; alioquin non est æquum, aut quærere me alios creditores, aut cogi distrahere , quod velim receptum , aut tibi penuria coactum derelinquere. [Medie] igitùr hæc à judice erunt dispicienda , ut nequè delicatus debitor, nequè onerosus creditor audiatur.

26. Idem , *lib. 3. disputationum.*

De prætorio pignori.

Non est mirum, si ex quâcunquè causâ Magistratus in possessionem aliquem miserit, pignus (1) constitui : cùm testamento (2) quoquè pignus constitui posse, Imperator noster cum patre sæpissimè rescripsit.

§. 1. Sciendum est , ubi jussû magistratûs pignus constituitur, non aliàs constitui, nisi ventum fuerit in possessionem.

27. Idem , *lib 6 , opinionum.*

De re datâ ut pignori detur.

Petenti mutuam pecuniam creditori, cùm præ manu debitor non haberet, species auri dedit, ut pignori apud alium creditorem poneret ; Si jàm solutione liberatas receptasquè eas is , qui susceperat, tenet , exhibere jubendus est : quòd si etiàm nunc

---

(1) L. 3. §. 1. infr. de reb. eor. qui sub. tutela. l. 114. §. 12. supr. de legat. 1. l. 3. in fin. l. 5. C. ut in. possess. legat. l. 1. C. in caus. judicati.

et de sa faute, de même il ne doit pas non plus faire pour cette même chose des dépenses si considérables, que le recouvrement en devienne extrêmement onéreux au débiteur. Par exemple, je vous ai donné en gage, moi qui pouvait à peine payer mes dettes, un fonds de terre considérable que je pouvais à peine faire valoir, vous l'avez tellement cultivé que vous en avez fait un fonds d'une grande valeur. Dans cette hypothèse il n'est pas juste que je cherche d'autres créanciers, ou que je sois forcé de vendre ce que j'ai consenti à prendre à titre de gage, ou que je vous l'abandonne par suite de la misère dans laquelle je suis ; ce sera donc au juge à prendre un milieu, pour ne pas écouter un débiteur trop sensible à la perte, ni un créancier qui veut rendre la condition de son débiteur trop onéreuse.

26. Le Même, *liv.* 3, *des disputes.*

Du gage fourni par le droit Prétorien.

Si le magistrat envoye un créancier, pour quelque cause que ce soit, en possession des biens de son débiteur, il n'est point étonnant que le gage (1) soit par cela même contracté. Puisque notre empereur et son père ont souvent déclaré dans un rescrit que le gage (2) peut être contracté par une disposition testamentaire.

§. 1. Il faut remarquer que lorsque le gage est contracté par l'ordre du magistrat, le gage n'est contracté qu'autant que l'envoi en possession a eu lieu.

27. Le Même ; *liv.* 6, *des opinions.*

De la chose donnée pour être mise en gage

Un créancier qui n'avait pas d'argent à donner à quelqu'un qui lui en demandait à emprunter, lui a donné des bijoux en or, pour qu'il les mit en gage. Si celui à qui ces bijoux ont été donnés, les garde après les avoir retirés des mains du créancier qu'il a soldé, il doit les représenter ; par conséquent, il est soumis à l'action en

---

(1) L. 12. infr. de aliment. vel cibar.

apud creditorem creditoris sunt ; voluntate (1) domini nexæ videntur ; sed, ut liberatæ tradantur, domino earum propria actio adversùs suum creditorem competit.

28. JULIANUS, *lib.* 11, *Digestorum.*

De possessore qui litis æstimationem solvit creditori.

Si creditor, qui rem pignori acceperat, amissâ ejus possessione Servianâ actione petierit, et litis æstimationem consecutus sit, posteà debitor eandem rem petens exceptione summovetur; nisi (2) offerat ei debitor, quod pro eo solutum est.

De servo pignus accipiente.

§. 1. Si servus [pro] peculiari nomine pignus acceperit, actio pigneratitia adversùs dominum debitori competit.

29. IDEM, *lib.* 44 *Digestorum.*

Si is cui competit Publiciana, pignori dederit, et creditor domino successerit.

Si rem alienam bonâ fide emeris, et mihi pignori dederis, ac precariò (3) rogaveris, deindè me dominus heredem instituerit, desinit (4) pignus esse : et sola precarii rogatio supererit ; idcircò usucapio tua interpellabitur.

---

(1) L. 20. in pr. supr. h. t.
(2) L. 65. in pr. supr. de rei vind. l. 2. infr. quib. mod. pign. vel hypoth. l. 7. §. 12. supr. communi divid. l. 1. in fin. C. si vendito pign.

représentation ; mais s'ils sont encore maintenant entre les mains du créancier chez lequel ils ont été mis en gage, ils sont affectés au paiement de la dette du consentement du propriétaire (1), mais pour les recouvrer, la dette une fois soldée, le maître aura une action particulière contre son propre créancier.

28. JULIEN, *liv.* 11, *du Digeste.*

Du possesseur qui a payé au créancier le prix de la chose engagée.

Si le créancier qui avait reçu un gage, en ayant perdu la possession, intentait l'action Servienne, (c'est-à-dire hypothécaire ;) contre celui qui la possédait, et que ce possesseur ne voulant pas la lui rendre, lui en ait payé le prix, suivant l'estimation faite en justice, si le débiteur redemande la même chose à ce possesseur, il sera débouté de sa demande par une exception, à moins (2) que le débiteur ne lui offrit de lui rembourser ce qu'il a payé au créancier à cette occasion.

De l'esclave qui reçoit un gage.

§. 1. Si un esclave reçoit un gage pour sûreté d'une obligation qui dépend de son pécule, le débiteur peut intenter contre le maître de cet esclave l'action pignératrice.

29. LE MÊME, *liv.* 44, *du Digeste.*

Si celui qui a l'action Publicienne a donné à titre de gage et que le créancier ait succédé au maître de la chose.

Si vous acheté de bonne foi la chose d'autrui, et que vous me l'ayez donnée à titre de gage ; que vous en ayez gardé la possession à (3) titre de précaire, et qu'ensuite le maître de cette chose m'ait institué son héritier, il n'y a plus de gage (4) il ne restera plus que la cause de précaire, par conséquent la prescription que vous avez commencée sera interrompue.

***

(3) V. l. 35. in fin. infr. h. t.
(4) V. l. 45. infr. de reg. jur.

3o. PAULUS , *lib. 5 , epitomarum Alfeni Vari Digestorum.*

De rate à creditore in flumen retentâ.

Qui ratiario crediderat, cùm ad diem pecunia non solveretur, ratem in flumine suâ auctoritate detinuit ; posteà flumen crevit, et ratem abstulit : si invitò ratiario retinuisset , ejus periculo ratem fuisse , respondit ; sed si debitor suâ voluntate concessisset, ut retineret, culpam duntaxàt ei præstandam , non vim(1) majorem.

31. AFFRICANUS , *lib. 8. quæstionum.*

De furto admisso servo pignerato.

Si servus pignori datus , creditori furtum faciat , liberum est debitori servum pro noxæ deditione relinquere. Quòd si sciens (2) furem , pignori mihi dederit , etsì paratus fuerit pro noxæ dedito apud me relinquere , nihilominùs habiturum me pigneratitiam actionem , ut indemnem me præstet. Eadem servanda esse Julianus ait , etiàm cùm depositus (3) , vel commodatus (4) servus furtum faciat.

32. MARCIANUS , *lib. 4. regularum.*

De re alienâ.

Cum debitore , qui alienam rem pignori dedit , potest creditor (5) contrariâ pigneratitiâ agere , etsì solvendo debitor sit.

---

(1) L. 13. in fin. supr. h. t.
(2) L. 22. in fin. supr. tit. prox. l. 61. §. 2. infr. de furt.
(3) V, d. l. 61. §. 3.

30. PAUL, *liv.* 5, *de l'abrégé du Digeste d'Alfenus Varus.*

Du bateau retenu sur un fleuve par le créancier du propriétaire du bateau.

Quelqu'un qui avait prêté de l'argent au maître d'un bateau, n'étant pas rempli de sa créance à l'échéance, retint sur le fleuve de son autorité privée le bateau de son débiteur. Le fleuve vint ensuite à grossir, et emporta le bateau. J'ai répondu que si le créancier avait retenu le bateau sur le fleuve le risque de la perte était à son compte. Mais que si le débiteur y avait consenti de son plein gré, le créancier était seulement responsable de sa faute, et non pas des cas fortuits tels que la force majeure (1).

31. AFFRICANUS, *liv.* 8, *des questions.*

Du vol commis par l'esclave donné en gage.

Si l'esclave donné en gage, venait à voler le créancier, le débiteur a la liberté de lui abandonner l'esclave pour lui tenir lieu du tort que l'esclave lui a fait. Mais si mon débiteur savait que l'esclave qu'il m'a donné en gage fut un voleur (2) et qu'il me l'eût donné quoique tel, quoiqu'il soit prêt à me l'abandonner, je n'en aurai pas moins contre lui l'action pignératrice, pour qu'il me rende indemne. Julien dit qu'il en est de même en cas de vol de la part d'un esclave donné à titre de dépôt (3), ou de prêt (4).

32. MARCIEN, *liv.* 4, *des règles.*

De la chose d'autrui.

Le créancier à qui son débiteur a donné en gage la chose d'autrui, peut (5) intenter contre lui l'action contraire du gage, quoiqu'il soit solvable.

---

(4) D. l. 22
(5) L. 9. in pr. supr. h. t.

33. Idem, *lib. singul. ad formulam hypothecariam.*

De ante rei.

Si pecuniam debitor solverit, potest pigneratitiâ actione uti ad (1) recuperandam, nàm cùm pignus sit, hoc verbo poterit uti.

34. Marcellus, *lib. singul. responsorum.*

Si creditor pignus emerit.

Titius, cùm credidisset pecuniam Sempronio, et ob eam pignus accepisset, futurumquè esset, ut distraheret [eam] creditor, quià pecunia non solveretur, petiit à creditore, *ut* (2) *fundum certo pretio emptum haberet ;* et cùm impetrasset, epistolam, quâ se vendidisse fundum creditori significaret, emisit : *quæro*, àn hanc venditionem debitor revocare possit, offerendo sortem, et usuras, quæ debentur? *Marcellus respondit*, secundùm ea, quæ proposita essent revocare (3) non posse.

35. Florentinus, *lib.* 8, *institutionum.*

De pecuniâ redactâ ex venditione pignoris.

Cùm et sortis nomine, et usurarum aliquid debetur ab eo, qui sub pignoribus pecuniam debet, quidquid ex venditione pignorum recipiatur, primum (4) usuris, quas jàm tunc deberi constat, deindè, si quid superest, sorti accepto

---

(1) V. l. 11. ç. 1. infr. de pignorib.
(2) V. l. 20. in fin. supr. h. s.

33. LE MÊME, *liv. unique sur la formule des hypothèques.*

De l'antichrèse.

Le débiteur qui a payé son créancier, peut recourir à l'action pignératrice pour recouvrer son gage (1) dont il lui avait donné la possession et l'usage, car au moyen de ce que c'est un véritable gage, il peut se servir de cette action.

34. MARCIEN, *liv. unique des réponses.*

Si le créancier a acheté le gage.

Titius ayant emprunté de l'argent à Simpronius, lui avait donné pour sa sûreté un gage. Mais comme il pouvait arriver que Simpronius vendît le gage, faute d'être payé, il lui proposa *de lui acheter son gage* (2), *moyennant un certain prix.* Simpronius y ayant consenti, il lui adressa une lettre par laquelle il lui marquait qu'il lui vendait le gage qu'il lui avait donné. Je demande si le débiteur dans ce cas peut revenir sur la vente qu'il a faite, en offrant à son créancier son principal et les intérêts? *Marcellus a répondu* que dans l'espèce proposée, le débiteur serait obligé (3) d'exécuter la vente.

35. FLORENTINUS, *liv.* 8 . *des institutes,*

De l'argent que l'on a retiré de la vente du gage.

Lorsque celui qui a emprunté de l'argent, pour sûreté duquel il a donné des gages, doit quelque chose sur le capital et les intérêts, tout ce qui provient de la vente des gages, doit d'abord (4) être imputé sur les intérêts, s'il est constant qu'il en soit dû, et s'il y a de l'excédent, il le sera sur le capital. Et on ne devra pas écouter le débiteur, si ne pouvant se dissimuler à lui même qu'il est peu solvable, il demande à choisir de quelle obligation il aime mieux que son gage soit déchargé, c'est-à-dire,

---

(1) L. 10. C. de distr. pign.
(4) L. 5. §. pen. in fin. infr. de solution.

ferendum est. Nec audiendus est debitor, si, cùm parum idoneum se esse sciat, eligit, quo nomine exonerari pignus suum malit.

De proprietate et possessione pignoris.

§. 1. Pignus, manente (1) proprietate debitoris, solam possessionem (2) transfert (3) ad creditorem : potest tamen et precariò (4), et pro conducto debitor re suâ uti.

36. ULPIANUS, *lib.* 11 *ad edictum.*

De ære pro auro subjecto

Si quis in pignore pro auro æs (5) subjecisset creditori, qualitèr teneatur, quæsitum est? In quâ specie rectissimè Sabinus scribit, si quidèm dato auro æs subjecisset, furti teneri; quòd si in dando æs subjecisset, turpitèr fecisse, non furem esse : sed [et] hîc puto pigneratitium judicium locum habere : et ità Pomponius scribit. Sed et extrà ordinem stellionatûs (6) nomine plectetur ut est sæpissimè rescriptum.

De re alienâ, vel aliî obligatâ.

§. 1. Sed et si quis rem alienam mihi pignori dederit sciens (7) prudensquè, vel si quis aliî obligatam (8) mihi obligavit, nec me de hoc certioraverit, eodèm crimine plectetur. Planè, si ea res ampla est, et ad modicum æris fuerit pigne-

---

(1) L. 9. C. h. t.
(2) L. 16. infr. de usurp. et usucap.
(3) Immó vide l. 6 infr. de adquirend. v
(4) L. 6. infr. §. fin. inf. de precario.

que l'excédent de la vente soit imputé sur le capital ou les intérêts.

De la propriété et de la possession du gage.

§. 1. La propriété du gage reste (1) au débiteur , celui-ci ne transmet (2) au créancier que la seule possession (3). Le débiteur peut cependant se servir de sa chose , à titre de précaire (4) et à titre de loyer

36. ULPIEN , *liv.* 11 , *sur* l'*édit.*

Du cuivre substitué à l'or.

On a demandé quelle action (5) on aurait contre un débiteur qui faisant semblant de donner en gage de l'or , substitue du cuivre à cet or ? Sabinus a écrit avec raison que si c'était après avoir donné l'or qu'il eût substitué le cuivre (6), il était soumis à l'action du vol ; mais que si cette substitution avait eu lieu à l'instant même où il offrait l'or , il faisait à la vérité une action honteuse , mais qu'il ne commettait pas de vol. Moi je pense que dans ce cas il y a lieu contre lui à l'action contraire du gage. C'est aussi le sentiment de Pomponius. Mais , comme il a été déclaré souvent dans plusieurs rescrits , il sera puni extraordinairement comme (6) stellionataire.

De la chose d'autrui , ou déjà engagée à autrui.

§. 1. Si quelqu'un m'a donné en gage sciemment (7) et avec réflexion la chose d'autrui (8) , ou une chose déjà engagée , et qu'il ne m'en ait pas informé , il se rend coupable du même crime , et doit subir la peine infligée aux stellionataires. Mais si le gage est d'une grande valeur , et qu'il ait été engagé pour sûreté d'une modique somme , on doit dire que dans ce cas , non-seulement il

---

(5) L. 1. §. ult. l. 9. in pr. supr. h. t. l. 5 . infr. de fidejuss. l. 20. in pr. infr. de furt.

(6) V. l. 16. §. 1. supr. h. t. l. 3. §. 1. vers. sed et si infr. stellionat.

(7) L. 2. in fin. C. de crimine stellionat.

(8) D. l. 3. §. 1. vers. maxime. l. ult. C. de crime stellionat.

rata , dici debebit, cessare non solùm stellionatus crimen , sed etiàm pigneratitiam , et de dolo actionem : quasi in nullo captus sit , qui pignori secundo loco accepit.

37. PAULUS , *lib. 5 , ad Plautium.*

Si debitor pignus conduxerit,

Si pignus mihi traditum locassem domino , per (1) locationem retineo possessionem : quià antè quàm conduceret debitor , non fuerit ejus possessio : cum et animus mihi retinendi sit , et conducenti non sit animus possessionem adipiscendi.

38. MODESTINUS , *lib. 1 , differentiarum.*

De pupillo pignus accipiente.

Pupillo capienti pignus , proptèr metum pigneratitiæ actionis, necessaria est tutoris auctoritas.

39. IDEM , *lib. 4 , responsorum.*

Si debitor signaverit testamentum creditoris , in quo se emisse pignus creditor expressit.

Gajus Sejus ob pecuniam mutuam suum fundum Lucio Titio pignori dedit ; posteà pactum intèr eos factum est , *ut creditor pignus suum in compensationem pecuniæ suæ certo tempore possideret* ; verùm antè expletum tempus creditor, cum suprema sua ordinaret , testamento cavit , *ut alter ex filiis suis haberet eum fun*

---

(1) L. 37. infr. de adquir. vel amitt. possess. l. 33. in fin. infr. de usurp. et usucap.

n'y a pas de stellionat, mais qu'il n'y a pas lieu à l'action contraire du gage, ni à celle de la mauvaise foi ; parce que celui qui a reçu ce gage qui a déjà été engagé n'est nullement trompé.

37. Paul, *liv.* 5, *sur Plautius.*

Si le débiteur a loué la chose qu'il a donnée en gage.

Si j'ai loué au débiteur lui-même le gage qu'il m'a donné, je conserve par l'effet de la location (1) ma possession, parce qu'avant que le débiteur l'eut loué, il n'en n'était plus le possesseur ; puisque j'étais dans l'intention de le garder, et que celui à qui je l'ai donné à titre de loyer, n'a pu avoir celle d'en acquérir la possession.

38. Modestinus, *liv.* 1, *des différences.*

Du pupille qui reçoit un gage.

L'autorité du tuteur est nécessaire dans le cas où un pupille reçoit un gage, de peur qu'il ne soit la victime de l'action contraire du gage que le débiteur a contre lui.

39. Le même, *liv.* 4, *des réponses.*

Si le débiteur a apposé son cachet au testament du créancier, dans lequel il a déclaré avoir acheté le gage.

Gajus Séjus ayant emprunté, une somme à Lucius Titius, lui a donné son fonds en gage, ensuite il a été fait une convention entre eux par laquelle *le créancier percevrait pendant un certain tems les revenus que produirait le fonds, en compensation de sa créance* ; mais le créancier, avant l'expiration du tems convenu, ayant fait son testament, *a donné ce fonds à l'un de ses fils* et a ajouté pour le désigner, *le fonds que j'ai acheté de Lucius Titius,* quoiqu'il ne l'eût pas réellement acheté ; ce testament a été cacheté, en présence de témoins parmi lesquels était entre autres Gajus Séjus qui était débiteur. Je demande si Gajus Séjus doit souffrir quelque préjudice pour avoir apposé son cachet à ce testa-

dum, et addidit, *quem de Lucio Titio emi*, cum non emisset; hoc testamentum inter cæteros signavit et Gajus Sejus, qui fuit debitor : quæro, àn ex hoc, quòd signavit, præjudicium aliquod sibi fecerit; cum nullum instrumentum venditionis proferatur, sed solum pactum, *ut creditor certi temporis fructus caperet ?* Herennius Modestinus respondit, contractui pignoris non obesse, quòd debitor testamentum creditoris, in quo se emisisse pignus expressit, signasse proponitur.

40. PAPINIANUS, *lib.* 3 *responsorum.*

Si debitor.

Debitor à creditore pignus, quod dedit frustrà emit, cum rei *suæ nulla* (1) *emptio sit :* nec si minoris emerit, et pignus petat, aut dominium vindicet, ei non totum debitum offerendi creditor possessionem restituere cogetur.

Aut ejus filius pignus emerit, à creditore.

§. 1. Debitoris filius, qui manet in patris potestate, frustrâ pignus à creditore patris peculiaribus nummis comparat; et ideò si patronus debitoris contrà tabulas ejus possessionem acceperit, domfinii partem obtinebit : nàm pecunia, quam filius ex re patris in pretium dedit, pignus liberatur.

De effectû solutionis.

§. 2. Solutâ (2) pecuniâ, creditor possessionem

---

(1) L. 22. §. 3. infr. mandati. l. 16. in pr. infr. de contrah. empt.

ment, quoiqu'il ne parût aucun acte de vente, mais simplement une convention portant que le créancier *percevrait les fruits pendant un certain tems*? Herennius Modestinus a répondu, que l'obligation du gage ne devait souffrir aucune altération de ce que le débiteur avait apposé son cachet au testament du créancier dans lequel le testateur déclarait avoir acheté le gage.

40. Papinien, *liv. 3, des réponses.*

Si le débiteur.

C'est envain que le débiteur achète l'objet qu'il a donné en gage; parce que l'on ne peut (1) acheter sa propre chose; si elle est vendue un prix au-dessous de la dette, et qu'il redemande son gage, ou s'il en revendique la propriété, le créancier ne pourra être forcé à lui restituer la possession de la chose, qu'autant qu'il lui rendra la totalité de tout ce qu'il lui doit.

Ou le fils achète le gage du créancier.

§. 1. Le fils ne peut acheter avec les deniers provenans de son pécule, le gage que son père, en la puissance duquel il est, a donné à son créancier; par conséquent si le patron du débiteur, supposé que le débiteur soit un affranchi, a obtenu de celui-ci la succession contre les dispositions de son testament, c'est-à-dire qu'il l'ait obtenue par l'ordre du préteur, il acquérera une partie de la propriété du gage, car l'argent que le fils a donné et qui venait de son père, a libéré le gage.

De l'effet du paiement.

§. 2. Le créancier doit, après qu'il a été (2) rempli de

___

(2) L. 13. §. 2. infr. de pignorib. l. 6. in pr. infr. quid. mod. pignus.

pignoris, quæ corporalis apud eum fuit, restituere debet : nec quicquàm campliùs præstare
cogitur. Itaquè si medio tempore pignus (1)
creditor pignori dederit, domino solvente pecuniam, quam debuit, secundi pignoris nequè
persecutio dabitur, nequè retentio relinquetur.

41. Paulus, *lib. 3. quæstionum.*

De re alienâ.

Rem alienam pignori (2) dedidisti ; deindè dominus rei ejus esse cœpisti : datur utilis (3) actio
pigneratitia creditori. Non (4) est idem dicendum,
si ego Titio, qui rem meam obligaverat sinè meâ
voluntate, heres extitero : hoc enim modo pignoris
persecutio concedenda non est creditori ; nequè
utiquè sufficit ad competendam utilem pigneratitiam actionem, eundèm esse dominum, qui
etiàm pecuniam debet. Sed si convenisset de
pignore, ut ex suo mendacio arguatur, improbè
resistit, quominùs utilis actio moveatur.

42. Papinianus, *lib. 3, responsorum.*

De pignore pluris vendito quàm debitum erat.

Creditor judicio quod de pignore dato proponitur, ut superfluum (4) pretii cùm usuris (5)
restituat, jure cogitur, nec audiendus erit, si
velit emptorem delegare : cum in venditione,
quæ [ritè] fit, ex facto suum creditor negotium
gerat.

---

(1) V. l. 1. C. si pignus pignori.
(2) L. 20. in pr. supr. h. t. adde l. 46. infr. de action. empt.
(3) L. 1. in pr. infr. de pignorib.

l'argent qui lui était dû, rendre le gage à celui à qui il appartient, et on ne peut rien exiger de lui. Par conséquent si dans le tems intermédiaire le créancier lui-même a donné en gage celui qu'il a lui-même reçu (1), le débiteur en payant la somme qu'il a reçue, libère son gage, et il n'y a lieu à aucune poursuite, ni aucune retenue à faire relativement à ce second engagement.

41. PAUL, *liv. 3, des questions.*

De la chose d'autrui.

Vous avez donné la chose d'autrui en gage (2) et vous en êtes devenu par la suite propriétaire. Le créancier a dans ce cas l'action utile du gage contre vous (3). Il n'en (4) est pas de même, si je deviens l'hérititer de Titius qui avait engagé ma chose sans mon consentement; car dans ce cas on ne doit pas accorder au créancier, l'action du gage, et il ne suffit pas, pour que l'action utile du gage ait lieu, que la même personne se trouve en même tems, celle qui doit la somme, et propriétaire de la chose engagée. Mais si elle était actionnée relativement au gage, et qu'elle soutint qu'elle a donné la chose d'autrui en gage, on lui opposerait son mensonge, et elle ne pourrait pas se soustraire à l'action du gage.

42. PAPINIEN, *liv. 3, des réponses.*

Du gage vendu un prix excédent la dette.

Le créancier est obligé de droit, à rendre le surplus du prix de la vente, lorsque le gage a été vendu au de-là du montant de la dette, et il ne devra pas être écouté s'il veut faire des délégations sur l'acquéreur, puisque le créancier en vendant le gage régulièrement, fait sa propre affaire et non celle du débiteur.

---

(4) Obst. l. 22. infr. d. t.
(5) L. 3. vers. §. 4. sin. autèm minùs C. de jure domini imptr.
(6) L. 40. infr. de usur.

43. Scævola, *lib.* 5. *Digestorum.*

Si ob instrumenta sibi à creditore non tradita, debitor damnum passus sit.

Locum purum pignori creditori obligavit, eiquè instrumentum emptionis tradidit: et, cum eum locum inædificare vellet, motâ sibi controversiâ à vicino de latitudine, quòd aliàs, probare non poterat, petit à creditore, *ut instrumentum à se traditum auctoritatis exhiberet:* quo non exhibente, minorem locum ædificavit: atquè [ità] damnum passus est: quæsitum est, àn, si creditor pecuniam petat, vel pignus vindicet, doli exceptione positâ, judex hujus damni rationem habere debeat? Respondit, si operam non dedisset, ut instrumenti facultate subductâ, debitor caperetur, posse debitorem, pecuniâ solutâ pigneratitiâ agere: operâ autem in eo datâ, tunc et antè pecuniam solutam in id, quod interest, cum creditore agi.

De intertriturâ rei pignoratæ.

§. 1. Titius [cum] pecuniam mutuam accepit à Gajo Sejo; sub pignore culleorum, istos culleos cum Sejus in horreo haberet, missus ex officio annonæ Centurio culleos ad annonam sustulit: [ac] posteà instantia Gaji Seji creditoris recuperati sunt: quæro, intertrituram, quæ ex operis facta est: utrùm Titius debitor, àn Sejus creditor, adgnoscere debeat? Respondit secundùm ea, quæ proponerentur, ob id, quod eo nomine intertrimenti accidisset, non teneri.

Finis libri decimi tertii.

43. SCÆVOLA, *liv.* 5, *du Digeste.*

Si le débiteur a éprouvé quelque tort par suite du refus que lui a fait son créancier des titres de propriété de l'objet qu'il lui a donné en gage.

Un débiteur a engagé à son créancier un lieu prophane, et lui a transmis ses titres de propriété. Ce débiteur voulant bâtir sur ce terrain, son voisin lui suscita une contestation sur la largeur du terrain, et ne pouvant justifier autrement que par ses titres, quelle était la largeur de ce terrain, il demanda à son créancier, *qu'il eût à lui donner les titres de propriété qu'il lui avait remis*, afin de prouver son droit. Celui-ci s'y refusant, le débiteur fut obligé de faire un bâtiment beaucoup moins grand. Ce qui lui fit éprouver un certain tort. On a demandé, si dans le cas où le créancier demanderait la somme qu'il avait prétée, ou revendiquerait la délivrance du gage, sur le débiteur, le débiteur opposant l'exception du gage, le juge devait prendre en considération le tort que le débiteur avait éprouvé par le refus que lui a fait son créancier de lui remettre ses titres de propriété dans le tems, où il les lui a demandés? J'ai répondu que si le créancier n'avait pas eu l'intention, en refusant au débiteur ses titres de propriété, qu'il souffrit aucun tort de ce refus de titres le débiteur était en droit, après l'avoir satisfait, d'intenter contre lui l'action pignératrice; mais que s'il l'avait fait à dessein, le débiteur pouvait, même avant d'avoir payé, actionner son créancier, pour être indemnisé par lui du tort qu'il lui avait causé.

De la détérioration de la chose engagée.

§. 1. Titius a emprunté de l'argent de Gajus Sejus, et lui a donné en gage plusieurs mesures de bled; Sejus ayant ce bled dans son grenier, un centurion envoyé par le préfet des vivres, a pris ce bled pour approvisionner la ville, et ensuite ce bled a été rétabli dans le grenier de Gajus Sejus par ses soins. On a demandé qui, de Titius ou de Gajus devait souffrir de la détérioration que ce bled avait éprouvé? J'ai répondu que, dans l'espèce, le créancier ne devait pas souffrir ni être responsable de la détérioration arrivée à cette occasion.

Fin du livre treizième.

LIBER QUARTUS DECIMUS.

TITULUS PRIMUS.

De exercitoriâ actione.

1. ULPIANUS , *lib.* 28 , *ad edictum.*

Utilitas hujus edicti.

UTILITATEM hujus edicti patere , nemo est, qui
ignoret ; nàm cum interdùm ignari , cujus sint (1)
conditionis vel quales , cùm magistris (2) proptèr na-
vigandi necessitatem contrahamus , æquum fuit ,
eum , qui magistrum navi imposuit, teneri : ut tenetur, qui institorem tabernæ, vel negotio præposuit ,
cum sit major necessitas contrahendi cùm magistro,
quàm institore , quippè res patitur , ut de conditione quis institoris dispiciat , et sic contrahat ;
in navis magistro non ità : nàm interdùm locus ,
tempus non patitur pleniùs deliberandi consilium.

---

(1) Lib. 4. C. 25. S. 2. Inst. quod cùm eo , qui in alieuâ potest.
(2) V. S. 1. S. 3. S. 5. infr. h. l.

LIVRE QUATORZE.

TITRE PREMIER

De l'action contre le patron d'un navire relativement à la convention faite avec son préposé.

1. ULPIEN, *liv.* 28 *, sur l'édit.*

Utilité de cet édit.

Il n'y a personne qui ne soit persuadé combien cet édit peut être utile. Car comme souvent, lorsque nous sommes obligés de voyager sur mer, nous ne connaissons, ni la (1) condition, ni ce que sont les préposés au (2) vaisseau que nous montons, et avec lesquels nous contractons, il a semblé qu'il était juste que celui qui l'a préposé au vaisseau fut obligé, de même que l'est celui qui a préposé quelqu'un pour faire un commerce, ou pour gérer une affaire, d'autant plus que la nécessité de contracter avec le préposé au vaisseau est infiniment plus grande que celle de contracter avec un marchand, car celui qui traite avec un marchand peut s'informer qui il est, et contracter en conséquence, mais il n'en est pas de même à l'égard du préposé à un vaisseau, et en effet, souvent le tems et le lieu s'opposent à ce que l'on puisse prendre les renseignemens suffisans.

Magistri navis definitio.

§. 1. ***Magistrum navis*** accipere debemus, cui totiùs navis cura mandata est.

De contractibus et delictis nautarum.

§. 2. [Sed] si cùm quolibèt nautarum sit contractum, non datur actio in exercitorem : quamquam ex delicto cujusvis eorum, qui navis navigandæ causâ in nave sint, detur actio in exercitorem ; alia enìm est contrahendi causa, alia delinquendi : si quidèm qui magistrum præponit, contrahi cùm eo permittit, qui nautas adhibet, non contrahi cùm eis permittit : sed (1) culpâ et dolo carere eos curare debet.

Quibus rebus magister imponitur.

§. 3. Magistri autèm imponuntur locandis navibus, vel ad merces, vel vectoribus conducendis, armamentisvè emendis : sed etiàm si mercedibus emendis, vel vendendis fuerit præpositus, etiàm hoc nomine obligat exercitorem.

De conditione et ætate magistri.

§. 4. Cujus autèm conditionis sit magister iste, nihil interest (2) : utrùm liber, àn servus : et utrùm exercitoris, àn alienus : sed nec, cujus ætatis sit, intererit ; sibi imputaturo, qui præposuit.

Qui magistrum præponunt.

§. 5. ***Magistrum*** autèm accipimus, non solùm quem exercitor præposuit, sed et eum, quem

---

(2) L. ult. §. 4. supr. naut. caupon. stabul. v. l. 45. in fin. supr. famil. ercisc. §. ult. Inst. de oblig. quæ quasi ex delict.

Définition du préposé à un vaisseau.

§. 1. Nous devons entendre par ce mot *préposé à un vaisseau*, celui à qui on a confié tout un vaisseau.

Des contrats passés avec des matelots, et de leurs délits.

§. 2. Mais si l'on a contracté avec des matelots, on n'a pas d'action contre le patron du navire, quoique l'on accorde contre lui une action au sujet des délits commis par les matelots qui sont sur le vaisseau pour manœuvrer. Car il y a de la différence entre le contrat fait avec ces sortes de gens, et les délits dont il se rendent coupables ; en effet celui qui prépose quelqu'un au soin d'un vaisseau, permet que l'on contracte avec lui, mais celui qui emploie des matelots, ne permet pas que l'on contracte avec eux, mais il doit avoir soin que personne ne soit la victime de leur mauvaise foi, et de leur négligence (1).

Pour quelles causes on propose un patron à un vaisseau.

§. 3. On prépose des patrons à un vaisseau, à l'effet de le louer soit pour le passage des voyageurs, soit pour transporter des marchandises ; il peut aussi être préposé à l'effet d'acheter les choses nécessaires à l'armement du vaisseau ; et s'il avait été préposé à l'effet d'acheter et de vendre des marchandises, le patron du navire serait obligé à cet égard.

De la condition et de l'âge du préposé au vaisseau.

§. 4. Il n'importe nullement de s'attacher à connaître la condition de celui qui est préposé au vaisseau (2), et de savoir s'il est libre ou esclave, s'il appartient au patron ou à un autre, ni même quel est son âge. C'est au préposé à s'imputer d'avoir confié le soin du vaisseau à quelqu'un qui n'était pas en état de s'en charger.

Qui sont ceux qui préposent quelqu'un à un vaisseau.

§. 5. Nous entendons par *préposé*, non-seulement celui qui l'est par le patron lui-même, mais encore celui que le

---

(2) §. 2. Inst. quod. càm eo. qui in alien. potest.

magister : et hoc consultus Julianus in ignorante exercitore respondit. Cæterùm si scit , et passus est , eum in nave magisterio fungi , ipse eum imposuisse videtur (1) ; quæ sententia mihi videtur probabilis ; omnia enim facta magistri debet præstare , qui eum præposuit : alioquìn contrahentes decipientur : et faciliùs hoc in magistro , quàm institore, admittendum proptèr utilitatem. Quid tamèn , si sic magistrum præposuit , nè alium ei liceret præponere ? An adhùc Juliani sententiam admittimus , videndum est : finge enim et nominatim eum prohibuisse , *ne Titio magistro utaris.* Dicendum tamèn erit , eò usquè producendam utilitatem navigantium.

De navi.

§. 6. *Navem* accipere debemus , sivè marinam, [sivè fluviatilem :] sivè in aliquo stagno naviget , sivè schedia sit.

Quibus ex causis datur exercitoria.

§. 7. Non autèm ex omni causâ prætor dat in exercitorem actionem , sed (2) *ejus rei nomine , cujus ibi præpositus fuerit :* id est , [si] in eam rem præpositus sit , utputà , si [ad] onus vehendum locatum sit ; ut aliquas res emerit utiles naviganti , vel si quid reficiendæ navis causâ contractum vel impensum est , vel si quid nautæ, operarum nomine, petent.

§. 8. Quid , si mutuam pecuniam sumpserit ?

---

(1) L. 18. infr. mandati.

préposé a substitué à sa place, même à l'insçu du patron.
C'est ce qu'a répondu Julien qui fut consulté à ce sujet ;
mais si le patron ne l'ignorait pas, et qu'il eût souffert qu'il
remplît cette fonction sur le vaisseau, il serait censé l'avoir
lui-même préposé (1). Cette opinion me semble probable ;
car le patron doit-être garant et responsable de tout ce que
fait celui qu'il a préposé. Autrement ceux qui contractent
avec lui seraient trompés ; et ceci à cause de l'avantage qni
doit en résulter, doit-encore à plus forte raison être admis
plutôt à l'égard du préposé à un vaisseau, qu'à l'égard de
celui qui est préposé à un commerce sur terre. Qu'en serait-il
cependant si le patron avait préposé quelqu'un avec cette
condition, qu'il ne pourrait substituer qui que ce soit à sa
place. Voyons si nous devons encore admettre dans ce cas
l'opinion de Julien. En effet supposez qu'on lui ait nomi-
nativement défendu de ne pas recevoir pour *préposé la
personne de Titius*, il faudra cependant dire qu'en faveur
de ceux qui voyagent sur mer, cette opinion de Julien
doit s'étendre jusqu'à ce cas.

Du Vaisseau.

§. 6. Nous devous entendre ici par vaisseau, tout bâtiment qui peut tenir la mer, de même que tout bateau
qui navigue sur un fleuve, ou sur un étang, même un
radeau.

Pour quelles causes on accorde une action contre le patron.

§. 7. Le préteur n'accorde pas d'action contre le patron
pour toute sorte de causes, mais simplement (2) pour les
causes *qui sont relatives à l'administration du préposé?*
C'est-à-dire, s'il a été préposé pour telle chose; par exemple,
s'il a loué une place sur le vaisseau pour transporter des
marchandises ; s'il a acheté quelque chose qui lui était utile
pour le voyage, ou s'il a été fait des dépenses pour radouber
le vaisseau; ou si enfin les matelots demandent à être payés
de leurs salaires.

§. 8. Qu'en serait-il si le préposé à un vaisseau avait

---

(2) L. 7. in pr. vers. ita illud. infr. h. t.

An ejus rei nomine videatur gestum ? Et Pegasus existimat, si ad usum ejus rei in quam præpositus est, fuerit mutuatus, dandam actionem : quam sententiam puto veram. Quid enim, si ad armandam instruendamvè navem, vel nautas exhibendos, mutuatus est ?

§. 9. Undè quærit Ofilius, si ad reficiendam navem mutuatus, nummos in suos usus converterit, àn in exercitorem, detur actio ? Et ait, si (1) hâc lege accepit, quasi in navem impensurus, mòx mutavit voluntatem, teneri exercitorem, imputaturum sibi, cur talem præposuerit : quòd si ab initio consilium cepit fraudandi creditoris, et hoc specialitèr non expresserit, *quòd ad navis causam accipit*, contrà esse ; quam distinctionem Pedius probat.

§. 10. Sed et si in pretiis rerum emptarum fefellit magister, exercitoris erit damnum, non creditoris.

§. 11. Sed si ab alio mutuatus, liberavit eum qui in navis refectionem crediderat, puto etiàm huic dandam actionem, quasi in navem crediderit.

§. 12. Igitùr præpositio certam legem dat contrahentibus. Quarè si eum præposuit navi ad hoc solùm, ut vecturas exigat, non ut locet, quòd fortè ipse locaverat, non tenebitur exercitor, si magister locaverit : vel si ad locandum tantùm, non ad exigendum, idèm erit dicendum ; aut si

---

(1) D. l. 7. in pr.

emprunté de l'argent? Est-il censé avoir contracté relativement à l'administration de la chose à laquelle il a été préposé? Pégase pense que si l'emprunt qu'il a fait a tourné à l'avantage de la chose à laquelle il a été préposé, l'action doit avoir lieu, ce sentiment me parait juste, et en effet, supposez qu'il ait fait cet emprunt pour armer et équiper le vaisseau.

§. 9. C'est ce qui a donné lieu à Ofilius de demander; si le préposé avait fait un emprunt pour radouber le vaisseau, et qu'il eût employé l'argent à ses propres affaires, si dis-je, dans ce cas, celui qui aurait prêté aurait action contre le patron? Il répond que si, en empruntant cet argent, il a déclaré (1) que c'était pour l'employer à son vaisseau, et qu'ensuite il ait changé d'intention, le patron était obligé, comme devant s'imputer à lui-même d'avoir choisi un tel préposé; mais si, dans l'origine, il avait eu l'intention de tromper le prêteur d'argent et qu'il ne lui eût pas déclaré expressément, que l'argent qu'il *empruntait fût pour être employé au vaisseau*, il n'en serait pas de même Pedius adopte cette distinction.

§. 10. Si le préposé trompe celui à qui il a fait l'emprunt, sur le prix des choses qu'il a achetées, ce sera sur le patron que retombera cette fraude, et non sur le créancier.

§. 11. Mais si, après avoir emprunté pour radouber le vaisseau, il empruntait encore à un autre pour payer le premier créancier, je pense que celui qui a prêté en dernier lieu pour rembourser le premier créancier, a action contre le patron, comme s'il avait prêté pour radouber le vaisseau.

§. 12. Ainsi la nature de l'administration à laquelle quelqu'un est préposé, doit faire la loi de ceux qui contractent avec lui. C'est pourquoi si les fonctions du préposé se bornent seulement à recevoir le prix du passage, ou du transport des marchandises et non pas à louer le vaisseau, en ce que peut-être le patron l'aurait lui-même loué, le patron ne sera pas obligé par la location que son préposé aurait faite du vaisseau; il faudra dire la même chose s'il n'était chargé que de la location du vaisseau et non pas d'exiger

ad hoc , ut vectoribus locet , non ut mercibus
navem præstet, vel contrà, modum egressus, non
obligavit exercitorem. Sed et , si , ut certis mercibus eam locet, præpositus est, putà legumini ,
cannabæ , ille marmoribus, vel alia materia locavit : dicendum erit , non teneri ; quædàm enìm
naves onerariæ , quædàm (ut ipsi dicunt) , *vec-*
torum ductrices , sunt et plerosquè mandare scio ,
nè vectores recipiant ; et sic , *ut certâ regione ,*
et certo mari negotietur ; ut ecce , sunt naves
quæ Brundusium à Cassiopa, vel à Dyrrachio
vectores trajiciunt , ad onera inhabiles ; itèm
quædàm fluvii capaces, ad mare non sufficientes.

De pluribus magistris.

§. 13. Si plures sint magistri , non divisis of-
ficiis , quodcunquè cùm uno gestum erit , obli-
gabit exercitorem : si divisis , ut alter locando ,
alter exigendo, pro cujusquè officio obligabitur
exercitor.

§. 14. Sed et si sic præposuit, ut plerumquè
faciunt , *nè alter sinè altero quid gerat ,* qui
contraxit cùm uno, sibì imputabit.

Exercitoris definitio.

§. 15. *Exercitorem* (1) autèm eum dicimus ,
ad quem obventiones , et reditus omnes perve-

____

(1) §. 2. Inst. quod. cùm eo, qui in alien. potest

le prix du passage des voyageurs, ou du transport des marchandises ; ou s'il avait simplement ordre de louer le vaisseau
pour le passage des voyageurs, et non pour transporter des
marchandises, ou enfin dans le sens opposé. En un mot,
s'il outre-passe ses pouvoirs, le patron ne sera pas obligé.
Mais s'il a été préposé pour le louer à l'effet de transporter
certaines espèces de marchandises, par exemple des légumes, du chanvre, et qu'à la place de ces choses, il eût
loué le vaisseau pour transporter des marbres, ou toute
autre matière, il faudra dire encore la même chose. Et en
effet, il y a des vaisseaux qui par leur structure sont faits
pour porter de lourds fardeaux et d'autres qui ne sont
propres qu'à *transporter des voyageurs.* Je sais qu'il est
des patrons qui défendent à leurs préposés de *recevoir des
voyageurs,* d'autre qui veulent que leurs préposés *ne fassent
le commerce que dans certain pays, dans certaines mers.*
Tels sont, par exemple, les vaisseaux destinés à transporter
les voyageurs des ports de Cassiope et de Dyrrachium à
Brinde, qui ne pourraient servir à transporter de lourds
fardeaux ; de même il est des bateaux qui peuvent naviguer
sur un fleuve, mais qui ne pourraient tenir sur la mer.

De plusieurs préposés.

§ 13. S'il y a plusieurs préposés dont les fonctions ne
soient pas divisées, le patron sera obligé sous le rapport de
tout ce qui aura été fait avec l'un d'eux. Si leurs fonctions
sont divisées, c'est-à-dire, que l'un soit chargé de louer un
vaisseau, et l'autre de recevoir le fret, le patron sera obligé
relativement à ce qui aura été fait avec l'un ou l'autre qui
n'aura pas excédé ses pouvoirs.

§. 14. Mais si le patron avait préposé plusieurs personnes
à son vaisseau, comme il est d'usage que beaucoup le fassent,
sous la condition *que l'un ne ferait rien sans l'autre,* celui
qui n'aura contracté qu'avec un seul, devra s'imputer à
lui-même de l'avoir fait.

Définition du patron.

§. 15. Nous appellons patron d'un vaisseau (1), celui
qui en reçoit tous les revenus, et toutes les redevances,

niunt; sivè is dominus navis sit, sivè à domino navem per aversionem conduxerit, vel ad tempus, vel in perpetuum.

Sexus, conditio, ætas.

§. 16. Parvi autèm refert, qui exercet, masculus sit, àn mulier (1), pater familiâs àn filius familiâs (2) vel servus : pupillus autèm si navem exerceat, exigemus tutoris auctoritatem.

De concursû actionis exercitoriæ et directæ.

§. 17. Est autèm nobis electio, utrùm exercitorem àn magistrum convenire velimus.

An detur actio exercitori.

§. 18. Sed ex contrario, exercenti navem adversùs eos, qui cùm magistro contraxerunt, actio non pollicetur ; quià non eodèm auxilio indigebat. Sed aut ex locato (3) cùm magistro, si mercede operam ei exhibet : aut, si gratuitam mandati agere potest. Solent planè præfecti proptèr ministerium annonæ, itèm in provinciis præsides provinciarum, extrà ordinem eos jnvare ex contractû magistrorum.

Si exercitor sit in alteriùs potestate.

§. 19. *Si is, qui navem exercuerit, in alienâ potestate* (4) *erit ejusquè voluntate navem exercuerit, quod cùm magistro* (5) *ejus gestum erit, in* (6) *eum, in cujus potestate is erit, qui navem exercuerit, judicium datur.*

---

(1) L. 4. C. de instit. et exercit. act.
(2) S. 19. S. 21. infr. h. L
(3) L. 5. in pr. infr. h. t.

soit qu'il soit le maître du vaisseau, soit qu'il le tienne à loyer du maître, pour un tems ou pour toujours.

De son sexe. De sa condition. De son âge.

§. 16. Il importe peu que le patron soit du sexe masculin ou féminin (1), père ou fils de famille (2), ou esclave. Mais si c'est un pupille qui veuille le faire valoir, son vaisseau, nous exigerons qu'il soit autorisé par son tuteur.

Du concours de l'action exercitoire et directe.

§. 17. Nous avons le choix d'actionner ou le préposé ou le patron.

Si l'on accorde l'action au patron du navire.

§. 18. Mais aussi *ex contrario*, le préteur ne donne pas d'action au patron du navire contre ceux qui ont contracté avec ce préposé, parce qu'il n'a pas besoin de son secours. Si cependant le préposé, perçoit un salaire, il a contre lui l'action qui dérive du loyer *ex locato*; (3) ou s'il n'en perçoit aucun, il pourra exercer l'action du mandat. Néanmoins les préfets chargés de l'approvisionnement de la ville, et les gouverneurs dans les provinces ont coutume de les admettre extraordinairement a demander l'exécution du conra passé par leur préposé.

Si le patron est en la puissance d'autrui.

§. 19. Si le patron au profit de qui on fait valoir un navire est sous la puissance d'un autre (4) et qu'il le fasse valoir de son consentement à son profit (5), *l'on donne dans ce cas action contre celui en la puissance de qui il est (6) pour tout ce qui aura été contracté avec son préposé.*

---

(4) V. §. 21. infr. h. l.
(5) V. §. 23. et 24. inf. h. l.
(6) §. 20. infr. h. l.

§. 20. Licèt autèm detur actio in eum, cujus in potestate est, qui navem exercet, tamèn ità demùm datur, *si voluntate ejus exerceat.* Ideò autèm ex voluntate in folidum tenentur, qui habent in potestate exercitorem, quià ad summam rempublicam navium exercitio pertinet. At institorum non idèm usus est : ea proptèr in tributum duntaxàt vocantur qui contraxerunt cùm eo, qui in merce peculiari sciente domino negociatur. Sed si sciente duntaxàt, non etiàm volente, cùm magistro contractum sit, utrùm quasi in volentem damus actionem in solidum, àn vero exemplo tributoriæ dabimus ? In re igitùr dubiâ meliùs est, verbis (1) edicti servire : et nequè scientiam solam et nudam patris dominivè in navibus onerare; nequè in peculiaribus mercibus voluntatem extendere ad solidi obligationem. Et ità videtur Pomponius significare : si sit in alienâ potestate, si quidèm voluntate gerat, in solidum eum obligari; si minùs, in peculium.

§. 21. *In potestate* autèm (2) accipiemus utriùsquè sexûs, vel filios, vel filias, vel servos, vel servas.

§. 22. Si tamèn servus peculiaris, volente filio familiàs, in cujus peculio erat, vel servo, vi-

---

(1) L. 69. in pr. infr. de legat. 3. l. 12. §. 1. qui, et à quib. manumiss.

§. 20. L'on donne bien à la vérité action contre celui sous la puissance duquel se trouve celui au profit de qui on fait valoir un vaisseau, mais il n'en est ainsi qu'autant que *cela se fait de son consentement.* Or la raison pour laquelle ceux qui ont sous leur puissance quelqu'un qui fait valoir un vaisseau de leur consentement, sont obligés pour le tout, vient de ce que le *faire valoir* des vaisseaux concerne le bien public. Mais il n'en est pas de même de ceux qui sont préposés pour un autre commerce de terre ; c'est pourquoi ceux qui ont contracté avec un esclave qui fait, à la connaissance de son maître, un commerce de marchandises dépendantes de son pécule, ne peuvent l'actionner que pour venir avec lui, par contribution sur le pécule. Mais si l'on avait contracté avec un esclave qui faisait valoir un vaisseau, son maître à la vérité le sachant, mais n'y consentant pas, donnerons nous contre lui action pour le tout comme s'il était consentant, ou bien n'y aura-t-il lieu qu'à l'action semblable à celle par laquelle les deniers du pécule se distribuent entre ceux qui y ont droit, proportionnellement à l'intérêt qu'ils y ont ? Dans le doute où jette cette question il vaut donc beaucoup mieux s'en tenir strictement aux expressions de l'édit (1), et dans le cas où un esclave, ou un fils de famille ferait valoir un vaisseau, il ne faudrait pas que la simple connaissance du père ou de l'esclave lui fut préjudiciable, ni que dans le cas d'un commerce fait par lui dans les bornes de son pécule, le consentement qu'il aura donné puisse obliger ces deniers en entier, à l'exécution de tout ce qui aura été fait par ceux que le fils ou l'esclave aura employés. C'est ce que Pomponius parait avoir voulu dire, lorsqu'il écrit que celui-là est obligé pour le tout, quand ceux qui sont sous sa puissance font de son consentement un commerce et qu'autrement il n'est obligé que jusqu'à la concurrence de ce qui se trouve dans le pécule.

§. 21. Nous entendons ici par personnes (2) soumises à la *puissance d'autrui,* celles des deux sexes, fils ou filles de famille ; esclaves mâles ou esclaves femelles.

§. 22. Si cependant un esclave dépendant du pécule d'un fils de famille, faisait valoir un vaisseau du consentement

---

(1) S. 16. supr. h. l.

carius ejus navem exercuit, pater, dominusvè, qui voluntatem non accomodavit, duntaxàt de peculio tenebitur : sed filius ipse in solidum. Planè si voluntate domini, vel patris exerceant, in solidum tenebuntur : et præterea et filius, si et ipse voluntatem accommodavit, in solidum erit obligatus.

§. 23. Quanquàm autèm, *si cùm magistro* ejus *gestum sit*, duntaxàt polliceatur prætor actionem, tamèn (ut Julianus quoquè scripsit) etiàm si cùm ipso exercitore sit contractum, pater (1) dominusvè in solidum tenebitur.

De concursû actionis exercitoriæ et directæ.

§. 24. Hæc actio ex personâ magistri in exercitorem dabitur : et ideò, si cùm utro eorum actum est, cùm altero agi non potest ; sed si quid sit solutum (2), si quidèm à magistro, ipso jure minuitnr obligatio : sed et si ab exercitore, sivè suo nomine, id est, proptèr honorariam obligationem, sivè magistri nomine solverit, minuetur obligatio ; quoniàm et alius (3) pro me solvendo me liberat.

De pluribus exercitoribus.

§. 25. Si plures navem exerceant, cùm quolibèt (4) eorum in solidum agi potest.

2. GAJUS, *lib.* 9, *ad edictum provinciale.*

Nè in (5) plures adversarios distringatur, qui cùm uno contraxerit.

---

(1) S. 19. supr. h. l.
(2) L. 2 . infr. de solution.
(3) L. 39. supr. de negot. gest. l. 91. infr. de solution. pr. Inst. quib. mod. tollit. oblig. l. 8. infr. de novation.

de celui-ci, ou si un esclave remplaçant un autre esclave en chef faisait la même chose, le père ou le maître qui n'aura pas consenti, ne sera que tenu jusqu'à la concurrence du pécule, mais le fils sera obligé pour le tout. Mais s'ils y ont consenti, ils seront tenus pour le tout. Outre cela si le fils y avait consenti, il serait obligé pour le tout.

§. 23. Quoique le préteur ne premette l'action que dans le cas *où on aura contracté avec celui qui est sous la puissance*, cependant, comme l'écrit Julien, si on a contracté directement avec celui au profit de qui on faisait valoir le vaisseau, le père ou le maître sera (1) obligé pour le tout.

Du concours de l'action exercitoria et directe.

§. 24. Cette action sera accordée contre celui au profit de qui on fait valoir le vaisseau du chef de son préposé, c'est pourquoi si elle a été intentée contre l'un d'eux, si on a agi contre l'un d'eux, on ne peut plus le faire contre l'autre; et s'il a été payé quelque chose (2) à celui qui a cette action, et que ce soit le préposé qui ait payé, l'obligation sera diminuée de plein droit d'autant, si c'est le patron du vaisseau qui a payé, soit qu'il ait payé en son nom, c'est à-dire, parce qu'il est obligé par l'édit du préteur, soit qu'il ait payé au nom de son préposé, l'obligation sera diminuée, parce que lorsqu'un tiers paie pour moi, il me libère (3).

De plusieurs patrons.

§. 25. S'il y a plusieers patrons, on peut actionner celui d'entre-eux que l'on voudra choisir (4).

2. Gajus, *liv. 9, sur l'édit provincial.*

Afin que l'on ne soit pas (5) forcé d'avoir affaire à plusieurs, lorsque l'on n'a contracté qu'avec un seul.

---

(4) L. 2. l. 4. infr. h. t. l. 1. in fin. supr. de his, qui effad..
(5) L. 27. §. ult. infr. de pecul.

3. PAULUS, *lib.* 29 , *ad edictum.*

Nec quicquàm facere , quotàm quisquè portionem in nave habeat : eumquè qui (1) præstiterit , societatis judicio à cæteris consecuturum.

4. ULPIANUS, *lib.* 29 , *ad edictum.*

Si tamèn plures per se navem exerceant . pro portionibus exercitionis conveniuntur : nequè enim invicèm sui magistri videntur.

§. 1. Sed si plures exerceant , unum autèm de numero suo magistrum fecerint , hujus nomine in solidum poterunt conveniri.

De servo pluribus exercitorum.

§. 2. Sed si servus plurium (2) navem exerceat voluntate eorum , idem placuit , quod in pluribus exercitoribus ; planè si unius ex omnibus voluntate exercuit ; in solidum ille tenebitur : et ideò puto , et in superiore casû in solidum omnes teneri.

De alienatione aut morte servi exercitoris. De morte magistri.

§. 3. Si servus sit , qui navem exercuit voluntate domini, et alienatus fuerit , nihilominùs is , qui eum alienavit , tenebitur ; proindè , et si decesserit servus , tenebitur : nàm et magistro defuncto tenebitur.

---

(1) L. 13. in fin. infr. de inst. act.

3. PAUL, *liv.* 29, *sur l'édit.*

Et on ne fait pas attention à la portion que chacun peut avoir dans le vaisseau. C'est à celui qui a payé, à se faire tenir compte (1) de ce qu'il a payé, en vertu de l'action de la société qu'il a contre eux.

4. ULPIEN, *liv.* 29, *sur l'édit.*

Si cependant plusieurs personnes faisaient valoir par elles-mêmes un vaisseau à leur profit, elles seront actionnées chacune pour la portion qu'elles ont dans le vaisseau. Car elles ne seront pas présumées être préposées au vaisseau les unes par les autres.

§. 1. Mais si plusieurs font valoir un vaisseau à leur profit, et qu'ils en préposent un d'entre-eux au vaisseau, ils pourront être actionnés solidairement au nom de celui-ci.

De l'esclave de plusieurs qui font valoir un vaisseau.

§. 1. Si un esclave commun à plusieurs, fait valoir un vaisseau à son profit, de leur consentement, (2) on a décidé qu'il fallait observer la même chose, qu'à l'égard de ceux qui font valoir un vaisseau par eux-mêmes : mais si un seul d'entre-eux l'a fait valoir de leur consentement, il sera tenu pour le tout. C'est pourquoi je pense que dans le premier cas tous les copropriétaires sont solidairement obligés.

De la vente, ou de la mort de celui qui fait valoir le vaisseau. De la mort du préposé.

§. 3. Si c'est un esclave qui, du consentement de son maître fait valoir le vaisseau à son profit, et qu'il ait été vendu, celui qui l'aura vendu n'en sera pas moins obligé; de même que si l'esclave venait à mourir, car le préposé mourant, il est également tenu de tout ce qu'il a fait.

____

(2) L. 6. S. 1. infr. h. t.

De tempore harum actionum. De heredibus.

§. 4. Hæ actiones (1) perpetuò , et heredibus , et in heredes dabuntur : proindè et si servus , qui voluntate domini exercuit , decessit , etiàm post annum dabitur hæc actio , quamvis de peculio ultrà annum non detur.

5. PAULUS, *lib.* 29 , *ad edictum.*

Si quis cùm servo suo exercitore alteriùs , vel cùm servo communi.

Si eum , qui in meâ potestate sit , magistrum navis habeas , mihi quoquè in te competit actio , si quid cùm eo contraxero. Idem [est], si communis servus nobis erit. Ex locato (2) tamèn mecum ages , quòd operas servi mei conduxeris ; quià et si cùm alio contraxisset , ageres mecum , ut actiones , quas eo nomine habui , tibi præstarem : quemadmodùm cùm libero , si quidèm conduxisses , experieris ; quod si gratuitæ operæ fuerint , mandati ages.

Vel cùm servi sui magistro contraxeris.

§. 1. Itèm , si servus meus navem exercebit , et cùm magistro ejus contraxero , nihil obstabit , quominùs adversùs magistrum experiar actione , quæ mihi vel jure civili , vel honorario competit : nàm et cuivis alii non obstat hoc edictum , quominùs cùm magistro agere possit : hoc enim edicto non transfertur actio , sed adjicitur.

---

(1) L. 15. infr. de instit. actione.

§. 4. Ces actions (1) sont perpétuelles, et ont lieu tant au profit que contre les héritiers. Par conséquent si l'esclave qui fait valoir un vaisseau du consentement de son maître, vient à mourir, elle sera même accordée après l'année, quoique l'action que l'on a sur le pécule soit refusée après l'année.

5. PAUL, *liv.* 29, *sur l'édit.*

Si quelqu'un a contracté avec son esclave faisant valoir un vaisseau au profit d'un autre, ou avec un esclave commun.

Si vous avez pour préposé à votre vaisseau un homme qui est sous ma puissance, j'ai également action contre vous, si je contracte avec lui, il en est de même, si l'esclave nous est commun à tous deux. Vous aurez cependant contre moi l'action du loyer, *ex locato* (5), parce que je vous ai loué tous les services de mon esclave. Car si cet esclave avait contracté avec un autre qu'avec moi, vous auriez toujours action contre moi, pour que je vous transportasse les actions que j'aurais acquises par mon esclave ; de même que si vous eussiez contracté avec un homme libre, vous auriez directement action contre lui. Mais si mon esclave vous sert gratuitement, vous formerez contre moi l'action du mandat.

Ou avec le préposé de son esclave.

§. 1. De même si mon esclave fait valoir un vaisseau et que je contracte avec son préposé, rien n'empêchera que n'actionne celui-ci en vertu de l'action que je tiens soit du droit civil, soit du droit prétorien ; car tout autre, sans contrevenir à l'édit dont il est ici question, peut actionner le préposé. En effet l'action n'est pas transférée par cet édit, mais il en est ajouté une nouvelle.

(a) L. 1. §. 18. supr. h. t.

Si unus ex multis exercitoribus cùm magistro contraxerunt.

§. 2. Si unus ex his exercitoribus cùm magistro navis contraxerit, agere cùm aliis exercitoribus poterit.

6. PAULUS, *lib. 6, brevis edicti.*

Si servus non voluntate domini exerceat.

Si servus non(1)voluntate domini navem exercuerit, si sciente (2) eo, quasi tributoria ; si ignorante, de peculio actio dabitur.

De servo communi.

§. 1. Si communis (3) servus voluntate dominorum exerceat navem, in singulos dari debebit in solidum actio.

7. AFRICANUS, *lib. 8, quæstionum.*

Si quæratur, àn creditum sit in id cui magister.

Lucius Titius Stychum magistrum navis præposuit : is pecuniam mutuatus, cavit, se *in refectionem navis eam accepisse* : quæsitum est, àn non alitèr Titius exercitoriâ teneretur, quàm si creditor probaret, pecuniam in refectionem navis esse consumptam ? Respondit, creditorem utilitèr acturum, si, cùm pecuniâ crederetur, navis in eâ causâ fuisset, ut refici deberet ; etenim ut non oportet creditorem ad hoc adstringi, ut ipse reficiendæ navis curam suscipiat,

---

(1) L. 42. in pr. infr. de furt.
(2) L. 1. §. 20. vers. sed. si sciente. supr. h. t.

Si l'un de ceux qui fait valoir le vaisseau contracte
avec le préposé.

§. 2. Si l'un de ceux qui font valoir un vaisseau contracte avec le préposé, il lui sera libre d'actionner ses
co-associés.

6. Paul, *liv. 6, des abrégés*

Si l'esclave fait valoir un vaisseau à son profit contre
le gré de son maître.

Si un esclave fait valoir un vaisseau à son profit contre le
gré de son maître (1), mais à sa connaissance, il y aura lieu
contre le maître à l'action pour venir avec lui par contribution sur le pécule; si le maître l'ignore, l'action sera
restreinte jusqu'à la concurrence de ce qui se trouvera dans
le pécule (2).

De l'esclave commun.

§. 1. Si un esclave commun (3) fait valoir un vaisseau
à son profit du consentement de ses maîtres, l'action sera
donnée contre chacun d'eux pour le tout.

7. Africanus, *liv. 8, des questions.*

Si l'on demande si le créancier doit savoir pourquoi il
prête à un préposé à un vaisseau.

Lucius Titius a préposé à son vaisseau l'esclave Stychus;
celui-ci ayant emprunté de l'argent, *a déclaré qu'il faisait*
cet emprunt pour radouber le vaisseau (4); on a demandé
si Titius ne serait soumis à l'action *Exercitoria*, qu'autant
que celui qui aurait prêté (le créancier), prouverait que
l'argent aurait été réellement employé au radoub du vaisseau? J'ai répondu que le créancier intenterait utilement
l'action, si lorsque l'emprunt a été fait, le navire exigeait un radoub. En effet, on ne doit pas astreindre le
créancier qui a prêté pour que l'on radoubât un vaisseau,
à veiller à ce radoub, et à faire ce que le maître doit faire;
ce qui arriverait nécessairement, s'il était obligé de prouver

---

(3) L. 1. §. 2. supr. eod.
(4) L. 1. §. 9. supr. eod.

et negotium domini gerat : (quod certè futurum sit , si necesse habeat probare , pecuniam in refectionem erogatam esse (: ità illud exigendum , ut sciat in hoc se credere , cui rei magister quis sit præpositus : quod certè alitèr fieri non potest , quam si illud quoquè scierit , necessariam refectioni pecuniam esse ; quare etsì in eâ causâ fuerit navis , ut refici deberet , multò tamèn major pecunia credita fuerit , quàm ad eam rem esset necessaria , non debere in solidum adversùs dominum navis actionem dari.

§. 1. Interdùm etiàm illud æstimandum , àn in eo loco pecunia credita sit , in quo id , propter quod credebatur , comparari potuerit : quid enìm (inquit) si ad velum emendum in ejusmodi insulâ pecuniam quis crediderit , in quâ omninò velum comparari non potest ? Et in summâ aliquam diligentiam in eâ creditorem debere præstare.

Vel institor præpositus erat.

§. 2. Eadem ferè dicenda ait , et si de institoriâ actione quæratur. Nàm tunc quoquè creditorem scire debere , necessariam esse mercis comparationem , cui emendæ servus sit præpositus : et sufficere , si in hoc crediderit ; non etiàm illud exigendum , ut ipse curam suscipiat , àn in hanc rem pecunia eroganda est.

que l'argent a été réellement employé à radouber le vaisseau. Mais on exige qu'il n'ignore pas qu'il prête pour
une chose qui est du ressort de l'administration confiée au préposé, ce qui sans contredit ne peut se faire
qu'autant qu'il aura été instruit que le vaisseau avait besoin
d'être radoubé. C'est pourquoi, encore que le navire eût
besoin de l'être, et qu'il eût été prêté une somme plus
considérable que ne l'auraient exigé les dépenses nécessaires
au radoub, on ne devra pas donner l'action pour le tout
contre le maître.

§. 1. Il faut encore remarquer si l'argent prêté, l'a été
dans un endroit où l'on pût se procurer les choses nécessaires pour les réparations auxquelles l'emprunt a donné
lieu. Car, dit-il, qu'en serait-il, si l'emprunt avait été
fait pour acheter un voile dans une île, où il n'y en avait
pas ? En général celui qui dans ces cas-là prête, doit
apporter quelque soin.

Ou à un préposé à un commerce de terre.

§. 2. On doit dire à-peu-près la même chose relativement à l'action qui a lieu à l'égard du préposé à quelque
commerce sur terre. Car alors le créancier ne doit pas
aussi ignorer si l'esclave préposé à l'achat de marchandises
pour son commerce, a besoin d'en acheter, mais il suffit
qu'il ait prêté à cette intention. On ne doit pas exiger
de lui qu'il surveille l'emploi de l'argent qu'il a prêté.

TITULUS SECUNDUS.

De lege Rhodiâ. De Jactû.

1. PAULUS, *lib.* 2 , *sententiarum.*

Summa hujus legis.

LEGE RHODIA cavetur , *ut , si levandæ navis gratiâ jactus mercium factus est , omnium contributione sarciatur , quod pro omnibus datum est.*

2. IDEM , *lib.* 34. , *ad edictum.*

Quæ actiones dantur pro contributione.

Si laborante nave , jactus factus est , amissarum mercium domini , si merces vehendas locaverant , ex locato cùm magistro navis agere debent ; is deindè cum reliquis , quorum merces salvæ sunt , ex conducto , ut detrimentum pro portione communicetur , agere potest. Servius quidèm respondit , ex locato agere cùm magistro navis debere , ut cæterorum vectorum merces retineat , donèc portionem damni præstent. Imò , etsì retineat merces magister , ultrò ex locato

TITRE SECOND.

De la loi Rhodienne relative aux marchandises d'un Vaisseau jettées dans la Mer.

1. PAUL, *liv.* 2, *des sentences.*

Texte de cette loi.

La loi Rhodienne porte ce qui suit : *Si on a jetté dans la mer des marchandises à l'effet d'alléger le vaisseau, tous doivent contribuer à supporter la perte que le salut de tous a nécessité.*

2. LE MEME, *liv.* 34, *sur l'édit.*

Quelles sont les espèces d'actions que l'on accorde dans le cas d'une contribution qui a pour objet l'indemnité due aux propriétaires des marchandises jettées à la mer.

Si le vaisseau fatigant beaucoup par suite de la violence d'une tempête, on a été forcé de jetter à la mer, des marchandises pour l'alléger, les propriétaires de ces marchandises, si ils avaient loué le vaisseau pour leur transport, auront l'action du loyer, *ex locato* contre celui qui est préposé au vaisseau, pour être indemnisés par lui de leur perte, et celui-ci aura contre ceux dont les marchandises auront été conservées, l'action *ex conducto*, pour les marchandises qu'il a reçues d'eux à loyer, à l'effet de les forcer à contribuer proportionellement à l'indemnité due à ceux dont les marchandises ont été jettées à la mer pour le salut commun. Servius même a répondu que

habiturus est actionem cùm vectoribus : quid
enìm si vectores sint, qui nullas sarcinas habeant?
Planè commodiùs est, si sint retinere eas. At,
si non, [et] totam navem conduxerit, ex conducto aget : sicùt vectores, qui loca in nave
conduxerunt ; æquissimum enim est commune
detrimentum fieri eorum, qui proptèr amissas
res aliorum, consecuti sunt, ut merces suas salvas haberent.

De nave deterioratâ aut armamentis spoliatâ.

§. 1. Si conservatis mercibus deterior facta sit
navis, aut si quid exarmaverit : nulla facienda
est collatio : quià dissimilis earum rerum causa
sit, quæ navis gratiâ parentur, et earum, pro
quibus mercedem aliquis acceperit ; nàm et si
faber incudem, aut malleum fregerit, non im-
putaretur ei, qui locaverit opus ; sed si voluntate vectorum, vel proptèr aliquem metum id
detrimentum factum sit, hoc ipsum sarciri
oportet.

Qui et quantùm et pro quibus rebus conferrunt.

§. 2. Cum in eâdem nave varia mercium ge-
nera complures mercatores coëgissent, prætereà-
què multi vectores servi, liberiquè in eâ navi-
garent, tempestate gravi ortâ, necessariò jactura
facta erat. Quæsita deindè sunt hæc : àn omnes
jacturam præstare oporteat ; et si qui tales
merces imposuissent, quibus navis non onera-
retur, velùt gemmas, margaritas ? Et quæ por-

le préposé au vaisseau, ne peut retenir les marchandises qui n'ont pas été jettées, pour sûreté de l'indemnité due à ceux dont les marchandises ont péri, que lorsque l'on a formé contre lui l'action du loyer *ex locato* ; bien plus, quoique le préposé puisse retenir les marchandises qui sont sur son vaisseau, il pourra cependant former directement l'action du loyer *ex locato*, contre ceux qui sont sur le vaisseau ; car qu'en serait-il s'il y avait des personnes sur le vaisseau qui n'eussent aucune marchandise. Assurément, il est toujours plus commode de retenir les marchandises. Mais s'il n'en existe pas, et qu'il ait loué la totalité du vaisseau, il y aura lieu à l'action du loyer, *ex locato*, comme aussi s'il se trouve des passagers qui aient loué leur place. En effet il est de toute justice, que la perte soit partagée en commun avec ceux qui n'ont sauvé leurs marchandises que parce que les autres ont sacrifié les leurs.

Du vaisseau détérioré, ou dépouillé de ses agrès.

§. 1. Si parce que l'on n'aura pas voulu sacrifier à la mer des marchandises, le navire a été détérioré, ou s'il a perdu quelques-uns de ses agrès, il n'y aura pas lieu à aucune contribution, parce qu'il y a beaucoup de différence entre les choses nécessaires à l'équipement d'un vaisseau, et le transport des marchandises pour lesquelles on reçoit un prêt. Car si un ouvrier a cassé son enclume ou son marteau, celui qui l'aura employé n'est pas obligé à l'indemniser de cet accident. Mais si du consentement de ceux qui sont sur le vaisseau, ou par la crainte de quelque danger, on a essuyé quelque perte, elle devra être réparée à frais communs.

Qui sont ceux qui doivent contribuer et pour quelles portions.

§. 2. On avait chargé sur un vaisseau des marchandises de différentes espèces, il y avait outre cela plusieurs passagers tant libres qu'esclaves ; il s'éleva un grosse tempête et on jugea qu'il était nécessaire de jetter à la mer des marchandises, pour soulager le vaisseau. On a fait à ce sujet la question suivante. La perte doit-elle être commune ? Ceux mêmes qui auraient mis sur le vaisseau des marchandises de peu de poids et ne pouvant nullement surcharger le

tio præstanda est ? Et àn etiàm pro liberis capitibus dari oporteat ? Et quâ actione ea res expediri possit ? *Placuit* , omnes , quorum interfuisset jacturam fieri ; conferre oportere , quià id tributum observatæ res deberent : itàquè dominum etiàm navis pro portione obligatum esse ; jacturæ summam pro rerum pretio distribui oportet ; corporum liberorum æstimationem (1) nullam fieri posse ; ex conducto dominos rerum amissarum cùm nautâ , id est , cùm magistro , acturos. Itidèm *agitatum* est , àn etiàm vestimentorum cujusquè , et annulorum æstimationem fieri oporteat ? Et omnium visum est ; nisì si qua consumendi causâ imposita forent : quo in numero essent cibaria , eo magìs , quòd , si quandò ea defecerint in navigationem , quod quisquè haberet , in commune conferret.

De nave à piratis redemptâ et de rebus ablatis à
prædonibus.

§. 3. Si navis à piratis redempta sit , Servius, Ofilius , Labeo , omnes conferre debere , ajunt. Quod verò prædones abstulerint , eum perdere , cujus fuerint ; nec conferrendum ei , qui suas merces redemerit.

Quantùm conferri debet.

§. 4. Portio autèm pro æstimatione rerum , quæ salvæ sunt , et earum , quæ amissæ sunt , præstari solet ; nec ad rem pertinet , si hæ

---

(1) L. 3. supr. si quadrupes pauper.

vaisseau , tels que des pierres précieuses, des perles ?
Dans quelle proportion chacun doit-il supporter la perte
qui a eu lieu ? Doit-on payer pour les hommes libres, et
quelle espèce d'action pourra-t-on exercer ? On a décidé
que tous ceux pour qui il était intéressant que cette perte
arrivât, devaient contribuer à la réparer, parce que cette
contribution est fondée sur l'avantage qu'ils ont retiré de
la conservation de leurs marchandises, c'est pourquoi le
maître du vaisseau lui-même est obligé pour sa part. On
doit faire un total de toute la perte, et la repartir, dans la
proportion du prix des marchandises qui restent. Mais on
ne peut pas y comprendre les hommes-libres (1), et les propriétaires des marchandises perdues pourront intenter
l'action du loyer *ex conducto*, contre le préposé, pour
être indemnisés de la perte de leurs marchandises. On a
aussi agité la question de savoir si l'on devait estimer
les habits et les anneaux d'un chacun ; et tout le monde
a pensé qu'il fallait estimer tout ce qui se trouverait sur le
vaisseau , excepté ce qui doit s'y consommer, tel que
les vivres , et ce, avec d'autant plus de raison, que si pendant
le voyage, ils venaient à manquer, chacun partagerait
ceux qu'il aurait.

Si le vaisseau a été racheté des pirates. Des choses
enlevées.

§. 3. Si le vaisseau a été racheté des pirates à prix
d'argent, tous doivent contribuer ; c'est l'avis d'Ofilius,
de Servius et de Labéon. Mais ce que les voleurs ont enlevé, est perdu pour le propriétaire, et il n'y a pas de
contribution en faveur de celui qui a racheté ses marchandises.

Dans quelle proportion la contribution doit se faire.

§. 4. La proportion de la contribution est en raison
des choses perdues et de celles conservées ; et on n'a pas
d'égard au prix que l'on eût pu en retirer en les vendant,
parce que l'on n'estime dans ce cas que la perte faite, et
non pas le gain que l'on eût pu faire. Mais à l'égard des
choses pour lesquelles il faut contribuer, on doit estimer non

quæ amissæ sunt, pluris veniri poterunt : quoniàm detrimenti, non lucri, fit præstatio. Sed in his rebus, quarum nomine conferrendum est, æstimatio debeat haberi, non quanti emptæ sunt, sed quanti venire possunt.

De servi qui in mare perierunt.

§. 5. Servorum quoquè, qui in mari perierunt, non magis æstimatio facienda est, quàm si [qui] ægri in nave decesserint, aut aliqui sese præcipitaverint.

Si quis ex vectoribus non sit solvendo.

§. 6. Si quis ex vectoribus solvendo non sit, hoc detrimentum magistri navis non erit : nec enìm fortunas cujusquè nauta excutere debet.

Et res jactæ apparuerint.

§. 7. Si res, quæ jactæ sunt, apparuerint, exoneratur collatio : quòd si jàm contributio facta sit, tunc hi, qui solverint, agent ex locato cùm magistro : ut is ex conducto experiatur, et quod exegerit, reddat.

De dominio rei jactæ.

§. 8. Res autèm jacta domini (1) manet, nec fit adprehendentis : quià pro derelicto (2) non habetur.

---

(1) L. 9. in fin infr. de adquir. rer, domin.
(2) L. 8. infr. h. t.

pas le prix qu'elles ont été achetées, mais celui auquel elles peuvent être vendues.

Des esclaves qui ont péri à la mer.

§. 5. On ne doit pas plus estimer le valeur des esclaves qui sont péri à la mer, que s'ils étaient morts étant à bord ou s'ils s'étaient précipités à la mer.

Si quelques passagers sont insolvables.

§. 6. S'il y a quelques passagers qui ne soient pas solvables, cette insolvabilité ne tournera pas au préjudice du préposé au vaisseau, car il ne doit pas discuter la fortune de tous ceux qui sont sur son bord.

Si les marchandises jettées à la mer sont retrouvées.

§. 7. Si les marchandises jettées à mer sont retrouvées, il n'y a plus lieu dans ce cas à la contribution, et si déjà elle avait été faite, ceux qui auraient payé, auraient contre le préposé au vaisseau l'action qui descend du loyer *ex locato*, afin que celui-ci s'arrange de manière à pouvoir rendre ce qu'il a exigé.

Du jet des marchandises à la mer.

§. 8. Le jet des marchandises à la mer ne prive pas le propriétaire de son droit de propriété (1), et elles ne deviennent pas la propriété de celui qui s'en empare parce qu'en les jettant à la mer il n'est pas censé y avoir renoncé (2).

3. Papinianus *lib.* 19 *responsorum.*

Cum arbor (1) , aut aliud navis instrumentum , removendi communis periculi causâ , dejectum est , contributio debetur.

4. Calistratus , *lib.* 2. *quæstionum.*

De mercibus in scapham trajectæ.

Navis onustæ levandæ causâ , [quià intrare flumen vel portum non potuerat cùm onere,] si quædàm merces in scapham trajectæ sunt , ne aut extrà flumen periclitetur , aut in ipso ostio vel portû , eaquè scapha sumersa est , ratio haberi debet inter eos , qui in nave merces salvas habent , cùm his , qui in scaphâ perdiderunt : proindè , tanquàm si jactura facta esset. Idquè Sabinus [quoquè] lib. 11 responsorum probat. Contrà , si scapha cùm parte mercium salva est , navis periit , ratio haberi non debet eorum , qui in navi perdiderunt : quià jactus in tributum nave salvâ venit.

De mercibus per urinatores extractas extractis.

§. 1. Sed si navis , quæ in tempestate , jactû mercium unius mercatoris , levata est , in alio loco submersa est , et aliquorum mercatorum merces per urinatores extractæ sunt , datâ mercede , rationem haberi debere ejus , cujus merces in navigatione levandæ navis causâ jactæ sunt , ab his , qui posteà suas per urinatores serva-

____

(1) L. 7. infr. eod.

3. PAPINIEN , *liv. 19 , des réponses.*

Lorsque le grand mât (1) , ou quelqu'autre pièce du vaisseau, a été jetées à la mer pour le salut commun, chacun doit contribuer à en réparer la perte.

CALLISTRATE , *liv. 2 , des questions.*

Des marchandises transportées dans une chaloupe.

Un vaisseau étant trop chargé pour entrer dans un fleuve , ou dans un port, on a pris le parti pour l'alléger , et de peur qu'il ne courût des risques , de déposer dans la chaloupe du vaisseau une certaine quantité de marchandises. La chaloupe chavira dans le port ou dans le fleuve ; ceux dont les marchandises ont été conservées dans le vaisseau, doivent indemniser les propriétaires de celles qui ont péri avec la chaloupe ; de même que si ces marchandises avaient été jettées à la mer pour sauver le vaisseau. C'est l'opinion de Sabinus au livre 11 des réponses , dans le cas contraire, c'est-à-dire, si la chaloupe a échappé au danger avec les marchandises qu'elle contenait , et que le vaisseau ait péri , il n'y aura pas lieu à la contribution à l'égard des marchandises péries dans le vaisseau , parce que la contribution à la perte n'est admise que dans le cas où des marchandises ont été jettées à la mer pour sauver le vaisseau.

Des marchandises retirées de la mer par des plongeurs.

§. 1. Mais si un vaisseau qui a échappé à une tempête par le jet d'une certaine quantité de marhandisesà la mer, appartenantes à un seul marchand , a fait naufrage dans un autre endroit , et que des plongeurs à qui des marchands ont donné une récompense en aient retiré leurs marchandises, ces marchands qui les auraient recouvrées, devront tenir compte à celui dont les marchandises auront été jetées à la mer pour le salut commun, de la perte qu'il aura essuyée à cet occasion , c'est ce que Sabinus a répondu avec

verunt, Sabinus æquè respondit. Eorum verò, qui
ità servaverunt, invicèm haberi non debere ab eo,
qui in navigatione jactum fecit, si quædàm ex his
mercibus per urinatores extractæ sunt : eorum enim
merces non possunt vidèri servandæ navis causâ jactæ esse, quæ periit.

De mercibus quæ in nave remanserunt, deterioratis.

§. 2. Cum autèm jactus de nave factus est,
et alicujus res, quæ in navi remanserunt, deteriores factæ sunt, videndum, àn conferre cogendus sit : quià non debet duplici damno onerari,
et collationis, et quòd res deteriores factæ sunt ?
Sed defendendum est, hunc conferre debere
pretio præsente rerum ; itàquè (verbi gratiâ)
si vicenum merces duorum fuerunt, et alteriùs
aspergine decèm esse cœperunt, ille, cujus res
integræ sunt, pro viginti conferrat, hic pro
decèm. Potest tamèn dici etiàm illa sententia,
distinguentibus nobis, deteriores ex quâ causâ
factæ sunt ; id est, utrùm proptèr jacta nudatis
rebus damnum secutum est : àn verò aliâ ex
causâ, velutì quod alicubi jacebant merces in
angulo aliquo, et unda penetravit : tunc enìm
conferre debebit. An ex priore causâ : collationis
onus pati non debet : quià jactus etiàm hunc
læsit. Adhùc numquid et si aspergine proptèr
jactum [res] deteriores factæ sunt ? Sed distinctio subtilior adhibenda est, quid plus sit,
in damno, àn in collatione : [si] (verbi gratiâ)
hæ res viginti fuerunt, et collatio quidèm facit
decèm, damnum autèm duo : deducto hoc,
quòd damnum passus est, reliquum conferre

raison. Mais, si celui dont les marchandises ont été jettées
à la mer pour alléger le vaisseau, en a recouvré une partie
par le ministère des plongeurs, il ne sera pas tenu de contribuer à la perte arrivée en dernier lieu aux autres. Car
on ne peut pas dire que les marchandises de ceux-ci aient
été jettées à la mer pour sauver le vaisseau qui a fait naufrage.

Des marchandises restées dans le vaisseau, qui ont été détériorées.

§. 2. Si l'on avait jetté des marchandises à la mer pour
soulager le vaisseau, et que celles qui seraient restées sur le
vaisseau, eussent éprouvées quelque détérioration, le maître
de ces marchandises est obligé de contribuer à la perte?
C'est une question que l'on peut faire, car il ne doit pas
éprouver un double dommage ; c'est-à-dire, être obligé
de contribuer, et souffrir de la détérioration de ses marchandises. Il faut cependant dire qu'il doit contribuer sur
le pied de la valeur présente de ses marchandises. C'est
pourquoi, supposons que les marchandises qui sont restées
sur le vaisseau, appartiennent à deux marchands, qu'elles
vaillent pour chacun d'eux, par exemple vingt, et que
les marchandises de l'un, au moyen de ce qu'elles ont été
avariées, aient subi une dépréciation de dix ; celui dont les
marchandises n'ont éprouvé aucun altération, contribuera
sur le pied de vingt et l'autre sur le pied de dix. Cependant,
suivant nous, il faut faire, dans ce cas, une distinction qui
modifiera cette opinion, et examiner qu'elle est la raison
pour laquelle ces marchandises ont été détériorées, c'est-
à-dire, si la détérioration provient de ce que le jet que l'on
a fait à la mer des autres marchandises, a laissé celles qui
restent à découvert, ou de toute autre cause, par exemple,
de ce qu'elles auraient été étendues dans quelque coin où
l'eau aura pénété, le propriétaire de ces marchandises serait tenu de contribuer. Mais dans le premier cas devrait-il
contribuer? Il ne le doit pas, parce qu'il a déja assez souffert
de la perte qu'il a épouvée par le jet de ses marchandises
à la mer. Mais serait-il contribuable dans le cas où les marchandises auraient été avariées, parce que d'autres auraient été
jettées à la mer? Il faut faire ici une distinction plus subtile
qui consistera à examiner, si le marchand souffre davantage
de ce que ses marchandises restées sur le vaisseau, sont

debeat. Quid ergò, si plûs in damno erit, quàm in collatione, utputà decèm aureis res deteriore factæ sunt duo autèm collationis sunt? Indubitate utrùmquè onus pati non debet. Sed hîc videamus, nùm et ipsi conferre oporteat : quid enim interest, jactatas res meas amiserim, àn nudatas deteriores habere cœperim? Nàm sicùt ei, qui perdiderit, subvenitur : ità et ei subveniri oportet, qui deteriores proptèr jactum res habere cœperit ; hæc ità Papirius Fronto respondit.

5. HERMOGENIANUS, *lib. 2 juris epitomarum.*

De mercibus ex naufragio liberatis.

Amissæ navis damnum collationis consortio non sarcitur per eos (1), qui merces suas naufragio liberaverunt : nàm hujus æquitatem tunc admitti placuit, cum jactus remedio cæteris in communi periculo, salvâ navi, consultum est.

De arbore casâ.

§. 1. Arbore cæsâ (2), ut navis cùm mercibus liberari possit, æquitas contributionis habebit locum.

6. JULIANUS, *lib. 86, digestorum.*

De sumptû instruendæ navis causâ facto.

Navis adversâ tempestate depressa, ictû ful-

***

(1) L. 7. infr. eod.

avariées, qu'il ne souffrirait en contribuant, si ; par exemple, le prix de ses marchandises était de vingt, et que sa portion dans la contribution fût de dix, et que la perte soit de deux, il devra, déduction faite de ce qu'il a perdu, contribuer pour sa part. Qu'en serait-il, si la perte qu'il aurait faite, excédait sa portion dans la contribution, par exemple, que sa perte eût été de dix, et sa portion dans la contribution de deux ? Il n'y a pas de doute qu'il ne doit pas souffrir des deux côtés ; mais examinons, si dans ce cas, les autres ne devraient pas contribuer vis-à-vis de lui. En effet que m'importe que mes marchandises aient été jettées à la mer, ou qu'elles aient été gâtées, parce qu'elles ont été découvertes. Il est juste que, puisque l'on vient au secours de celui dont les marchandises ont été jettées à la mer, on vienne également au secours de celui dont les marchandises auront été détériorées, parce que d'autres auront été jettées à la mer. Telle a été la réponse que Papyrius Fronto a faite sur tous ces cas.

5. HERMOGENIANUS, *liv.* 2, *de l'abrégé du droit.*

Des marchandises sauvées du naufrage.

Quand le vaisseau périt et fait naufrage, ceux qui sont assez heureux pour sauver leurs marchandises, ne sont pas obligés de contribuer pour indemniser les autres (1) de la perte des leurs ; car la contribution dont il est ici question, n'a été admise que lorsque les marchandises jettées à la mer dans un péril commun, ont procuré le salut et du vaisseau et des marchandises qu'y sont restées.

Du grand mât coupé.

§. 1. Si l'on est obligé de couper le grand mât pour sauver le vaisseau de la tempête, l'équité veut que tout le monde contribue à cette perte.

6. JULIEN, *lib.* 86, *du Digeste.*

De la dépense faite pour réparer un vaisseau.

Un vaisseau battu par la tempête, a perdu par un coup

---

(2) L. 3. supr. eod.

minis deustis armamentis, et arbore, et antenna, Hipponem delata est, ibìquè tumultuariis armamentis ad præsens comparatis, Ostiam navigavit, et onus integrum pertulit. Quæsitum est, àn hi, quorum onus fuit, nautæ pro damno conferre debeant? Respondit, non debere: hic enìm sumptus instruendæ magìs navis, quàm conservandarum mercium gratiâ factus est.

7. PAULUS *lib. 3, epitomarum Alfeni digestorum.*

De servatis ex nave depressâ vel dejectâ.

Cum depressa navis, aut dejecta esset, quod quisquè ex eâ suum servassset, sibi servare respondit, tanquàm ex incendio.

8. JULIANUS, *lib. 2, ex Minicio.*

Qui levandæ navis gratiâ res aliquas projiciunt. non (1) hanc mentem habent, ut eas pro derelicto habeant, quippè, si invenerint eas, ablaturos, et, si suspicati fuerint, in quem locum ejectæ sunt, requisituros : ut perindè sint, ac si quis onere pressus, in viam rem abjecerit, mòx cùm aliis reversurus, ut eandèm auferret.

9. VOLUSIUS MECIANUS, *ex lege Rhodiâ.*

De his qui naufragium fecerunt direptis à publicanis, de autoritate legis Rhodiæ.

Deprecatio Eudæmonis Nicomediensis ad Antoninum imperatorem. *Domine imperator*

---

(1) L. 2. in fin. supr. eod. l. 9. §. fin. infr. de adquir. rer domin. l. 21. §. 1. infr. de adquir. vel a mitt. posses. l. 7. infr. pro derelicto. L. 43. §. pen. infr. de furt §. ult. Inst. de rer. divis.

de

de tonnerre son grand mât, son antenne et tous ses agrès, et a été conduit à Hyppone ; là, le vaisseau a été promptement équipé de nouveau, et est enfin arrivé dans le port d'Ostie, sain et sauf, avec toutes les marchandises qu'il portait. On a demandé, si ceux à qui appartenaient les marchandises qui étaient chargées sur le vaisseau, devaient indemniser le patron de la perte qu'il avait faite. J'ai répondu qu'ils ne le devaient pas ; car cette dépense a été plutôt faite pour équiper le vaisseau que pour conserver les marchandises qu'il renfermait.

7. PAUL, *liv.* 3, *de l'abrégé du Digeste d'Alfénus.*

Des choses conservées, après que le vaisseau a eu coulé à fonds où qu'il a été renversé.

J'ai répondu que lorsqu'un vaisseau est coulé à fond, ou qu'il a été jetté sur le côté, ce que chaque passager pourrait sauver du sien, lui appartenait, comme lorsque l'on soustrait sa chose dans une incendie.

8. JULIEN, *liv.* 5, *sur Minicius.*

Ceux qui jettent des marchandises à la mer pour alléger le vaisseau, ne le font pas dans l'intention de les abandonner pour toujours ; car s'ils peuvent les retrouver, ils s'empresseront de les reprendre, de même que s'ils soupçonnent l'endroit où elles ont été jettées, ils iront les chercher. Ils sont dans ce cas semblables à un homme qui, ne pouvant plus porter un fardeau trop lourd, le jette dans le chemin, dans l'intention de venir le reprendre avec d'autres.

9. VOLUSIUS MÆCIANUS, *sur la loi Rhodia.*

De ceux qui, ayant fait naufrage, ont été pillés par les publicains. De la loi Rhodia.

Requête d'Eudemont de Nicomède à l'empereur Antonin. *Seigneur empereur Antonin, ayant fait naufrage en Italie, nous avons été pillés par les publicains qui habitent les îles cyclades.* L'empereur répondit à Eude-

*Antonine, naufragium in Italiâ facientes, di-
repti sumus à Publicanis Cyclades insulas
habitantibus.* Respondit Antoninus Eudæmoni :
*ego quidèm mundi Dominus, lex autèm maris.
Lege id Rhodiâ, quæ de rebus nauticis præs-
cripta est, judicetur, quatenùs nulla ei nos-
trarum legum adversatur. Hoc idèm Divus
quoquè Augustus judicavit.*

10. LABEO, *lib.* 1. *Pithanon à Paulo
epitomarum.*

De morte mancipii in navem impositi.

Si vehenda mancipia conduxisti, pro eo man-
cipio, quod in nave mortuum est, vectura tibi
non debetur. Paulus : imò quæritur, quid actum
est : utrùm [ut] pro his, qui impositi, àn pro
his, qui deportati essent, merces daretur ; quòd
si hoc apparere non potuerit, satis erit pro nautâ,
si probaverit impositum esse mancipium.

*De rebus quæ cùm nave perierunt, aut die statuto non
sunt eò loco quò vehi debuerunt expositæ.*

§. 1. Si eâ conditione navem conduxisti, *ut
eâ merces tuæ portarentur*, easquè merces nullâ
nauta necessitate coactus in (1) navem deteriorem,
cum id sciret te fieri nolle, transtulit, et merces tuæ cùm eâ nave perierunt, in quâ novissimè
vectæ sunt, habes ex conducto [locato] cum
priore nautâ actionem. Paulus : imò contrà ; si
modò eâ navigatione utraquè navis periit, cùm
id sinè dolo et culpâ nautarum factum esset.
Idèm juris erit, si prior nauta publicè retentus,

---

(1) L. 13. §. 1. infr. locati.

mont : *Je suis le maître du monde entier, mais la mer est soumise aux lois ; que votre affaire soit jugée par la loi Rhodienne qui concerne le commerce maritime, autant cependant que cette loi ne sera pas contraire à nos ordonnances.* L'empereur Auguste a aussi décidé la même chose.

10. LABÉON, *liv.* 1, *des abrégés de Paul.*

De la mort de l'esclave entré sur un vaisseau.

Si vous avez loué votre vaisseau pour transporter des esclaves, il ne vous sera rien dû pour l'esclave qui sera mort sur le vaisseau. Paul, je ne suis pas de cet avis. Il faut savoir, dit-il, qu'elles ont été les conventions des parties. Si l'on est convenu de payer pour tous ceux qui seraient entrés dans le vaisseau, ou bien pour tous ceux qui arriveraient au lieu de leur destination. Si on a promis de payer le transport de tous les esclaves qui seraient sur le vasseau, il suffira au patron de prouver que l'esclave est entré sur son bord.

Des choses qui ont péri dans le vaisseau, ou qui n'ont pas été rendues au jour fixé dans le lieu ou elles devaient être transportées.

§. 1. Si vous avez loué un vaisseau, pour que *vos marchandises y soient embarquées*, et que le patron, sans y être nullement forcé (1), les ait embarquées sur un autre vaisseau en mauvais état, sachant que telle n'était pas votre intention, vos marchandises ayant péri avec le vaisseau dans lequel le patron les a embarquées, vous avez contre le premier patron l'action qui dérive du loyer. Paul, je ne pense pas encore ainsi ; il faut encore, dit-il, ici faire une distinction, et savoir si les deux vaisseaux n'ont pas fait naufrage dans le même trajet, sans qu'il y eût de mauvaise foi ou de la négligence de la part des pilotes. Il en serait de même, si le premier patron retenu par un ordre émané de l'autorité publique, n'a pu voyager avec vos marchandises. Il en sera encore de même à l'égard de celui qui

navigare cùm tuis mercibus prohibitus fuerit.
Idem juris erit , cùm eâ conditione à te con-
duxisset , *ut certam pœnam tibi præstaret ,
nisi antè constitutum diem merces tuas eò loci
exposuisset , in quem devehendas eas merces
locasset*, nec per eum staret , quominus remissâ
sibi [eâ] pœnâ spectaret. Idem juris in eodem
genere cogitationis observabimus : si probatum
fuerit (1) nautam morbo impeditum , navigare
non potuisse. Idem dicemus, si navis ejus vitium
fecerit sinè dolo malo , et culpâ ejus.

§. 2. Si conduxisti navem amphorarum duo
millium, et ibi amphoras portasti , pro duobus
millibus amphorarum pretium debes. Paulus :
imò si aversione navis conducta est, pro duobus
millibus debetur merces ; si pro numero impo-
tarum amphoborarum merces constituta est ,
contrà se habet : nàm pro tot amphoris pretium
debes, quot portasti.

----

(1) V. l. 2. §. 3. supr. si quis cautionib.

vous aurait loué un vaisseau sous cette condition que vous lui auriez imposée, *de vous payer à titre de peine une somme, si vos marchandises n'étaient pas rendues à un certain endroit à un jour que vous lui auriez fixé*, et qu'il n'eût pas tenu au patron de ne pas encourir la peine. Il en serait aussi de même dans cette même espèce, si le patron pouvait prouver qu'il n'a pu faire le voyage, parce qu'il en a été empêché par la maladie (1). Nous dirons encore la même chose dans le cas où le vaisseau, sans qu'il y ait de la mauvaise foi de la part du patron, se sera trouvé défectueux et hors d'état de tenir la mer.

§. 2. Si vous avez pris à loyer un vaisseau portant deux mille cruches, et que vous en ayez mis dedans, mais pas autant que le vaisseau pouvait en contenir, vous devez payer pour le transport de deux mille cruches, quoique vous en ayez mis moins. Paul, je ne suis pas de cet avis. Si le vaisseau a été loué en gros, on devra payer pour les deux mille cruches; si on ne l'a loué que pour y mettre un certain nombre de cruches, il n'en doit pas être de même, car vous ne devez le transport que de la quantité que vous avez mise sur le vaisseau.

TITULUS TERTIUS.

De (1) *Institoriâ actione.*

ⵢⵢⵢⵢⵢⵢ

1. ULPIANUS, *lib.* 28, *ad edictum.*

De actionibus ei qui institorem præposuit, aut in eum competentibus.

ÆQUUM Prætori visum est, sicùt commoda sentimus ex actû institorum, ità (2) etiàm obligari nos ex contractibus ipsorum, et conveniri. Sed non idem facit circà eum, qui institorem præposuit, ut experiri possit : sed si quidem servum proprium institorem habuit, potest esse securus, adquisitis sibi actionibus : si autèm vel alienum servum, vel etiàm hominem liberum, actione deficietur ; ipsum tamèn institorem vel dominum ejus convenire poterit, vel mandati, vel negotiorum gestorum. Marcellus autèm ait, debere dari (3) actionem ei, qui institorem præposuit, in eos, qui cùm eo contraxerint.

---

(1) Lib. 4. C. 25. §. 2. Inst. quod cùm eo, qui in alien. potest.
(2) L. 149. infr. de reg. jur.
(3) V. l. 5. infr. de stipul. prætor.

TITRE TROIS:

De (1) *l'action Institoire.* (a).

1. ULPIEN, *liv.* 28, *sur l'édit.*

*Des actions accordées à celui qui a établi un préposé,
ou de celles que l'on a contre lui.*

IL a paru juste au préteur, que, puisque nous tirions avantage de ce que font ceux que nous préposons, nous fussions obligés (2) en vertu de leurs conventions, et que nous pussions être actionnés pour les exécuter. Mais il ne se conduit pas de même à l'égard de celui qui en a préposé un autre, c'est-à-dire, qu'il ne lui donne pas d'action. Si cependant il a préposé son propre esclave, il peut être dans la plus grande sécurité, puisqu'il acquiert par lui l'action. Mais s'il a préposé l'esclave d'autrui, ou un homme libre, il n'y aura pas, à la vérité, d'action contre lui, mais on pourra actionner le préposé lui-même ou son maître, soit en vertu de l'action du mandat, soit en vertu de celle de la gestion des affaires. Marcellus dit que l'on doit (3) accorder l'action à celui qui a préposé quelqu'un contre ceux qui ont contracté avec lui.

(a) On doit entendre par l'action Institoire *Institoria* l'action que l'on a droit d'intenter contre celui qui a préposé un autre à quelque affaire en conséquence d'une convention faite avec son commis.

2. Gajus, *lib.* 9 , *ad edictum provinciale.*

Eo nomine, quo institor contraxit : si modò alitèr rem suam servare non potest.

3. Ulpianus , *lib.* 28 , *ac edictum.*

Institoris ethymologia. Qui dicuntur Institores.

Institor appellatus est ex eo , quòd negotio gerendo instet ; nec multum facit , tabernæ sit præpositus (1) àn cuilibèt (2) alii negotiationi.

4. Paulus , *lib.* 30 , *ad edictum.*

Cum interdùm etiàm ad homines honestos adferant merces , et ibi vendant. Nec mutat causam actionis locus (3) vendendi , emendivè : cum utroquè modo verum sit , institorem emisse , aut vendidisse.

5. Ulpianus , *lib.* 28 *ad edictum.*

Cuicunquè (4) igitùr negotio præpositus sit , institor rectè appellabitur.

§. 1. Nàm et Servius libro primo ad Brutum ait , si quid cùm insulario gestum sit , vel eo , quem quis ædificio præposuit , vel frumento coëmendo , in solidum eum teneri.

§. 2. Labeo quoquè scripsit , si quis pecuniis fœnerandis , agris colendis , mercaturis , redempturisquè faciendis præposuerit , in solidum eum teneri.

______

(1) L. 18. infr. h. t.
(2) L. 5. infr. eod.

2. GAJUS, *liv.* 9, *sur l'édit provincial,*

Relativement au contrat que le préposé a fait, si d'ailleurs on n'a pas d'autre moyen de pouvoir conserver sa chose.

3. ULPIEN, *liv.* 28, *sur l'édit.*

Etymologie du mot Institor. Qui sont ceux à qui l'on donne ce nom.

On appelle un préposé *institor*, parce qu'il surveille l'affaire dont il est chargé, et il n'importe nullement qu'il soit préposé à la vente dans une boutique (1), ou à toute autre espèce (2) de négoce.

4. PAUL, *liv.* 30, *sur l'édit.*

Car souvent on apporte des marchandises chez des personnes distinguées, et on les vend chez elles; et le lieu de la vente ou de l'achat (3) ne change en rien l'action que l'on a contre le préposé *institorem*, puisque dans l'un et l'autre cas, il est certain que le préposé a acheté ou vendu.

5. ULPIEN, *liv.* 28, *sur l'édit.*

On donne donc avec raison le nom d'*institor* à quiconque est préposé à quelqu'espèce d'affaires que ce soit (4).

§. 1. Car Servius, dans son livre premier sur Brutus, dit que, si on a contracté avec celui qui était préposé à la garde d'une maison, ou avec celui préposé pour veiller à un bâtiment ou pour acheter du blé, on a contre lui action pour le tout.

§. 2. Labéon a aussi écrit que, si quelqu'un a préposé un autre pour faire valoir son argent, pour exploiter une terre, acheter des marchandises, racheter des prisonniers, on a contre cette personne action pour le tout, relativement aux conventions faites avec son préposé.

---

(3) Ade d. l. 18.
(4) Pac. l. 16. infr. eod.

§. 3. Sed et si in mensâ habuit quis servum præpositum, nomine ejus tenebitur.

§. 4. Sed etiàm eos institores dicendos placuit, quibus vestiarii, vel lintearii, dant vestem circumferendam et distrahendam ; quos vulgò *circitores* appellamus.

§. 5. Sed et muliones quis propriè institores appellet.

§. 6. Itèm fullonum et sarcinatorum præpositus, stabularii quoquè loco institorum habendi sunt.

§. 7. Sed et si tabernarius servum suum peregrè mitteret ad merces comparandas, et sibì mittendas, loco institoris habendum Labeo scripsit.

De libitinario et pollinctore.

§. 8. Idem ait, si libitinarius, quos Græcè, id est, *mortuorum sepultores*, vocant, servum pollinctorem habuerit, isquè mortuum spoliaverit, dandam in eum quasi institoriam actionem: quamvis et furti, et injuriarum actio competeret.

De servo pistoris vendente panem.

§. 9. Idem Labeo ait : si quis pistor servum suum solitus fuit in certum locum mittere ad panem vendendum, deindè is pecuniâ acceptâ presenti, *ut per dies singulos eis panem præstaret*, conturbaverit : dubitari non oportet, quin, si permisit ei ità dari summas, teneri debeat.

De discipulo fullonis.

§. 10. Sed et cùm fullo peregrè proficiscens

§. 3. Si un banquier se sert pour commis d'un esclave, il sera tenu de l'action en entier au nom de l'esclave.

§. 4. On a décidé d'appeller du nom d'*institor*, de commis, ceux à qui les marchands de draps ou de toile donnent des marchandises pour les porter à droite et à gauche, et les vendre. Nous appellons ces sortes de personnes du nom de *colpolteurs*.

§. 5. On peut aussi donner ce nom à un multier.

§. 6. Aussi bien qu'au premier ouvrier des foulons et des tailleurs, les valets d'écurie dans une hôtellerie peuvent aussi porter ce nom.

§. 7. Labéon a écrit que, si un marchand en boutique envoyait son esclave au loin pour acheter des marchandises, et les lui faire passer, cet esclave pourrait être assimilé, à un commis, *institori*.

De celui qui ensevelit et embaume les morts.

§. 8. Le même jurisconsulte dit, si un homme dont l'état est d'ensevelir les morts, a employé un esclave pour lui aider à embaumer un cadavre, et que celui-ci l'ait dépouillé, on a contre celui qui s'en est servi, une action à-peu-près semblable à l'action *institoria*, quoique d'ailleurs on pût intenter l'action du vol et des injures.

De l'esclave d'un boulanger vendant du pain.

§. 9. Le même Labéon dit, si un boulanger était dans l'usage d'envoyer son esclave dans un certain endroit pour y vendre du pain, et qu'ensuite cet esclave ayant reçu par avance une somme *pour en apporter tous les jours*, y eût manqué, il n'y a pas de doute que, s'il a permis de payer ainsi d'avance son esclave, on ait contre lui notre action.

De l'ouvrier d'un foulon.

§. 10. Un foulon voulant faire un long voyage, pria un de ses

rogasset, ut *discipulis suis, quibus tabernam instructam tradiderat, imperaret*, post cujus profectionem vestimenta discipulus accepisset, et fugisset, fullonem non teneri, si quasi procurator fuit relictus: sin verò quasi institor, teneri eum; planè, si (1) adfirmaverit mihi, rectè me credere operariis suis, non institoriâ, sed ex locato tenebitur.

Quibus causis hæc actio competit.

§. 11. Non tamèn omne, quod cùm institore geritur, obligat eum qui præposuit: sed (2) ità, si ejus rei gratiâ, cui præpositus fuerit, contractum est, id est, duntaxàt ad id [ad] quod eum præposuit.

§. 12. Proindè si præposui *ad mercium distractionem*, tenebor nomine ejus ex empto actione. Itèm si forte *ad emendum* [eum] præposuero, tenebor duntaxàt ex vendito. Sed nequè, *si ad emendum*, vendiderit : nequè. *si ad vendendum* et ille emerit, debebit teneri. Idquè Cassius probat.

§. 13. Sed si pecuniam quis crediderit institori *ad emendas merces* præposito, locus est institoriæ, idemquè, et si *ad pensionem pro tabernâ exsolvendam;* quod ità verum puto, nisi prohibitus fuit mutuari.

§. 14. Si ei, quem *ad vendendum emendum-*

---

confrères *de surveiller ses ouvriers qu'il laissait dans sa boutique, pourvue de tout ce qu'il fallait pour pouvoir travailler.* Après que ce foulon fut parti, un de ses compagnons ayant reçu des étoffes pour les travailler, prit la fuite avec ces étoffes. Si le confrère n'a été préposé à la surveillance du foulon voyageur que comme un fondé de pouvoir, il n'est pas responsable du vol; si au contraire il a été établi comme commis, il en est responsable; mais si (1) ce foulon-là m'assure que je puis m'en rapporter à ses ouvriers, il sera obligé envers moi, non par l'action institoire, *institoria*, mais par celle qui dérive du loyer.

Pour quelles causes cette action a lieu.

§. 11. Cependant toutes les conventions faites avec le préposé de quelqu'un, n'obligent pas ce dernier, et il faut (2), pour que celui qui en a préposé un autre soit obligé, que l'on ait contracté dans le bornes de sa commission, c'està-dire, que le contrat porte sur les choses pour lesquelles il l'a préposé.

§. 12. Par conséquent, si j'ai préposé quelqu'un pour vendre, je serai tenu en son nom de l'action qui provient de l'achat *ex empto*. De même, si je l'ai préposé pour acheter, on n'aura contre moi que l'action qui descend de la vente *ex vendito*; mais, si celui qui a été préposé *pour acheter*, a vendu, ou si, commis *pour vendre*, il a acheté, celui qui l'aura préposé, ne sera pas tenu; c'est l'opinion de Cassius.

§. 13. Si quelqu'un a prêté de l'argent à une personne préposée à un commerce, *institori*, pour acheter des marchandises, il y a lieu à l'action institoire. Il en est de même, si l'argent a été prêté pour payer le loyer de la boutique où il vend. Je pense que cela n'est vrai qu'autant que l'on n'a pas défendu au préposé d'emprunter.

§. 14. On doit dire que, dans le cas où il aura été prêté

---

(2) L. 11. §. 5. infr. h. t.

vè oleum præposui, mutuum oleum datum sit, dicendum erit, institoriam locum habere.

§. 15. Itèm si institor, cum oleum vendidisset, annulum arrhæ nomine acceperit, nequè eum reddat, dominum institoriâ teneri : nàm ejus rei, in quam præpositus est, contractum est : nisi forte mandatum ei fuit, præsenti pecuniâ vendere. Quarè si fortè pignus institor ob pretium acceperit, institoriæ locus erit.

De fidejussore institoris.

§. 16. Itèm fidejussori, qui pro institore intervenerit, institoria competit : ejus enìm rei sequela est.

Si decesserit his qui præposuit.

§. 17. Si [ab alio] institor sit præpositus, is tamèn decesserit, qui præposuit, et heres (1) ei extiterit, qui eodem institore utatur, sinè dubio teneri eum oportebit : nec non, si antè aditam hereditatem cùm eo contractum est, æquum est ignoranti dari institoriam actionem.

Si procurator, tutor, curator præposuerit.

§. 18. Sed et si procurator meus (2), tutor, curator, institorem præposuerit, dicendum erit, veluti à me præposito, dandam institoriam actionem.

6. PAULUS, *lib.* 30 *edictum.*

Sed et in ipsum procuratorem, si omnium rerum procurator est, dari debebit institoria.

---

(1) L. 15. infr. eod.

de l'huile à quelqu'un préposé à l'effet *d'en vendre et d'en
acheter*, il y a lieu à l'action institoire.

§. 15. De même, si ce préposé en vendant de l'huile,
reçoit un anneau à titre d'arrhes, et qu'il ne le rende, celui
qui l'aura préposé, sera soumis à l'action institoire ; car
on a contracté dans le cercle de la commission dont il a
été chargé, à moins qu'on ne lui ordonnât de vendre au
comptant. C'est pourquoi, si le préposé a reçu un gage
pour sûreté du prix de la marchandise qu'il a vendue, il y
aura lieu à notre action.

Du répondant du préposé.

§. 16. Le répondant qui est intervenu pour le préposé,
jouit aussi du bénéfice de notre action contre celui qui l'a
préposé ; car il est intervenu dans l'affaire dont le commis
était chargé.

Si la personne qui en a préposé une autre, est morte.

§. 17. Si le préposé l'a été par une personne qui est
morte depuis, et que son héritier l'emploie (1), il n'y a
pas de doute qu'il ne soit tenu à l'égard de ceux qui ont
contracté avec le préposé. Si on a contracté avec le préposé,
avant que l'héritier ait accepté la succession, il n'y aura
pas d'injustice à accorder l'action institoire à l'héritier qui
a ignoré la convention faite par le préposé du défunt.

Si le commis a été préposé par un fondé de pouvoir, un tuteur, un curateur.

§. 18. Mais si mon fondé de pouvoir, un (2) tuteur, un
curateur ont préposé un commis, il faudra dire que dans
ces cas on devra me donner l'action, ainsi qu'au pupille et
au mineur, comme si ce préposé avait été établi par moi et
le pupille.

6. PAUL, *liv.* 30, *sur l'édit.*

Mais l'action institoire devra être donnée contre le fondé
de pouvoir lui-même, s'il a une procuration générale de
la part de son constituant à l'effet d'administrer tous ses
biens.

---

(2) L. 1. in fin. infr. quod jussu.

7. Ulpianus, *lib.* 28, *ad edictum.*

Si negotiorum gestor præposuit.

Sed et si quis meam rem gerens præposuerit,
et ratum habuero, idem erit dicendum.

De institoris præponentis sexû; conditione.

§. 1. Parvì (1) autèm refert, quis sit institor :
masculus, àn fœmina ; liber (2), àn servus,
proprius vel alienus. Itèm, quisquis præposuit :
nàm et si mulier præposuit, competet institoria,
exemplo exercitoriæ (3) actionis : et, si mulier(4)
sit præposita, tenebitur etiàm ipsa. Sed et, si
filia familiâs sit, vel ancilla præposita, competit
institoria actio.

De ætate.

§. 2. Pupilius autèm institor obligat eum,
qui eum præposuit, institoriâ actione : quoniàm
sibi imputare debet, qui eum præposuit

8. Gajus, *lib.* 9. *ad edictum provinciale.*

Nàm [et] pleriquè pueros puellasquè tabernis
præponunt.

9. Ulpianus, *lib.* 28. *ad edictum.*

Verùm si ipse pupillus præposuerit, si quidem
tutoris auctoritate, obligabitur : si minùs (5),
non.

---

(1) L. 1. §. 16. supr. de exercitor. act.
(2) §. 2. in fin. Inst. quod cum eo, qui alien. potest.

7. ULPIEN, *liv.* 28, *sur l'édit.*

Si un gérent d'affaires a établi un commis.

Il faudra dire la même chose, si celui qui fait mes affaires, a établi un commis, et que par la suite j'aie ratifié ce qu'il a fait.

Du sexe, de la condition du préposé, et de celui qui l'a préposé.

§. 1. Il importe peu quel soit ce commis, mâle ou femelle (1), libre ou esclave (2), qu'il appartienne à celui qui l'a préposé, ou à un autre. De même on ne doit pas davantage s'attacher à la qualité de celui qui l'a préposé; car si c'est une femme qui l'a préposé, il y a lieu alors à l'action institoire, comme il y a lieu à l'action *exercitoria* (3), lorsqu'une femme fait valoir un vaisseau à son profit. Si c'est une femme qui a été préposée (4), elle serait elle-même personnellement obligée. L'action institoire a même lieu, lorsqu'on a pour préposé une fille de famille, ou une femme esclave.

Et de l'âge du préposé.

§. 2. Le pupille qui a été préposé, oblige celui qui l'a préposé en vertu de l'action institoire, parce qu'il doit s'imputer à lui-même d'avoir choisi un tel préposé.

8. GAJUS, *liv.* 9, *sur l'édit provincial.*

Car il y a beaucoup de marchands qui font tenir leurs boutiques par des jeunes gens et des jeunes filles.

9. ULPIEN, *liv.* 28, *sur l'édit.*

Mais si c'est un pupille qui a préposé un commis, il sera obligé, s'il a eu pour cela l'autorisation de son tuteur; dans le cas contraire, il ne le sera pas (5).

---

(3) L. 1. §. 16. supr. de exercit. act.
(4) D. §. 16.
(5) D. §. 16.

10. Gaius, *lib.* 9, *ad edictum provinciale.*

Eâtenùs tamèn dabitur in eum actio, quâfenùs (1) ex eâ re locupletior est.

11. Ulpianus, *lib.* 28, *ad edictum.*

Sed si pupillus heres (2) extiterit ei, qui præposuerat, æquissimum erit, pupillum teneri,
quamdiù præpositus manet : removendus enim
fuit à tutoribus, si nollent operâ ejus uti.

§. 1. Sed et si minor viginti quinque annis
erit, qui præposuit, auxilio ætatis utetur non
sinè causæ (3) cognitione.

De proscriptione nè contrahatur.

§. 2. De quo palàm (4) proscriptum fuerit,
nè cùm eo contrahatur, is præpositi loco non
habetur; non enim permittendum erit cùm institore contrahere : sed, si quis nolit contrahi,
prohibeat : cæterùm, qui præposuit, tenebitur
ipsâ præpositione.

§. 3. *Proscribere palàm* sic accipimus, claris
literis, undè de planò rectè legi possit : antè (5)
tabernam scilicèt, vel antè eum locum, in quo
negotiatio exercetur; non in loco remoto, sed in
evidenti. Literis, utrùm Græcis, àn Latinis?
Puto secundùm loci conditionem : nè quis cau-

____

(1) L. 15. in fin. supr. de condict. indeb. l. 3. in pr. supr commodati.
l. 4. §. 4. infr. de doli mali et met. except. l. 47. infr. de solution. §. ult.
circà fin. Inst. quib. alienare licet vel non l. ult. C. de usucap. pro
emptore.
(2) L. 17. §. 2. infr. h. t.

10. GAJUS, *liv.* 9, *sur l'édit.*

Il sera cependant soumis à cette action jusqu'à la concurrence du bénéfice qu'il aura fait (1) par suite de l'administration de ce préposé.

11. ULPIEN, *liv.* 28, *sur l'édit.*

Si un pupille est devenu l'héritier de celui qui avait préposé le commis (2), il sera de la plus grande justice que ce pupille soit obligé tant que ce préposé restera ; car les tuteurs ont été libres de le renvoyer, s'ils ne voulaient pas de ses services.

§. 1. Mais si celui qui a préposé le mineur, était un mineur de vingt-cinq ans, il pourra jouir du bénéfice de son âge, c'est-à-dire, obtenir la restitution en entier, mais (3) en connaissance de cause.

De la défense de contracter.

§. 2. Lorsqu'on aura défendu publiquement (4) *de ne pas contracter avec un tel préposé ;* ce préposé sera alors regardé comme ne l'étant plus, car on ne devra pas premettre de contracter avec lui ; mais si l'on veut l'empêcher, il faut le défendre, car autrement celui qui l'aura préposé, sera toujours tenu.

§. 3. Nous entendons ici par *denoncer publiquement*, faire un écriteau très-lisible, et le placer de manière qu'il puisse être lû aisément de tout le monde, par exemple, devant la boutique (5) ou dans l'endroit où on fait le commerce, non dans un endroit éloigné, mais dans un endroit apparent. Cette dénonciation doit-elle être faite en grec ou en latin ? Je pense qu'il faut en cela se conformer à l'usage du lieu, de peur que l'on ne prétexte l'ignorance de la langue dans laquelle la dénonciation serait

---

(3) L. 11. §. 3. supr. de minor.
(4) §. 3. §. 5. vers. sed. et si denunciavit. §. 6. infr. hic. l. 17. §. 1. in fin. §. pen. infr. h. t.
(5) L. 47. in pr. infr. de peculio.

sari possit ignorantiam literarum. Certè si quis dicat, ignorasse se literas, vel non observasse quod propositum erat, cum multi (1) legerent, cuique palàm esset propositum, non audietur.

§. 4. Proscriptum autèm perpetuò esse oportet. Cæterùm si [per] id temporis, quo propositum non erat, vel obscuratâ proscriptione, contractum sit, institoria locum habebit. Proindè si dominus quidem mercis proscripsisset, aliis autèm sustulit, aut vetustate vel pluviâ, vel quo simili contingit, nè proscriptum esset, vel non pareret, dicendum, eum, qui proposuit, teneri. Sed si ipse institor decipiendi mei causâ detraxit, dolus ipsius proponenti nocere debet : nisi particeps doli fuerit, qui contraxit.

§. 5. Conditio autèm præpositionis servanda est : quid enim, si (2) certâ lege, vel interventû cujusdàm personæ, vel sub pignore voluit cùm eo contrahi, vel ad certam rem ? Æquissimum erit, id servari, in quo præpositus est. Itèm, si plures habuit institores, vel cùm omnibus simùl contrahi voluit, vel cùm uno solo; sed et si denunciavit (3) cui, nè cùm eo contraheret : non debet institoriâ teneri : nàm et certam personam possumus prohibere contrahere, vel certum genus hominum, vel negotiatorum; vel certis hominibus permittere. Sed si aliàs cùm alio contrahi vetuit, continuâ variatione, danda est omnibus adversùs eum actio : neque enim decipi debent contrahentes.

---

(1) V. l. 9. §. 2. infr. de jur. et facti ignorantia.
(2) L. 5. §. 11. supr. h. t.

faite. Assurément si quelqu'un prétend qu'il ne sait pas lire ou qu'il n'a pas aperçu l'écriteau, pendant que beaucoup d'autres l'auront lu (1), puisqu'il était apparent, il ne devra pas être écouté.

§. 4. Il faut que la défense de contracter soit continnellement exposée. Car si l'on a contracté dans le tems où l'écriteau n'était pas en évidence, ou lorsqu'il n'était pas suffisamment lisible, il y aura lieu à l'action institoire. Par consequent, si le maître avait exposé cet écriteau, qu'un autre l'eût enlevé ou que la pluie, la vétusté, ou toute autre cause semblable l'ait détruit, on devra dire dans tous ces cas que celui qui a préposé le commis, est obligé. Mais si le préposé lui-même, pour me tromper, a détruit cet écriteau, sa mauvaise foi me sera nuisible, à moins que celui qui a contracté avec lui, ne fût participant du dol.

§. 5. On doit observer les conditions qui ont été posées, quand le commis a été préposé. Car qu'en serait-il, si celui qui a préposé le commis, a voulu que l'on ne contractât avec lui que sous une certaine condition (2) ou avec l'intervention d'une certaine personne, ou en donnant des gages, ou pour une certaine espèce de marchandises ? Il sera très-juste d'observer tout ce qui aura été prescrit à l'époque de l'établissement du préposé. Il en est de même, s'il a eu plusieurs préposés, ou qu'il ait voulu que l'on contractât avec eux tous ensemble, ou avec un seul. Mais s'il a signifié à quelqu'un (3) de ne pas contracter avec un tel, il n'est pas soumis à l'action institoire ; car nous pouvons nous opposer à ce qu'une certaine personne ou une certaine classe d'hommes ou de négocians, ne puisse contracter ou ne le permettre qu'à certaines personnes. Mais s'il défend de contracter tantôt avec celui-ci, tantôt avec celui-là, en variant sans cesse, on devra donner action contre lui indistinctement à tous ceux qui auront contracté ; car les contractans ne doivent être trompés ni abusés par cette variation de volonté, qui devient une espèce de jeu.

---

(3) V. §. 2. supr. h. t.

§. 6. Sed si in totum prohibuit cùm eo contrahi, præpositi loco non habetur : cum magis hic custodis sit loco, quàm institoris. Ergò nec vendere mercem hic poterit, nec modicum quid ex tabernâ.

An concurrente Institoriâ et Tributoriâ.

§. 7. Si instoria rectè actum est, tributoria ipso jure locum non habet : nequè enim potest habere locum tributoria in merce dominicâ ; quòd si non fuit institor dominicæ mercis, tributoria superest actio.

Si vicarium servi tui institorem fecero, tuquè cùm eo contraxeris.

§. 8. Si à servo tuo operas vicarii ejus conduxero, et eum merci meæ institorem fecero, isquè tibi mercem vindiderit, emptio est : nàm, cum dominus à servo emit, est emptio, licet (1) non sit dominus obligatus ; usquè adeò, ut etiàm pro emptore et possidere, et usucapere dominus possit.

12. JULIANUS, *lib.* 11, *Digestorum.*

Et ideò utilis (2) institoria actio adversùs me tibi competet : mihi verò adversùs te, vel de peculio dispensatoris, si ex conducto agere velim ; vel de peculio vicarii, quòd ei mercem venden-

---

(1) Fac. l. 4. supr. de judic.

§. 6. Mais si celui qui a préposé, défend absolument de contracter avec un tel qu'il aura désigné, il n'y aura plus lieu dans ce cas à notre action ; puisqu'alors cette personne doit être plutôt regardée comme un gardien, que comme un commis. Donc celui-ci ne pourra vendre aucune marchandise, ni autre chose dépendante de la boutique, quelque petite qu'elle soit (la chose).

Du concours de l'action institoire et de celle par laquelle on vient par contribution sur le pécule.

§. 7. Si l'action institoire a été régulièrement intentée, il n'y a pas lieu à l'action par laquelle on demande à venir par contribution pour être payé sur le pécule, cette action cessant dans ce cas de plein droit. Car cette action ne peut avoir lieu à l'égard des marchandises qui appartiennent au maître ; mais si l'esclave n'était pas préposé à un commerce dont les marchandises appartinssent au maître, il restera l'action par contribution sur le pécule.

Si j'ai fait de l'esclave que le votre avait sous lui, mon préposé, et que vous ayez contracté avec lui.

§. 8. Si j'ai pris à loyer de votre esclave les journées de services de l'esclave qu'il a sous lui, et que je l'aie préposé à mon commerce, que celui-ci vous ait vendu de la marchandise qui m'appartint, il y a vente, c'est-à-dire, que la vente qu'il vous aura faite, est valable ; car lorsqu'un maître achète de son esclave, la vente est bonne et valable, encore que le maître (1) ne soit pas obligé envers lui-même ; et cela est si vrai que le maître en vertu de son achat, acquiert la possession, et qu'il peut, à titre de possesseur, prescrire.

12. Julien, *liv.* 11, *du Digeste.*

C'est pour cette raison que vous aurez contre moi qui ai préposé cet esclave, une action utile (2), et moi j'aurai contre vous ou l'action sur le pécule de l'esclave en chef, si je veux intenter l'action qui dérive du loyer, ou l'action sur le pécule de l'esclave que l'esclave en chef

---

(2) L. 19 in pr. infr. h. t.

dam mandaverim ; pretiumquè quo emisti , in rem tuam versum videri poterit , eo quòd debitor servi tui factus esses.

13. ULPIANUS , *lib.* 28 , *ad edictum.*

Si sœpiùs agatur Institoria.

Habebat quis servum merci oleariæ (1) præpositum Arelatæ ; eundem et mutuis pecuniis accipiendis : acceperat mutuam pecuniam : putans creditor ad merces eum accepisse, egit propositâ actione : probare non potuit , mercis gratiâ eum accepisse : licèt consumpta est actio , nec ampliùs agere poterit , quasi pecuniis quoquè mutuis accipiendis esse præpositus, tamèn Julianus utilem ei actionem competere ait.

De novatione.

§. 1. Meminisse autèm oportebit , institoriâ dominum ità demùm teneri , si non novaverit quis eam obligationem , vel ab institore , vel ab alio, novandî animo, stipulando.

De pluribus præponentibus.

§. 2. Si duo pluresvè tabernam exerceant , et servum, quem ex disparibus partibus habebant, institorem præposuerint, utrùm dominicis partibus teneantur, àn pro æqualibus : àn proportione mercis, àn verò in solidum , Julianus quærit? Et verius esse ait , exemplo exercitorum , et de peculio actionis , in solidum unumquemquè con-

---

(1) L. 5. §. 14. supr. eod.

avait sous lui, parce que je l'ai chargé de vendre ma marchandise, et que l'on pourra penser que le prix de la
chose que vous avez achetée, a tourné à votre profit,
par la raison que vous êtes devenu le débiteur de votre
esclave.

13. ULPIEN, *liv.* 28, *sur l'édit.*

Si l'on réitère l'action Institoire.

Un particulier avait préposé son esclave à *Arles*, pour
y acheter des huiles (1); il l'avait également préposé à
l'effet de faire des emprunts, et il en fit un. Celui qui
avait prêté, pensant que cet esclave employerait l'argent
emprunté pour acheter des marchandises, intenta contre
celui qui l'avait préposé, l'action que nous traitons ici;
mais il ne put prouver que l'esclave eût emprunté pour
acheter des marchandises. Quoique, par ce défaut de preuve,
son action soit éteinte, et qu'il ne puisse plus la proposer
de réchef, en disant que cet esclave avait été également
préposé pour faire des emprunts : cependant il a, suivant
Julien, une action utile.

De la novation.

§. 1. Il faut ne pas oublier que le maître n'est soumis
à l'action institoire, qu'autant que l'obligation n'aura pas
été changée. Comme si dans l'intention de dénaturer
l'obligation, on s'était fait faire une promesse solennelle,
soit par le préposé lui-même, soit par tout autre.

De plusieurs qui établissent un commis.

§. 2. Si plusieurs personnes tiennent une boutique
qu'elles font valoir à leur profit, et qu'elles établissent pour
commis un esclave sur lequel elles ont chacune des portions inégales, Julien demande, si ceux qui l'ont préposé,
sont tenus en proportion de leurs portions, dans la propriété de l'esclave, ou par égales portions, ou pour la
part qu'ils ont dans les marchandises, ou solidairement?
Il décide qu'il est plus certain que chacun peut être actionné
solidairement à l'exemple de l'action qui a lieu contre le

veniri posse : et quidquid is præstiterit, qui conventus est, societatis judicio (1), vel communi dividundo consequetur; quam sententiam et suprà probavimus.

14. PAULUS , *lib.* 4, *ad Plautium.*

Idem erit, et si alienus servus communi merci præpositus sit : nàm adversùs utrùmquè (2) in solidum actio dari debet; et quod quisquè præstiterit, ejus partem societatis, vel communi dividundo judicio consequetur ; certè ubicunquè actio societatis, vel communi dividundo cessat : quemquè pro parte suâ condemnari oportere constat; veluti si is, cujus servo creditum est, duobus heredibus institutis, ei servo libertatem dederit: nàm heredum quisquè pro suâ parte conveniendi sunt, quià cessat inter eos communi dividundo judicium.

15. ULPIANUS , *lib.* 28 , *ad edictum.*

De tempore harum actionum. De herede.

Novissimè sciendum est, has (3) actiones perpetuò dari, et in heredem (4), et heredibus.

16. PAULUS , *lib.* 29, *ad edictum.*

De villico.

Si cùm villico alicujus contractum sit, non datur in dominum actio : qui villicus proptèr

---

(1) L. 3. supr. de exercit. act.
(2) L. 4. S. 1. supr. d. t.
(3) L. 4. S. ult. supr. d. t.

patron d'un navire, qui a préposé quelqu'un pour le faire valoir, et à l'exemple de l'action intentée sur le pécule; et tout ce qu'aura payé celui qui aura été attaqué pour le tout, il le recouvrera en partie, sur les autres, ou par l'action de la société (1), ou par l'action en partage d'une chose commune: opinion approuvée plus haut.

14. PAUL, *liv.* 4, *sur Plautius.*

Il en sera de même, si l'on prend pour préposé à la vente d'une marchandise commune l'esclave d'un autre; car on doit donner l'action pour le tout (2) contre l'un et l'autre propriétaire; et ce que l'un aura payé, il le recouvrera en partie par l'action de la société, ou par l'action en partage d'une chose commune; mais lorsqu'il n'y a pas lieu à l'action de la société, ou à celle en partage d'une chose commune, il est certain que chacun de ceux qui ont préposé l'esclave, doit être condamné pour sa part; de même que si celui à l'esclave de qui on a prêté, ayant institué deux héritiers, avait donné la liberté à cet esclave; car chaque héritier doit être action-né pour sa part et portion, parce qu'il ne peut y avoir entr'eux d'action en partage d'une chose commune.

15. ULPIEN, *liv.* 28, *sur l'édit.*

De la durée de ces actions. De l'héritier.

Enfin il faut remarquer que ces actions (3) sont per-sonnelles, et qu'elles se transmettent pour et contre les héritiers (4).

16. PAUL, *liv.* 29, *sur l'édit.*

Du fermier.

Si on a contracté avec le fermier de quelqu'un, on n'a pas d'action contre le maitre; car un fermier est pré-

---

(4) L. 5. § pen. supr. h. t.

fructus percipiendos, non proptèr quæstum præponitur. Si tamèn villicum distrahendis quoquè mercibus præpositum habuero, non erit iniquum, exemplo (1) institoriæ, actionem in me competere.

17. IDEM, *lib.* 30, *ad edictum.*

Si quis mancipiis, vel jumentis pecoribus emendis vendendisvè præpositus sit.

Si quis mancipiis, vel jumentis, pecoribusvè emendis vendendisquè præpositus sit, non solùm institoria competit adversùs eum, qui præposuit, sed etiàm redhibitoria, vel ex stipulatû duplæ simplævè in solidum actio danda est.

De servo alieno præposito.

§. 1. Si servum Titii institorem habueris, vel tecum ex hoc edicto, vel cùm Titio ex inferioribus edictis agere potero : sed si tu cùm eo contrahi vetuisti (2), cùm Titio duntaxàt agi poterit.

De morte ejus qui præposuit

§. 2. Si impubes patri habenti institores, heres (3) extiterit, deindè cùm his contractum fuerit, dicendum est, in pupillum dari actionem, proptèr utilitatem promiscui usûs : quemadmodùm ubi post mortem tutoris, cujus auctoritate institor præpositus est, cùm eo contrahitur.

---

(1) L. 19. in pr. infr. eod.
(2) V. l. 11. §. 2. supr. cod.

posé pour recueillir les fruits, et non pas pour en tirer un gain. Si cependant j'ai également préposé mon fermier pour vendre ce qu'il aura récolté, il n'y aura pas d'injustice à ce qu'il y ait contre moi une action semblable (1) à l'action institoire.

17. LE MEME, *liv.* 30, *sur l'édit.*

Si quelqu'un a été préposé pour acheter ou vendre soit des esclaves, soit des bêtes de somme, soit des troupeaux.

Si quelqu'un a été préposé pour acheter ou vendre soit des esclaves, soit des bêtes de somme, soit des troupeaux, on a contre celui qui l'a préposé, non-seulement l'action institoire, mais encore l'action rédhibitoire, ou celle qui provient de la stipulation par laquelle on est convenu de rendre en entier le simple ou le double en cas d'éviction.

De l'esclave d'autrui, choisi pour préposé.

§. 1. Si vous avez eu pour préposé l'esclave de Titius, je pourrai vous actionner en vertu de cet édit, ou actionner Titius en vertu des édits dont nous ferons plus bas l'explication (2) ; mais si vous avez défendu de contracter avec lui, vous ne pourrez actionner que Titius.

De la mort de celui qui a établi le préposé.

§. 2. Si un impuber succède à son père qui (3) avait un préposé, et qu'après la mort du père on contracta avec ce dernier, il faut dire que l'on doit accorder l'action contre le pupille, à cause de la protection que l'on doit accorder au commerce ; de même que, si on contractait après la mort du tuteur avec le préposé du pupille, si toutefois il avait été préposé avec l'autorisation du tuteur.

---

(3) D. l. 11 in pr.

§. 3. Ejus contractûs certè nomine, qui antè aditam hereditatem intercessit, etiàm si furiosus heres existat, dandam [esse] actionem etiàm Pomponius scripsit : non enim imputandum est ei, qui sciens dominum decessisse, cùm institore exercente mercem contrahat.

De denunciatione nè institori credatur.

§. 4. Proculus ait, si denunciavero tibi , *nè servo à me præposito crederes* , exceptionem dandam *si ille illi non denunciaverit* , *nè illi servo crederet.* Sed si ex eo contractû peculium habeat, aut in rem meam versum sit, nec velim, quo locupletior sim , solvere , replicari de dolo [malo] oportet : nàm videri (1) me dolum [malum] facere, qui ex alienâ jacturâ lucrum quæram.

§. 5. Ex hâc causâ (2) etiàm condici posse verum est.

18. IDEM, *lib. singul. de Variis lectionibus.*

Definitio institoris.

Institor est, qui tabernæ, locovè, ad emendum , vendendumvè præponitur (3) , quiquè sinè loco (4) ad eundem actum præponitur.

19. PAPINIANUS , *lib.* 3 , *responsorum.*

De procuratore accipiendis pecuniis præposito.

In eum, qui mutuis accipiendis pecuniis pro-

---

(1) V. l. 1. supr. de condict. indeb.
(2) L. 9 supr. de reb. cred.

§. 3. Pomponius a écrit que l'on devait accorder cette action relativement au contrat passé par le préposé du défunt, auparavant que la succession ait été acceptée, encore que l'héritier fût en démence ; car on ne doit rien imputer à celui qui, sachant la mort du maître, contracte avec son préposé qui fait le commerce.

De la signification faite de ne pas prêter d'argent au préposé.

§. 4. Proculus dit que, si je vous ai signifié *de ne pas prêter à un esclave que j'ai préposé*, je devrai avoir contre vous une exception fondée sur ce que *je vous ai fait signifier de ne pas prêter à cet esclave*. Mais si cet emprunt est entré dans son pécule, ou qu'il ait tourné à mon profit, et que je ne veuille pas rendre ce qui aura servi à m'enrichir, vous pourrez m'opposer une réplique tirée de ma mauvaise foi ; car je suis censé (1) être de mauvaise foi, toutes les fois que je voudrai m'enrichir aux dépens d'autrui.

§. 5. Il est encore vrai que l'on pourrait, pour cette cause, donner action à celui qui a prêté pour redemander (2) la somme qu'il aurait prêtée.

18. Le même, *livre unique des dernières leçons.*

Définition d'un préposé.

Un préposé est celui que l'on établit dans une boutique ou dans un lieu quelconque (3) pour acheter ou vendre. On donne aussi ce nom à celui qui, sans qu'on lui ait assigné d'endroit pour (4) vendre, est préposé pour faire la même chose.

19. Papinien, *liv. 3, des réponses.*

Du fondé de pouvoir à l'effet de recevoir de l'argent.

On donnera une action utile contre celui qui a établi

---

(3) L. 5. l. 5. suur. h. t. §. 2. vers. iustoria. Inst. qvod cùm eo, qu[i] in alien. potest.

(4) Fac. l. 4. supr. h. t.

curatorem præposuit, utilis ad (1) exemplum institoriæ dabitur actio : quod æquè faciendum erit, et si procurator solvendo sit, qui stipulanti pecuniam promisit.

De manumissione institoris.

§. 1. Si dominus, qui servum institorem apud mensam pecuniis accipiendis habuit, post libertatem quoquè datam idem per libertum negotium exercuit, varietate statûs non mutabitur periculi causâ.

Si pater pro filio institore fidejusserit.

§. 2. Tabernæ præpositus à patre filius mercium causâ mutuam pecuniam accepit : pro eo pater fidejussit : etiàm institoria ab eo petetur, cum acceptæ pecuniæ speciem, fidejubendo, negotio tabernæ miscuerit.

Quibus causis institoria competit.

§. 3. Servus pecuniis tantùm (2) fœnerandis præpositus, per intercessionem æs alienum suscipiens, ut institorem, dominum in solidum jure prætorio non adstringit : quod autèm pro eo, qui pecuniam fœneravit, per delegationem alii promisit, à domino rectè petetur ; cui pecuniæ creditæ contrà eum, qui delegavit, actio quæsita est.

---

(1) L. 16. in fin. supr. l. 5. C. eod. l. 10 §. 5. infr. mandati.

dans

un fondé de pouvoir à l'effet de recevoir de l'argent, à l'exemple de l'action institoire (1). Ce qui devra également avoir lieu, si le fondé de pouvoir s'est engagé lui-même par stipulation, à donner de l'argent, et qu'il soit solvable.

De l'affranchissement du préposé.

§. 1. Si un maître qui faisait la banque, avait préposé dans ses bureaux un esclave à l'effet de recevoir pour lui les sommes qui lui seraient versées, vient à affranchir cet esclave, et qu'après qu'il lui a eu donné la liberté, il ait continué à lui confier la même fonction; le changement d'état de l'esclave n'en apportera aucun à l'obligation qui frappe sur le maître, c'est-à-dire, qu'il sera toujours obligé à cause des conventions qui auront été faites avec son préposé.

Si un père a répondu pour son fils préposé à une boutique.

§. 2. Un fils a été préposé par son père à une boutique, et a emprunté de l'argent pour acheter des marchandises. Son père a répondu pour lui au sujet de cet emprunt; quoi qu'il y eut action contre le père au moyen de ce qu'il a répondu pour son fils, on aura cependant contre lui l'action institoire que nous traitons, parce qu'en répondant pour son fils, il a confondu dans une affaire de commerce l'obligation qu'il a contracté pour argent prêté et dont il a répondu.

Quelles sont les causes qui donnent lieu à l'action institoire.

§. 3. L'esclave qui est simplement préposé pour faire valoir l'argent de son maître (2), s'il se charge de la dette d'un autre pour lequel il s'est obligé, n'engage pas son maître à cet égard pour le tout, suivant le droit prétorien, comme s'il était question d'une convention faite avec lui, comme étant le préposé de son maître. Mais quant à ce que cet esclave chargé de faire valoir l'argent de son maître, a promis à un autre par délégation, le maître pourra être régulièrement actionné à cette occasion; la raison est fondée sur ce que l'action du prêt lui est acquise contre celui qui a délégué.

---

(2) L. ult. infr. eod. quod cùm eo, qui in alien. potest.

20. Scævola, *lib.* 5. *Digestorum.*

De morte præponentis,

Lucius Titius mensæ nummulariæ, quam exercebat, habuit libertum præpositum; is Gajo Sejo cavit in hæc verba : *Octavius Terminalis, rem agens Octavii Felicis, Domitio Felici salutem. Habes penès mensam patroni mei denarios mille, quos denarios vobis numerare debebo pridie Kalendas Majas* : Quæsitum est, Lucio Titio defuncto sinè herede, bonis ejus venditis, àn ex epistolâ jure conveniri Terminalis possit ? Respondit, nec jure his verbis obligatum, nec æquitatem conveniendi eum superesse : cum id institoris officio, ad fidem mensæ præstandam, scripsisset.

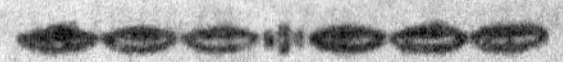

18. SCÆVOLA, *liv. 5, du Digeste.*

De la mort de celui qui a établi un commis.

Lucius Titius banquier avait pour commis un affranchi. Celui-ci fit un billet à Gajus Séjus conçu en ces termes. Octavius Terminalis, faisant les affaires d'Octavius Félix, à Domitius Félix, salut. *Vous avez dans la banque de mon patron, une somme de mille deniers que je promets vous payer la veille des Calendes de Mai.* On a demandé, si Lucius Titius étant mort sans héritiers, ses biens étant vendus, le commis Terminalis pouvait-être actionné régulièrement en vertu du billet dont nous venons de donner la copie. J'ai répondu qu'il n'était pas rigoureusement parlant, obligé par le terme de ce billet, et que ce ne serait pas être juste que de le poursuivre à cet égard, puisqu'il n'avait écrit ce billet qu'en qualité de commis et pour prouver la régularité et l'exactitude des opérations du banquier dont il était le commis.

TITULUS QUARTUS.

De Tributoriâ (1) Actione.

1. ULPIANUS, *lib.* 29. *ad edictum.*

Edicti utilitas.

Hujus quoquè edicti non minima utilitas est :
ut dominus, qui alioquin in servi contractibus
privilegium (2) habet, (quippè cum de peculio
duntaxàt teneatur, cujus peculii æstimatio, deducto (3), quod domino debetur, fit) tamèn, si
scierit servum peculiari merce negotiari, velut
extraneus creditor, ex hoc edicto in tributum
vocatur.

Mercis appellationisvè quid contineatur

§. 1. Licèt *mercis* appellatio angustior sit, ut
nequè ad servos, fullones, vel sarcinatores, vel
textores, et venaliciarios (4) pertineat, tamèn
Pedius lib. xv. scribit, ad omnes negotiationes
porrigendum edictum.

---

(1) Inst. quod cùm eo, qui in alien. potest.
(2) L. 52. in pr. infr. de pecul.
(3) §. 2. infr. h. l.
(4) L. 5. §. 14. infr. h. t. l. 207. infr. de verb. sign.

TITRE QUATRE.

De l'action (1) Tributoire (a).

~~~~~~~~~~

1. ULPIEN, *liv.* 29, *sur l'édit.*

Utilité de cet édit.

CET ÉDIT est très-utile et offre beaucoup d'avantages. Et en effet, le but que le préteur a eu en vue, a été de forcer le maître qui a un privilège (2) par rapport aux contrats faits par ses esclaves, (car lorsqu'il est actionné à cause du pécule, on en fait l'estimation, déduction faite de ce qui lui est dû,) le but du préteur, disons-nous à été de le forcer, lorsqu'il a eu connaissance du commerce que faisait son esclave avec les marchandises provenant de son pécule (3) à venir par contribution sur le pécule, de même qu'un créancier étranger.

Ce que l'on doit entendre par le mot de marchandises.

§. 1. Quoique l'expression de *marchandises* soit trop peu étendue, parce qu'elle ne peut pas s'appliquer aux esclaves qui font le métier de foulon, de tailleur, de tisserand, et aux (4) marchands d'esclaves, cependant Pédius au livre XV écrit que l'édit regarde en général toute espèce de commerçant et d'ouvriers.

(a) Cette action est personnelle, et émane du droit prétorien. Le nom de *Tributoria*, qu'on lui a donné est une ellipse du verbe *distribuere*, *quasi distributoria*. Elle a été établie contre le maître ou le père, à cause des contrats ou des conventions que l'esclave ou le fils de famille à souscrit à l'occasion d'un commerce que l'un ou l'autre a fait avec les marchandises provenant de son pécule; l'effet de cette action est de le faire venir, par contribution sur le pécule, comme tout autre créancier, lorsqu'il a eu connaissance que son esclave fait un commerce avec les marchandises qui composaient son pécule.
~~~~~~~~~~

Differentia, mercis peculiaris et peculii.

§. 2. *Peculiarem* autèm *mercem*, non sicuti *peculium* accipimus : quippè peculium deducto (1), quod domino debetur, accipitur; merx peculiaris, etiàmsi, nihil sit in peculio, dominum tributoriâ obligat, ità demùm, si sciente eo negotiabitur.

De scientiâ et patientiâ domini.

§. 3. Scientiam hîc eam accipimus, quæ habet et voluntatem. Sed (ut ego puto) non voluntatem, sed patientiam : non enìm velle debet dominus, sed non nolle ; si igitùr scit, et non protestatur, et contradicit, tenebitur actione tributoriâ.

Potestatis verbum quomodo accipitur.

§. 4. *Potestatis* (2) verbum ad omnem sexum, itèm ad omnes, qui sunt alieno [juri] subjecti, porrigendum erit.

De his qui bonâ fide serviunt, vel in quibus usumfructum habemus.

§. 5. Non solùm ad servos pertinebit tributoria actio : verùm ad eos quoquè, qui (3) nobis bonâ fide serviunt, sivè liberi sivè servi alieni sunt; vel in quibus usumfructum habemus.

____

(1) L. 9. §. 2. infr. de pecul.
(2) L. 1. in fin. infr. de pecul.

Différence entre la marchandise péculiaire et le pécule.

§. 2. Nous n'entendons pas par le *mot marchandise du pé-cule*, la même chose que nous entendons par celui *du pécule* lui-même. Car on appelle pécule ce qui reste à l'esclave, déduction faite (1) de ce qui est dû au maitre ; mais le commerce que fait l'esclave avec les marchandises qui pro-viennent de son pécule oblige le maitre , et le soumet à l'action dont nous parlons ici, encore qu'il n'y ait eu rien dans le pécule , pourvu toutefois qu'il eût connaissance que son esclave faisait ce commerce.

De la connaissance et de la tolérance du maitre.

§. 3. On entend ici par connaissance du maitre celle qui est suivie de sa volonté , mais moi je pense que c'est moins une volonté prononcée que l'on exige du maitre, qu'une simple tolérance. Car pour que le maitre puisse se soustraire à cette action il lui suffit de prouver qu'il n'a pas voulu ; mais s'il le sait, qu'il n'ait pas protesté, et contredit formellement , il sera soumis à l'action tributoire.

Comment on entend le mot puissance.

§. 4. Le mot *sous puissance* (2) , doit s'étendre aux per-sonnes des deux sexes , et en général à tous ceux qui sont sous la puissance d'autrui.

Des esclaves qui nous servent de bonne foi, ou sur lesquels nous avons un droit d'usufruit.

§. 5. L'action tributoire a lieu non-seulement à l'égard des esclaves qui nous appartiennent véritablement , mais encore de tous ceux qui nous servent de bonne foi (3) soit qu'ils soient libres, soit qu'ils appartiennent à autrui , soit que nous ayons sur eux le droit d'usufruit.

---

(3) L. 215. infr. de verb. sign.

2. PAULUS, *lib.* 30. *ad edictum.*

Ut tamèn merx, quâ peculiaritèr negotietur, ad nos pertineat.

3. ULPIANUS, *lib.* 29. *ad Sabinum.*

De servo communi.

Sed si servus communis sit, et ambo sciant domini, in utrùmlibèt ex illis dabitur actio; at si alter scit, alter ignoravit, in eum, qui scit, dabitur actio : deducetur tamèn solidum, quod ei, qui ignoravit, debetur. Quòd si ipsum quis ignorantem convenerit quoniàm de peculio convenitur, deducetur etiàm id, quòd scienti debetur : et quidem in solidum : nàm et si ipse de peculio conventus esset, solidum, quod ei deberetur, deduceretur. Et ità Julianus lib. XII Digestorum scripsit.

De servo pupilli vel furiosi.

§. 1. Si servus pupilli, vel furiosi sciente tutore, vel curatore, [in] merce peculiari negotietur, dolum quidem tutoris, vel curatoris nocere pupillo (1), vel furioso non debere puto : nec tamèn lucrosum esse debere. Et ideò hactenùs eum ex dolo tutoris tributoriâ teneri, si quid ad eum pervenerit. Idem et in furioso puto : quamvìs Pomponius lib. VIII. epistolarum, si solvendo tutor sit, ex dolo ejus pupillum teneri scripsit. Et sanè hactenùs tenebitur, ut actionem, quam contrà tutorem habeat, præstet.

---

(1) L. 3. infr. quandò ex factor. tutor.

2. PAUL, *liv.* 30, *sur l'édit.*

Pourvu cependant que la marchandise avec laquelle l'esclave fait le commerce, comme administrant son pécule, nous appartienne.

3. ULPIEN, *liv.* 29, *sur Sabinus.*

De l'esclave commun.

Si l'esclave est commun, et que les deux maîtres sachent que l'esclave fait le commerce, l'action aura lieu contre celui des deux que l'on voudra choisir ; mais si l'un le sçait, que l'autre l'ignore, il n'y aura que celui qui en est informé; qui sera soumis à notre action. On déduira cependant en entier tout ce qui peut-être dû à l'autre maître qui ignorait que l'esclave fît le commerce. Si on attaque celui qui a ignoré ce commerce, au moyen de ce qu'il ne peut-être actionné que jusqu'à concurrence de ce qui se trouve dans le pécule strictement pris, on déduira même en entier, tout ce qui sera dû à celui qui en a eu connaissance, car si celui-ci lui même n'avait été actionné qu'en vertu de l'action du pécule, on ferait la déduction en entier de tout ce qui lui serait dû. C'est ce que Julien à écrit au livre XII du Digeste.

De l'esclave d'un pupille ou d'un insensé.

§. 1 Je ne pense pas que si l'esclave d'un pupille ou d'un fou, fait, à la connaissance du tuteur du pupille, ou du curateur de l'insensé, le commerce avec les marchandises provenant de son pécule, la mauvaise foi du tuteur, ou du curateur puisse préjudicier au pupille, ou à l'insensé (1), mais cependant elle ne pourra tourner à son avantage. Ainsi le pupille ne sera obligé en vertu de notre action qu'autant qu'il aura tiré quelqu'avantage du commerce de son esclave; il en est de même à l'égard de l'insensé, quoique Pomponius au livre VIII des lettres, écrive que si le tuteur est solvable, le pupille sera tenu de notre action à cause de la mauvaise foi de son tuteur. Mais le pupille ne sera tenu qu'à transmettre les actions qu'il a contre lui.

§. 2. Sed et si ipsiùs pupilli dolo factum sit, si ejus ætatis (1) sit, ut doli capax sit, efficere, ut teneatur : quamvìs scientia ejus non (2) sufficiat ad negotiationem. Quid ergò est ? Scientia quidem tutoris et curatoris debet facere locum huic actioni : dolus autèm, quàtenùs noceat, ostendi (3).

4. PAULUS, *lib.* 3o. *ad edictum.*

Si pupillus, cujus tutor scierit, pubes factus, vel furiosus, sanæ mentis, dolo admittant : tenentur ex hoc edicto.

5. ULPIANUS, *lib.* 29. *ad edictum.*

De scientiâ et dolo procuratoris.

Procuratoris autèm scientiam et dolum nocere debere domino, nequè Pomponius dubitat, nec nos dubitamus.

De servo vicario.

§. 1. Si vicarius servi mei negotietur, si quidem me sciente. tributoriâ tenebor; si me ignorante, ordinario sciente, de peculio ejus actionem dandam, Pomponius lib. LX. scripsit : nec deducendum (4) ex vicarii peculio, quod ordinario debetur; cum id, quod mihi debetur, deducatur. Sed si uterquè scierimus, et tributoriam, et de peculio actionem competere, ait : tributoriam, vicarii nomine; de peculio verò, ordinarii; eligere tamèn debere agentem, quâ potiùs actione experiatur:

---

(1) L. 2³. infr. de furt. l. 15. supr. de dolo malo.
(2) V. l. 110. S. 2. infr. de reg. jur.

§. 2. Mais s'il y a de la mauvaise foi de la part du pupille lui-même (cela suppose que ce pupille soit d'un âge (1) où l'on est susceptible de mauvaise foi), il sera soumis à notre action, quoiqu'il ne soit pas nécessaire, pour que l'esclave fasse le commerce, légalement que le pupille (2) le sache. Que doit-on donc dire? C'est la connaissance du tuteur ou du curateur qui donne lieu à cette action, et le demandeur prouve (3) jusqu'à quel point la mauvaise foi du pupille lui est préjudiciable.

4. PAUL, *liv.* 30, *sur l'édit.*

Si l'esclave d'un pupille ou d'un insensé fait le commerce, à la connaissance du tuteur ou du curateur, et que cet esclave se rende coupable de mauvaise foi, le pupille, étant devenu pubère, et l'insensé ayant recouvré la raison, l'un et l'autre sont soumis à cet édit.

5. ULPIEN, *liv.* 29, *sur l'édit.*

De la connaissance et de la mauvaise foi du fondé de pouvoir.

Pomponius ne doute nullement, et nous pensons de même que la connaissance et la mauvaise foi du fondé de pouvoir, doivent nuire à celui qui l'a constitué.

De l'esclave de l'esclave.

§. 1. Si l'esclave de mon esclave fait le commerce, et que ce soit à ma connaissance, je serai soumis à l'action tributoire; s'il le fait à mon insçu, mais à la connaisance de l'esclave en chef, Pomponius au livre LX, écrit que l'on devra accorder contre moi l'action sur le pécule, et qu'il n'y aura pas lieu à déduire sur le pécule de l'esclave en second, ce qu'il peut devoir à l'esclave en chef, puisque l'on déduit ce qui m'est dû. Mais si tous deux en avions connaissance, il dit qu'il y aura lieu à l'action tributoire, et à celle sur le pécule; à l'action sur le pécule relativement à l'esclave en chef; à l'action tributoire relativement à l'esclave en second. Le demandeur aura cependant la liberté de choisir quelle action il voudra intenter de préférence, de sorte que cependant

(3) L. 18. §. 1. infr. de probat.
(4) Obst. l. 17. circa fin. infr. de pecul.

sic tamèn ùt utrùmquè tribuatur ; et quod mihi, et quod servo debetur, cum, si servus ordinarius ignorasset, deduceretur integrum, quod ei à vicario debetur.

De ancillâ.

§. 2. Sed et si ancilla (1) negotiabitur, admittendam tributoriam dicimus.

De institore servi.

§. 3. Itèm parvì refert, cùm ipso servo contrahatur, àn cùm institore ejus.

§. 4. *Mercis nomine* meritò adjicitur (2), nè omnis negotiatio cùm eo facta tributoriam inducat.

§. 5. Per hanc actionem tribui jubetur, quod ex eâ merce, et quod eo nomine receptum est.

Qui vocantur in tributum.

§. 6. In tributum autèm vocantur, qui in potestate habent, cùm creditoribus mercis.

De causâ ex quâ domino debetur.

§. 7. Sed est quæsitum, dominus utrùm itâ demùm partietur ex merce, si quid ei mercis nomine debeatur, àn verò et si ex aliâ causâ ? Et Labeo ait, ex quâcunquè causâ (3) ei debeatur, parviquè referre, antè mercem, àn posteà ei debere quid servus cœperit : sufficere enim, quòd privilegium deductionis perdidit.

____

(1) L. 27. in pr. infr. d. t. v. l. 7. §. 1. l. 8. supr. de instit. act.
(2) L. 1. §. 1. supr. h. t.

ce qui m'est dû ainsi qu'à mon esclave entrera, dans la contribution, puisque si l'esclave en chef n'eût pas été informé de ce commerce, on déduirait en entier ce qui lui serait dû par l'esclave en second.

De la femme esclave.

§. 2. Si c'est une femme esclave qui fait le commerce, nous disons qu'il y aura également lieu à l'action tributoire.

Du préposé d'un esclave.

§. 3. Il importe peu que l'on ait contracté avec l'esclave lui-même, ou avec celui qu'il a préposé.

§. 4. C'est avec raison que dans l'édit on se sert du terme *de marchandises*, de peur que toute espèce d'affaires faites avec lui, ne donne lieu à l'action tributoire contre le maître.

§. 5. En vertu de cette action on fait entrer en contribution, ce que l'on a retiré du prix de cette marchandise, et ce que l'on a perçu à son occasion.

Qui sont ceux qui sont tenus de contribuer.

§. 6. Ceux qui ont les esclaves sous leur puissance, sont tenus de venir par contribution avec les créanciers de cette marchandise.

De la cause, en vertu de laquelle il est dû au maître.

§. 7. Mais on a demandé, si le maître ne partagerait dans cette marchandise que dans le cas où il lui serait dû quelque chose dessus, ou même dans celui où il lui serait dû à tout autre titre? Labéon a dit; n'importe la raison pour laquelle il lui est dû, il sera reçu à partager, soit que l'esclave ait commencé à devoir à son maître, avant ou après le commerce qu'il a entrepris, et a l'on ne peut pas exiger du maître plus que la perte qu'il faite de son privilège qui consistait à déduire en entier ce qu'il lui est dû.

---

(2) L. 9. §. 6. infr. de peculio.

De merce pigneratâ.

§. 8. Quid tamèn, si, qui contrahebant, ipsam mercem pignori acceperint ? Puto debere dici præferendos domino jure pignoris.

Si domino vel eis debeatur qui sunt in ejus potestate.

§. 9. Sivè autèm domino, sivè his, qui in potestate ejus sunt, debeatur, utiquè erit tribuendum.

De pluribus dominis.

§. 10. Sed si duo, pluresvè domini sint, utiquè omnibus tribuetur pro ratâ debiti sui.

De peculio, et merce, et pretio mercis.

§. 11. Non autèm totum peculium venit in tributum : sed (1) id duntaxàt, quod ex eâ merce est ; sivè merces manent, sivè pretium earum receptum, conversumvè est in peculium.

§. 12. Sed et si adhùc debeatur mercis nomine à quibusdàm, quibus solebat servus distrahere, hoc quoquè tribuetur, prout fuerit receptum.

De instrumento tabernæ, et cæteris quæ servus habet extrà peculium.

§. 13. Si prætèr mercem servus iste in tabernâ habeat instrumentum, àn hoc quoquè tribuatur ? Et Labeo ait, et hoc tribui ; et est æquissimum :

____

(1) §. 5. supr. §. 13. infr. hic. l. 11. infr. h. t.

De la marchandise mise en gage.

§. 8. Que serait-ce cependant, si ceux qui ont contracté avec l'esclave, avaient reçu la marchandise même en gage. Je pense que, dans ce cas, on doit dire qu'en vertu du droit attaché au gage, ils doivent être préférés au maître.

S'il est dû au maître de la propriété, ou à ceux qui sont sous sa puissance.

§. 9. Soit qu'il soit dû au maître ou à ceux qui sont sous sa puissance, il y aura lieu à la contribution.

De plusieurs maîtres.

§. 10. Si l'esclave appartient à deux ou plusieurs maîtres, chacun contribuera au *prorata* de son dû.

Du pécule et de la marchandise, du prix de la marchandise.

§. 11. La totalité du pécule ne fait pas l'objet de la contribution, mais seulement (1) ce qui provient de ce commerce, soit que les marchandises existent, soit que l'esclave en ait touché le prix, ou l'ait fait tourner au profit de son pécule.

§. 12. Mais s'il est encore dû quelque chose sur ces marchandises par les personnes à qui l'esclave était dans l'usage de vendre, ce reliquat entrera dans la contribution à fur et mesure qu'il sera touché.

Du registre de la boutique, et des autres choses qui ne font pas partie du pécule de l'esclave.

§. 13. Si outre les marchandises, l'esclave a dans sa boutique un registre de vente, doit-il aussi faire l'objet de la contribution? Labéon est d'avis qu'il doit entrer dans la contribution; et en effet, rien de plus juste; car souvent et très-souvent ce régistre est la suite du com-

plerumquè enim hic apparatus (1) ex merce est ; imò sempèr. Cætera tamèn , quæ extrà hæc in peculium habuit, non tribuentur : utputà argentum habuit, vel aurum : nisî si hæc ex merce comparavit.

De mancipiis.

§. 14. Itèm si (2) mancipia in negotiatione ex merce habuit parata , etiàm hæc tribuentur.

De pluribus creditoribus separatis.

§. 15. Si plures habuit servus creditores , sed quosdàm in mercibus certis , àn omnes in iisdem confundendi erunt , et omnes in tributum vocandi : utputà , duas negociationes exercebat , putà sagariam (3) , et linteariam , et separatos habuit creditores ? Puto , separatim eos in tributum vocari , unusquisquè enim eorum merci magis, quàm ipsi , credidit.

De duabus tabernis ejusdem négociationis.

§. 16. Sed si duas tabernas ejusdèm negotiationis exercuit , et ego fui tabernæ (verbi gratiâ) quam ad Buccinum habuit , ratiocinator , aliùs ejus , quam trans Tiberim : æquissimum puto , separatim tributionem faciendam : nè ex alteriùs re , mercévè alii indemnes fiant , alii damnum sentiant.

Qui sunt potiores vel non.

§. 17. Planè , si in eandem tabernam merces

---

(1) V. l. 12. in pr. infr. de instruct. vel instrum.
(2) L. 1. §. 1. supr. h. t.
(3) L. 52. §. 4 infr. pro socio.

merce, puisqu'il sert à en régulariser les opérations(1).
Cependant les autres choses que l'esclave possède indépendamment de son pécule, n'entreront pas dans la contribution; par exemple, les ouvrages soit en or soit en
argent, qu'il a eu en sa possession, à moins qu'il ne les
eût achetés avec les deniers provenans de son commerce.

Des esclaves.

§. 14. De même si, avec l'argent provenant de son
commerce, il a acheté des esclaves (2), ceux-ci entreront pareillement dans la contribution.

De plusieurs créanciers pour raison de diverses marchandises.

§. 15. Si l'esclave avait plusieurs créanciers, mais dont
quelques-uns auraient commercé avec lui sous le rapport
de certaines marchandises, tous devront-ils être confon-
dus et être appellés également à venir par contribution;
par exemple, l'esclave faisait deux commerces, celui de
casques (3) et celui des toiles, et avait des créanciers à l'occasion de ces deux commerces? Je pense que la contribution doit se faire séparément; car chacun des créanciers
a plutôt prêté à cause de l'espèce de commerce que l'esclave faisait, qu'en considération de sa personne même.

De deux boutiques de la même espèce de commerce.

§. 16. Mais si l'esclave avait tenu deux boutiques dans
lesquelles il faisait le même commerce, que j'aie fait quelqu'achat dans la boutique qu'il tenait dans le *Buccinum*,
pour raison duquel je suis en compte avec lui, et que
de même j'aie contracté avec lui pour des marchandises
qu'il avait dans la boutique qu'il tenait au-delà du Tibre,
je pense qu'il est très-juste que la contribution se fasse
d'une manière distincte et séparée, de peur que les uns
ne se trouvent indemnes, ou que les autres n'éprouvent
du préjudice, à l'occasion d'une chose ou d'un commerce
qui leur serait absolument étranger.

Qui sont ceux qui sont préférés ou ne le sont pas.

§. 17. Si cependant les marchandises se transportaient
de ces deux boutiques pour être vendues dans la même

Tom. 8.   17

deferebantur, licèt hæ, quæ existent, ex uniùs creditoris pecuniâ sint comparatæ, dicendum erit, omnes in tributum venire : nisi fuerint creditori pigneratæ.

§. 18. Sed si dedi mercem meam vendendam, et extat, videamus, ne iniquum sit, in tributum me vocari? Et si quidèm in creditum ei abiit, tributio locum habebit ; enìmverò si non abiit, quià res venditæ non aliâs desinunt esse meæ, quamvis vendidero, nisi (1) ære soluto, vel fidejussore dato, vel aliâs satisfacto : dicendum erit, vindicare me posse.

De tribuendo pro ratâ, si unus agat tributoriâ.

§. 19. Tributio autèm fit pro (2) ratâ ejus, quod cuique debeatur : et ideò, si unus creditor veniat, desiderans tribui integram portionem, consequitur : sed quoniàm fieri potest, ut alius quoquè vel alii existere possint mercis peculiaris creditores, cavere (3) debet creditor iste, *pro ratâ se refusurum, si fortè alii emerserint creditores*

6. PAULUS, *lib.* 30 *ad edictum.*

Non enìm hæc actio, sicùt de peculio, occupantis (4) meliorem causam facit, sed æqualem conditionem quandòquè agentium.

---

(1) §. 41. Inst. de rer. divis.
(2) L. 7. §. 2. infr. h. t. §. 3. 5. 5. vers. is quoque. Inst. cùm quod eo, qui in alien. potest.

boutique, quoique celles qui restent, aient été achetées en totalité avec l'argent du créancier qui se présente, il faudra dire, que tous viendront par contribution, à moins que les marchandises n'aient été engagées formellement au créancier.

§. 18. Mais si j'ai donné ma marchandise à vendre, et qu'elle existe encore, examinons, s'il n'y aurait pas de l'injustice, à ce que je vinsse par contribution. Si je lui ai donné ma marchandise dans l'intention de l'avoir pour obligé, en lui donnant à crédit ma marchandise, je viendrai par contribution; mais si je n'ai pas été dans l'intention de l'avoir pour obligé, au moyen de ce que les choses vendues ne cessent d'appartenir au propriétaire qu'autant que le prix en a été payé ou (1) que l'on a fourni une caution, ou donné toute autre espèce de sûreté; il faudra dire que dans ce cas je pourrai la revendiquer.

De la contribution qui se fait proportionnellement; s'il n'y a qu'un seul créancier qui exerce l'action tributoire.

§. 19. La contribution se fait dans la (2) proportion de ce qui est dû à chacun; par conséquent, s'il n'y a qu'un seul créancier qui se présente et qui demande sa portion, il devra l'obtenir. Mais comme il pourrait se faire qu'il y eût encore un ou plusieurs créanciers qui eussent des droits sur cette marchandise dépendante du pécule, ce créancier doit donner caution (3) *de rendre ce qu'il aura touché proportionnellement à la part d'un chacun dans la contribution, si par hasard il survient d'autres créanciers sur la même marchandise.*

6. PAUL, *liv.* 3o, *sur l'édit.*

Car cette action, comme celle du pécule, ne rend pas (4) meilleure la condition du créancier le plus diligent; mais, quelle que soit l'époque à laquelle tous les créanciers forment leur demande, leur condition est égale.

---

(3) Adde l. 57. in fin. supr. de hered. petit.
(4) L. 10. infr. de pecul.

7. ULPIANUS , *lib.* 29 , *ad edictum.*

Illud quoquè cavere debet *si quid aliud do-*
mini debitum emerserit , refusurûm se ei pro
ratâ. Finge enìm conditionale debitum imminere ,
vel in occulto esse ; hoc quoquè admittendum
est ; nàm injuriam dominus pati non debet , licèt in tributum vocatur.

Si dominus tribuere nolit.

§. 1. Quid tamèn , si dominus tribuere nolit ,
nec hanc molestiam suscipere ; sed peculio vel
mercibus cedere paratus sit ? Pedius refert , audiendum eum. Quæ sententia habet æquitatem ;
et plerùmquè arbitrum in hanc rem prætor debebit dare , cujus interventû tribuantur merces
peculiares.

Si minùs tributum sit.

§. 2. Si cujus dolo malo factum est , quominùs ità tribueretur , in eum tributoria (1) datur ut quantô minùs tributum sit , quàm debuerit , præstet : quæ actio dolum malum coërcet
domini. *Minùs* (2) autèm *tribuere* videtur , etiàm
si nihil tributum sit. Si tamèn ignorans in merce
servum habere , minùs tribuit , non videtur dolo
minùs tribuisse ; sed (3) re compertâ , si non tri-
buat , dolo [nunc] non caret : proindè si tibi ex

_____

(1) §. pen. infr. hic. l. ult. infr. h. t. §. 3. Inst. quod cum eo , qui in
alien. potest.

7. ULPIEN, *liv.* 29, *sur l'édit.*

Le créancier est encore obligé de donner caution, *que, si l'on découvrait qu'il fût encore dû quelque chose au maître, il lui rendrait ce qui lui serait dû dans la proportion de la part réciproque d'un chacun dans la contribution.* En effet, supposé que l'esclave doive à son maître conditionnellement, et sans que l'on en sache rien, dans ce cas la contribution a lieu; car le maître ne doit souffrir en aucune manière, quoiqu'il vienne seulement par contribution.

Si le maître se refuse à la contribution.

§. 1. Qu'en serait-il cependant, si le maître se refusait à la contribution, qu'il voulût se soustraire à cet embarras, ou qu'il aimât mieux renoncer au pécule et aux marchandises restantes? Pédius rapporte qu'il doit être admis à faire cette cession; et cette opinion est bien conforme à l'équité, et très-souvent, dans ce cas, le préteur nomme un arbitre qui procède à la contribution.

Si la contribution a eu lieu en moins.

§. 2. Si, par la mauvaise foi de l'un des contribuans, il arrive que la contribution soit imparfaite, c'est-à-dire, qu'elle ne renferme pas tous les objets qui doivent en faire partie, on forme contre lui l'action tributoire pour (1) lui faire rendre tout ce qui, par son fait, y est entré en moins. Cette action est établie pour punir la mauvaise foi du maître. Or (2) la contribution est censée être faite *au-dessous de ce qu'elle aurait due être*, lors même que, par la mauvaise foi de ceux qui devaient contribuer, il n'y a pas eu de contribution. Si cependant le maître, ignorant qu'une telle chose dépendît du commerce de son esclave, ne l'avait pas fait entrer dans la contribution, il est à l'abri de tout soupçon de mauvaise foi. Mais la chose étant une fois connue, s'il se refuse à la faire entrer dans la contribution, (3) alors, à partir de ce moment, il est

---

(2) L. 32. 1. 82. infr. de verb. sign.
(3) L. 13. in pr. infr. depositi.

eâ merce solvi fecit, utiquè dolo videtur minùs tribuisse.

Si dominus mercem perire passus est, aut evertit, aut vilius distraxit, aut pretium non exegit.

§. 3. Sed et si mercem perire passus est, aut eam avertit, aut vilioris datâ operâ distraxit : vel si ab emptoribus pretium non exegerit ; dicendum erit, teneri eum tributoriâ, si dolus intervenit.

Si negaverit cui quàm deberi.

§. 4. Sed etsi negaverit dominus cui quàm deberi, videndum erit, àn tributoriæ locus sit? Et est verior Labeonis sententia, tributoriam locum habere : alioquin expediet domino negare.

De tempore hujus actionis. De successoribus.

§. 5. Hæc actio et perpetuò, et in heredem datur, de (1) eo duntaxàt, quod ad eum pervenit.

8. JULIANUS, *lib.* 11, *Digestorum.*

Quià non de dolo est, sed rei persecutionem continet. Quarè etiàm mortuo servo dominus, itèm heres ejus, perpetuò teneri debebit, proptèr factum defuncti : quamvìs non alitèr, quàm dolo interveniente, competat.

---

(1) L. 26. supr. de dolo malo.

coupable de mauvaise foi. Par conséquent, s'il vous a fait payer avec cette marchandise, il sera censé avoir par-là rendu la contribution moins considérable qu'elle ne l'aurait été sans ce paiement.

Si le maître a laissé périr la marchandise, s'il l'a détournée ou vendue à vil prix, ou s'il n'en a pas reçu le prix.

§. 3. Si le maître a laissé périr la chose, ou s'il l'a détournée, ou s'il l'a vendue à vil prix, ou s'il n'en n'a pas reçu le prix, il faut dire que, dans tous ces cas, le maître est soumis à l'action tributoire dont il est ici question, s'il y a de la mauvaise foi de sa part.

Si le maître nie qu'il soit rien dû à qui que ce soit.

§. 4. Si le maître nie qu'il soit rien dû à qui que ce soit, ce sera le cas d'examiner, s'il y a lieu à l'action tributoire? L'opinion de Labéon, qui pensait que cette action devait avoir lieu, doit être adoptée ; autrement la dénégation du maître lui serait avantageuse.

De la durée de cette action. Des héritiers.

§. 5. Cette action est perpétuelle, elle est accordée contre l'héritier, mais seulement (1) jusqu'à la concurrence de ce qu'il a reçu.

8. JULIEN, *liv.* 11, *du Digeste.*

La raison vient de ce que cette action a pour objet, non pas la poursuite de la peine due à la mauvaise foi, mais la demande d'une chose. C'est pourquoi, après la mort de l'esclave, le maître ainsi que son héritier est tenu de cette action en ce qui concerne le fait du défunt ; quoique d'ailleurs elle n'ait lieu que dans le cas où il y a de la mauvaise foi de sa part.

9. Ulpianus , *liv.* 29 , *ad edictum.*

Quod in herede dicimus, idem erit et in cæteris successoribus.

De concursû actionis de peculio, et Tributoriâ.
De herede.

§. 1. Eligere quis debet, quâ actione experiatur, utrùm de peculio, àn tribuioriâ; cum sit (1) sibi regressum ad aliam non futurum (2). Planè, si quis velit ex aliâ causâ tributoriâ : agere, ex aliâ causâ de peculio : audiendus erit

§. 2. Si servo testamento manumisso peculium legatum sit, non debere heredem tributoriâ teneri, quasi nèquè ad eum pervenerit, nèquè dolo fecerit, Labeo ait. Sed Pomponius lib. lx scripsit : heredem, nisi curaverit caveri sibi à servo, vel deduxerit à peculio, quod tribuendum erat, teneri tributoriâ. Quæ sententia non est sinè ratione : ipse enìm auctor doli est, qui [id] egit, nè tribueret : totiens (3) enìm in heredem damus de eo, quod ad eum pervenit quotiens ex dolo defuncti convenitur, non quotiens ex suo.

10. Paulus , *liv.* 30 , *ad edictum.*

De emptore servi.

De peculio actione etiàm (4) cùm emptore servi agi potest , tributoriâ non potest,

---

(1) V. l. 6. infr. de except. rei judic.
(2) Excip. l. 4. in fin. infr. tit. prox. l. 1. §. 4. in fin. infr. quod legato?

9. ULPIEN, *liv.* 29, *sur l'édit.*

Ce que nous disons de l'héritier, doit s'appliquer à tous ceux qui lui succèdent, n'importe à quel titre.

Du concours, de l'action du pécule, et de l'action tributoire. De l'héritier.

§. 1. On doit choisir quelle action on voudra intenter de préférence, ou l'action du pécule, ou l'action tributoire, puisque l'on sait (1) qu'une fois que l'on a choisi l'une, on ne peut plus recourir à l'autre (2). Mais si quelqu'un voulait exercer l'action tributoire, relativement à une chose, et l'action du pécule, relativement à une autre, il devra être écouté.

§. 2. Labéon dit que, si on avait légué à un esclave affranchi par testament son pécule, l'héritier ne devait pas être soumis à l'action tributoire, puisque rien ne lui était parvenu, et qu'il n'est pas coupable de mauvaise foi. Mais Pomponius, au livre LX, écrit que, si l'héritier a négligé de se faire donner caution par l'esclave, ou que, s'il n'a pas déduit sur le pécule ce qui devait faire la matière de la contribution, il sera soumis à l'action tributoire. Et ce sentiment n'est pas dénué de raison. Car celui qui est cause de ce qu'il n'y a pas de contribution, est regardé comme étant de mauvaise foi; et en effet, quoique l'action tributoire ne soit donnée (3) contre l'héritier qu'autant qu'il a touché quelque chose, et qu'il est actionné à l'occasion de la mauvaise foi du défunt, rien n'empêche cependant qu'il n'y soit soumis, lorsque lui-même s'est rendu personnellement coupable de mauvaise foi.

10. PAUL, *liv.* 30, *sur l'édit.*

De l'acquéreur de l'esclave.

On peut former la demande sur le pécule même contre l'acquéreur de l'esclave (4), mais on ne peut intenter contre lui l'action tributoire.

---

(3) L. 44. infr. de reg. jur.
(4) L. 32. §. pen. infr. de pecul

11. Gajus, *lib.* 9, *ad edictum provinciale.*

Aliquandò etiàm agentibus expedit potiùs (1) de peculio agere, quàm tributoriâ, nàm in [hâc] actione de quâ loquimur, hoc (2) solum in divisionem venit, quod in mercibus est, quibus negotiatur, quodquè eo nomine receptum est : at in actione de peculio totiùs peculii quantitas spectatur, in quo et merces continentur; et fieri potest, ut dimidiâ fortè parte peculii, aut tertiâ vel etiàm minore negotietur : fieri prætercà potest, ut patri, dominovè nihil debeat.

12. Julianus, *liv.* 12, *Digestorum.*

Si quis ab uno de peculio, ab alio Tributoriâ conveniatur.

Alius duntaxàt de peculio, alius tributoriâ, servi nomine cùm domino agit. Quæsitum est, àn deducere dominus de peculio debeat, quod tributoriâ agenti præstaturus sit? Respondit, tributoriâ actione tunc demùn agi potest, cum (3) dominus, in distribuendo pretio mercis, edicto prætoris non satisfecit : id est, cum majorem partem debiti sui deduxit, quàm creditoribus tribuit, velutì si, cum in merce trigintà fuissent, in quam ipse quidèm quindecim crediderat, duo autèm extranei trigintà, tota quindecim deduxerit, et creditoribus reliqua quindecim dederit, cum deberet sola decem deducere, extraneis dena tribuere, cum igitùr hoc fecit, nec intelligendus est

____

(1) §. 5. vers. rursus. Inst. quod cum eo, qui in alien. potest.
(2) L. 5. §. 11. supr. h. t.

11. Gajus. *liv.* 9, *sur l'édit provincial.*

Il est des cas où il est plus avantageux aux parties in-téressées de former la demande sur le pécule (1), que d'intenter l'action tributoire. Car dans l'action dont nous parlons, on fait (2) seulement entrer les marchandises dont l'esclave faisait le commerce, et ce qui a été touché à cette occasion; mais dans la demande sur le pécule, on a égard à tout ce qui composait le pécule, en y compre-nant ces mêmes marchandises; et il peut se faire que le commerce de l'esclave ne fasse que la moitié, le tiers, ou même encore moins, de son pécule. Il peut de plus encore se faire qu'il ne soit rien dû au père ou au maître.

12. Julien, *liv.* 12, *du Digeste.*

Si l'un est actionné en vertu du pécule, l'autre en vertu de l'action tributoire.

Un créancier de l'esclave a formé sa demande seule-ment sur le pécule, un autre a intenté seulement l'action tributoire. On a demandé à ce sujet, si le maître devait déduire sur le pécule ce qu'il devait payer au second en vertu de l'action tributoire? J'ai répondu qu'il ne pouvait y avoir lieu à l'action tributoire, qu'autant que le maître (3), en faisant aux créanciers la distribution du prix des mar-chandises, n'aurait pas satisfait à l'édit du préteur, c'est-à-dire, qu'il aurait déduit une plus grande partie de sa créance, comparativement à ce qu'il aurait contribué vis-à-vis des créanciers; par exemple, supposons que les marchandises qui composent le pécule, soient de la valeur de trente, et que le maître ait fourni lui-même quinze pour l'achat de ces marchandises, et deux autres créan-ciers trente; s'il déduit en entier les quinze qu'il a fourni, et qui lui sont dûs, et qu'il laisse les quinze qui restent aux deux autres créanciers, il y aura lieu à l'action tributoire, parce qu'il n'aurait dû déduire à son profit que dix, et

---

(3) L. 7. §. 2. supr. eod.

servum à se liberasse, eo quòd quinquè adhùc nomine ejus, tributoriâ actione præstaturus sit. Quarè si agi de peculio cœperit, cum forte extrà mercem peculium esset, quinquè tanquàm adhùc creditor servi deducere debebit.

abandonner aux autres créanciers vingt. Le maître qui agit de
cette manière, ne peut être censé avoir libéré son esclave,
en ce qu'il doit encore, en vetru de l'action tributoire,
payer à son acquit cinq. C'est pourquoi, si on intente
l'action du pécule de nouveau, comme le pécule est
étranger au commerce de l'esclave, le maître pourra encore répéter cinq, comme créancier de son esclave.

TITULUS QUINTUS.

Quod (1) *cùm eo, qui in alienâ potestate est, (negotium) gestum esse dicetur.*

~~~~~~~~~

1. GAJUS, *lib.* 9, *ad edictum provinciale.*

Actiones competentes ex contractibus eorum qui in alienâ potestate suut.

OMNIA Proconsul agit, ut qui contraxit cùm eo, qui in alienâ potestate sit, etiàmsì deficient superiores actiones, (id est, exercitoria, institoria tributoriavè), nihilominùs tamèn, in quantùm ex bono et æquo res patitur, suum consequatur, sivè enim *jussu* ejus, cujus in potestate sit, negotium gestum fuerit, in solidum eo nomine judicium pollicetur : sivè non jussû, sed tamèm in *rem* ejus *versum* fuerit, eâtenùs introducit actionem, quâtenùs in rem ejus versum fuerit : sivè neutrum eorum sit, *de peculio* actionem constituit.

___

(1) Lib. 4. C. 26. et 4. Inst. 7.
~~~~~~~~~

TITRE CINQ.

Des actions qui dérivent des contrats passés avec ceux qui sont sous la puissance d'autrui (1).

~~~~~~~~~

1. GAJUS, *liv.* 7, *sur l'édit provincial.*

Actions qui proviennent des contrats passés par ceux qui sont sous la puissance d'autrui.

LE Proconsul a pris toutes les mesures les plus grandes, pourque celui qui a contracté avec quelqu'un qui est sous la puissance d'autrui, quand bien même il ne pourrait pas recourir aux actions institoire, exercitoire et tributoire, mais néanmoins autant que les circonstances et l'équité le permettront; et en effet il accorde l'action en entier *in solidum*, si le contrat à été fait par celui qui a la puissance; ou si, sans que le contrat ait été fait par son ordre le résultat en a tourné à son profit, il la donne jusqu'à la concurrence du bénéfice qu'il a fait, et, toutes autres actions manquantes, il accorde l'action sur le pécule.
~~~~~~~~~

2. ULPIANUS, *lib.* 29, *ad edictum.*

Edictum.

Ait prætor : *in eum, qui emancipatus, aut ex-heredatus*(1)*erit, quivè* (2) *abstinuit se heredita-te ejus ,cujus in potestate, cum moritur, fuerit, ejus rei nomine, quæ cùm eo contracta erit, cum* [is] *in potestate esset, sivè suâ voluntate, sivè jussû ejus, in cujus potestate erit, con-traxerit, sivè in peculium ipsiùs, sivè in pa-trimonium ejus, cujus in potestate fuerit, ea res redacta fuerit, actionem, causâ cognitâ, dabo* (3) *in quod facere potest.*

De filio citrà emancipationem sui juris effecto, vel in adoptione dato, vel ex minimâ parte instituto.

§. 1. Sed et si citrà emancipationem sui juris factus sit, vel in adoptionem datus, deindè pater naturalis decesserit : itèm, si quis ex mi-nimâ (4) parte sit institutus, æquissimum est, causâ cognitâ etiàm in hunc dari actionem in id, quod facere potest.

3. IDEM, *lib.* 3, *disputationum.*

An hâc actione detrahi debeat quod debetur aliis, vel posteà contrahentibus non aliis.

Sed àn hîc detrahi debeat, quod aliis debetur, tractari potest? Et si quidem sint creditores, qui,

---

2. ULPIEN, *liv.* 29, *sur l'édit.*

Texte de l'édit.

Voici comme s'exprime le préteur: « Je donnerai, en
» connaissance de cause, une action contre celui ou celle
» qui, étant ou émancipé ou exhérédé (1), ou qui, ayant
» renoncé à la succession de celui (2), sous la puissance
» de qui il était, au tems de la mort de ce dernier, aura
» contracté quelqu'engagement, soit qu'il les ait contracté
» de son chef, ou par l'ordre de celui, sous la puissance
» duquel il était, soit que la chose ait eu lieu par l'ordre
» de ce dernier, soit que ce qui a été fait, ait augmenté
» le pécule ou le patrimoine de celui, sous la puissance
» de qui il était, autant cependant que le permettront ses
» facultés (3) ».

Du fils devenu maître de sa personne sans l'émanci-
pation ou qui a été donné en adoption, ou qui a été
institué héritier pour une portion inférieure à sa
légitime.

§. 1. Mais il est très-juste que la même action soit
donnée contre celui dont nous venons de parler, en connaissance de cause, et autant que ses facultés le permettront, s'il est devenu maître de sa personne sans avoir été
émancipé, ou s'il a été donné en adoption, et qu'ensuite
son père naturel soit venu à décéder, de même que, s'il
avait été institué héritier pour une portion (4) inférieure
à sa légitime.

3. LE MÊME, *liv.* 3, *des disputes.*

Si dans cette action on doit déduire ce qui est dû aux
autres créanciers ou à ceux qui par la suite auraient
contracté.

On peut demander si l'on doit déduire, pour entrer
dans l'intention de l'édit, ce qui est dû aux autres créan-

---

(3) D. l. 2. C. h. t. excip. l. 4. §. 1. infr. eod.
(4) L. 7. infr. eod.

cum esset alienæ potestatis, cùm eo contraxerunt,
rectè dicetur, occupantis (1) meliorem esse conditionem : nisì si quis privilegiarius veniat : hujus
enim non sinè ratione prioris ratio habebitur.
Quòd si qui sint, qui posteàquam sui juris factus
est, cùm eo contraxerunt, puto horum rationem
habendam.

4. IDEM, lib. 29, ad edictum.

De filio ex parte non modicâ instituto.

Sed si ex parte non modicâ sit heres scriptus
filius, in arbitrio est creditoris, utrùm pro portione hereditariâ, àn in solidum eum conveniat.
Sed et hic judex æstimare debet, ne fortè in id,
quod facere potest, debeat conveniri.

De eo qui patrem familiâs se mentitus est.

§. 1. Interdùm autèm, et si exheredatus filius, vel
emancipatus sit, in solidum actio adversùs eum
dabitur : utputà, si (2) patrem familiâs se mentitus est, cum contraheretur cùm eo, nàm lib.
II. Digestorum Marcellus scripsit, etiàm si facere
non possit, conveniendum proptèr mendacium.

De delicto.

§. 2. Quanquàm autèm ex contractû in id,
quod facere potest, actio in eum datur, tamèn ex
delictis in solidum convenietur.

---

(1) L 1c. infr. de pecul.

ciers? S'il y a des créanciers qui aient contracté avec celui dont il vient d'être parlé, dans le tems où il était sous la puissance d'autrui, on pourra dire et avec raison, que la condition du créancier le plus diligent sera plus avantageuse (1), à moins qu'il ne survienne un créancier privilégié ; car ce ne sera pas sans motif valable que celui-ci demandera la préférence. Mais s'il y a des créanciers qui aient contracté avec lui, après qu'il sera devenu maître de sa personne, je pense que l'on doit avoir égard à eux.

4. LE MÊME , *liv.* 29, *sur l'édit.*

Du fils institué pour une portion considérable.

Si le fils est institué héritier pour une portion considérable, il dépend de la volonté du créancier, de l'actionner ou pour sa portion héréditaire, ou pour le tout. Mais il est, dans ce cas, du devoir du juge d'examiner si le fils n'est pas dans la position de ne pouvoir être actionné que jusqu'à la concurrence de ce que ses facultés lui permettront de payer.

De celui qui se dit faussement père de famille.

§. 1. Il est des cas où l'on accorde cette action pour le tout contre le fils de qui a été exhérédé ou émancipé ; tel est, par exemple, celui où il s'est dit faussement père de famille (2), lorsque l'on a contracté avec lui ; car Marcellus, au liv. 11 du Digeste, écrit que, quand bien même il serait hors d'état de payer en entier, il n'en devrait pas moins être actionné à cause du mensonge dont il se serait rendu coupable.

Du délit.

§. 2. Quoique l'action soit donnée contre lui, relativement aux contrats qu'il a fait seulement jusqu'à la concurrence de ses facultés ; cependant s'il se rend coupable de quelque délit, il sera actionné pour le tout.

---

(2) L. 6. infr. h. t.

De herede filii.

§. 3. Soli autèm filio succurritur , non (1)
etiàm heredi ejus : nàm [et] Papinianus lib. ix
quæstionum scribit, in heredem filii in solidum
dandam actionem.

Si ex continenti vel post multos annos agatur.

§. 4. Sed [àn etiàm temporis haberi debeat
ratio , ut si quidem ex continenti cùm filio agatur , detur actio in id , quod facere potest : sin
verò post multos annos , non debeat indulgeri ?
Et mihi videtur rationem habendam esse : in
hoc enim causæ cognitio vertitur,

Si is qui de peculio egit , quod jussû agere velit.

§. 5. Is, qui de peculio egit, cum posset *quod
jussû :* in eâ causâ est , ne possit *quod jussû*
posteà agere. Et ità Proculus existimat. Sed si
deceptus de peculio egit , putat Celsus succurrendum ei : quæ sententia habet rationem.

5. PAULUS , *lib.* 3o, *ad edictum.*

Si filius familiâs , vivo patre , condemnatus fuerit.

Si filius familiâs , vivo patre , conventus et
condemnatus sit ; in emancipatum , vel exhe-
redatum, posteà judicati actio in id , quod facere potest , danda est.

---

(1) L. 63. §. 2. infr. pro socio.

De l'héritier du fils.

§. 3. On vient seulement au secours du fils, et non pas (1) à celui de son héritier ; car Papinien, au livre IX des questions, dit que l'on doit accorder l'action pour le tout contre l'héritier du fils.

S'il est actionné sur-le-champ, ou après plusieurs années.

§. 4. Mais doit-on avoir égard au tems, de sorte que, si le fils est actionné à l'instant, on ne puisse rien exiger de lui au-delà de ses facultés, ou s'il n'était actionné qu'a-près plusieurs années, on ne dût pas avoir pour lui la même indulgence ? Pour moi je pense qu'il faut se repor-ter au tems où l'action est intentée ; car c'est sur cela même que porte la connaissance de la cause dont parle l'édit.

Si celui qui a formé la demande sur le pécule, veut former l'action en vertu de l'ordre donné par celui qui avait sous sa puissance la personne avec laquelle il a contracté.

§. 5. Celui qui a formé sa demande sur le pécule, quoiqu'il pût intenter l'action en vertu de l'ordre qui avait été donné à la personne avec laquelle il a contracté par celui, sous la puissance duquel elle était, peut exercer par la suite cette seconde action ; c'est le sentiment de Pro-culus. Mais si, ne croyant pas avoir le droit d'intenter cette action, il a simplement formé la demande sur le pécule, Celse pense que l'on doit venir à son secours ; et cette opinion est juste.

5. PAUL, *liv.* 30, *sur l'édit.*

Si le fils de famille a été condamné du vivant de son père.

Si un fils de famille est, du vivant de son père, ac-tionné et condamné, l'action en exécution de la chose jugée pourra être dirigée contre lui, lorsqu'il aura été émanci pé ou déshérité, jusqu'à la concurrence de ce que ses facultés lui permettront de payer.

Si fidei commissum acceperit.

§. 1. Si filio exheredato, ex senatûsconsulto Trebelliano hereditas patris restituta sit, non debebit, in quantùm facere potest, sed in solidum condemnari : quià effectû (1) quodàmmodo heres est.

Aut restituerit.

§. 2. Sed si coactus immiscuerit se, ut restituat hereditatem, perindè observandum, ac si se abstinuisset.

6. ULPIANUS, *lib.* 2 *disputationum.*

De eo qui se patrem familiâs simulavit.

Eum, qui se patrem familiâs simulavit (2) et mandante aliquo stipulatus est, mandati teneri Marcellus scripsit, quamvis rem præstare non possit : et sanè verum est, teneri eum debere, quià dolo fecit. Hoc et in omnibus bonæ fidei judiciis dicendum erit.

7. SCÆVOLA, *lib.* 1 *responsorum.*

*Si pater filio promiserit, ut mutuam pecuniam acciperet,
et creditori mandavit, ut ei crederet*

Pater filio permisit mutuam pecuniam accipere et per epistolam creditori mandavit (3), *ut ei crederet :* filius ex minimâ parte (4) patri heres

---

(1) Nov. 1. c. 7. §. 1. circa med.
(2) L. 4. §. 1. supr. h. t. l. 10. infr. de re judic.

Si le fils a reçu un fidéicommis.

§. 1. Si la succession a été rendue à un fils déshérité, d'après le Sénatus-Consulte Trébellien, celui-ci ne devra pas être condamné seulement jusqu'à la concurrence de ses facultés, mais il devra l'être pour le tout, parce qu'en quelque sorte il est héritier, au moins quant aux effets (1).

Ou s'il a été forcé de la restituer.

§. 2. Mais s'il n'a accepté la succession qu'il était chargé de rendre, que comme forcé contraint, on devra le regarder comme y ayant renoncé.

6. ULPIEN, *liv. 2, des disputes.*

De celui qui s'est dit faussement père de famille.

Marcellus a écrit que celui qui s'est donné pour père de famille (2), et qui a stipulé quelque chose au profit d'un autre, de la procuration duquel il était chargé, est soumis à l'action du mandat, quoiqu'il ne puisse rien payer, et certes, il n'y a rien de plus juste, puisqu'il a agi de mauvaise foi. Il faudra dire la même chose dans toutes les actions de bonne foi.

7. SCÆVOLA, *liv. 1, des réponses.*

Si le père a permis à son fils de faire un emprunt, et a donné ordre au prêteur de le lui prêter du fonds.

Un père a permis à son fils d'emprunter de l'argent, et a mandé par une lettre (3) à celui qui avait des fonds, d'en prêter *à son fils*: le fils a été institué héritier par son père pour une portion inférieure à sa légitime; j'ai répondu, que le créancier (4) était le maître d'actionner pour

---

(3) L. 9. C. h. t.
(4) L. 2. in fin. supr. eod.

extitit : Respondi , esse in potestate creditoris ,
utrùm filium , credidisset , in solidum (1), àn
heredes , pro quâ parte quisquè successisset ,
mallet convenire , sed filius condemnatur , in
quantùm facere potest.

8. PAULUS , *liv.* 1 , *decretorum.*

Si dispensator pro emptore debitum susceperit.

Titianus primus præposuerat servum mutuis
pecuniis dandis, et pignoribus accipiendis, is servus
etiàm negotiatoribus hordei solebat pro emptore
suscipere debitum, et solvere: cum fugisset servus,
et is , cui delegatus fuerat dare , pretium hordei ,
conveniret dominum nomine institoris, negabat,
eo nomine se conveniri posse ; quià (2) non in
eam rem præpositus fuisset : cum autèm et alia
quædàm gessisse, et horrea conduxisse, et multis
solvisse idem servus probaretur : præfectus annonæ contrà dominum dederat sententiam. Di-
cebamus, quasi fidejussionem (esse) videri, cum
pro alio solveret debitum, [non pro aliis suscipit
debitum] : non solere autèm ex eâ causâ in dominum dari actionem , nec videtur hoc dominum
mandasse , sed quià videbatur in omnibus eum
suo nomine substituisse , sententiam conservavit
imperator.

---

(1) L. 1. infr. quod jussû.

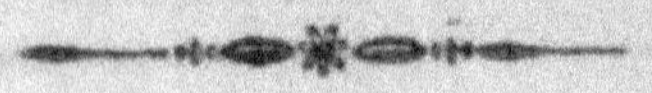

le tout (1) ou le fils à qui il a prêté, ou chaque héritier pour sa portion héréditaire; mais le fils ne peut l'être malgré tout au-delà de ses facultés.

8. PAUL, *liv.* 1, *des décrets.*

Si un préposé s'est chargé de payer pour quelqu'un qui achetait.

Titianus premier avait préposé son esclave à l'effet de prêter de l'argent, et de recevoir des gages. Ce même esclave avait coutume de répondre pour ceux qui faisaient le commerce sur l'orge, et de payer pour eux, comme si lui-même était acheteur. L'esclave ayant pris la fuite, celui à qui il avait été délégué pour payer le prix d'une certaine quantité d'orge, actionnait le maître au nom de son esclave qu'il avait préposé, et le maître niait qu'il pût être actionné à cet égard, parce qu'il ne l'avait pas préposé pour la chose pour laquelle il était actionné (2); mais au moyen de ce qu'il était clairement prouvé que l'esclave avait fait beaucoup d'autres affaires indépendamment de celles auxquelles son maître l'avait préposé, qu'il avait loué des greniers et qu'il avait payé plusieurs personnes, le préfet des vivres avait rendu une sentence contre le maître. Nous disions à ce sujet que l'esclave en payant ainsi pour un autre, devait être assimilé à un répondant, puisque son intention n'avait pas été de payer de ses propres deniers la dette d'autrui, comme si c'eût été la sienne; que dans cette cause on ne devait pas donner d'action contre le maître, puisque c'était sans son ordre que l'esclave s'était ainsi conduit. Mais comme il paraissait que le maître de cet esclave l'avait mis à la tête de toutes ses affaires, et l'avait substitué en son lieu et place, l'empereur confirma la sentence du préfet des vivres.

---

(2) L. 19. §. ult. supr. de instit. act.

TITULUS SEXTUS

De Senatûs Consulto (1) *Macedoniano.*

1. ULPIANUS, *lib.* 29, *ad edictum.*

Senatûsconsulti verba.

VERBA senatûsconsulti Macedoniani hæc sunt : *Cum intèr cœteras sceleris causas Macedo, quas illi natura administrabat, etiàm œs alienum adhibuisset, et sœpé materiam peccandi malis moribus præstaret, qui pecuniam (nè quid ampliùs diceretur) incertis nominibus crederet ; placere, nè cui, qui filio familiás (2) mutuam pecuniam (3) dedisset, etiàm post mortem parentis ejus, cujus in potestate fuisset, actio petitioquè daretur : ut scirent, qui pessimo exemplo fœnerarent, nullius posse filiifamiliás bonum nomen exspectatâ patris morte fieri.*

Si pendeat jus potestatis.

§. 1. Si pendeat, àn sit in potestate *filius*, utputà

---

(1) Lib. 4. c. 28. §. 7. Inst. quod cùm eo, qui in alien. potest.
(2) Adde l. 6. §. 5. C. h. t.

TITRE SIX.

Du Sénatus-Consulte Macedonien (1).

1. ULPIEN, *liv.* 29, *sur l'édit.*

Termes du Sénatus-Consulte.

VOICI ce que porte en substance le Sénatus-Consulte Macédonien : « Comme entre les différens crimes dont
» Macédo s'est rendu coupable par son penchant naturel
» vers le vice, il se procurait ; entre autres choses, par des
» voies illicites des créances, et qu'en prêtant ainsi de
» l'argent sans désigner la cause et le motif, il facilitait
» le libertinage et la corruption des mœurs, il a été dé-
» cidé que celui qui aurait prêté de l'argent (2) à un fils
» de famille (3), ne pourrait obtenir d'action après la
» mort du père, sous la puissance duquel était le fils
» de famille à qui il aurait prêté ; afin que ceux qui
» prêtent ainsi à usure, (ce qui donne un très-mauvais
» exemple), sachent que les obligations que les fils de
» familles auront contractées à cet égard, ne seront
» nullement valables, et que c'est à tort qu'ils atten-
» draient la mort du père pour se venger sur son bien,
» et se faire payer ».

Si le droit de puissance est en suspens.

§. 1. Si l'on est incertain sur la question de savoir si
le fils de famille est sous la puissance de son père, par
exemple, parce que le père serait prisonnier chez les

---

(3) L. 7. §. 3. infr. eod.

quoniàm patrem apud hostes habet, in pendenti (1) est, àn in senatûsconsultum sit commissum : nàm si reciderit in potestatem, senatûsconsulto locus est ; si minùs, cessat : interìm igitùr deneganda est actio.

De emancipatione adrogati.

§. 2. Certè, si adrogatus mutuam pecuniam acceperit, deindè sit restitutus, ut emanciparetur, senatûsconsultum locum habebit : fuit enìm filius familiâs.

De dignitate filii familiâs. De Castrense peculio.

§. 3. In filio familiâs nihil dignitas facit, quominùs senatûsconsultum Macedonianum locum habeat : nàm etiàm si consul sit (2), vel cujusvis dignitatis, senatûsconsulto locus est : nisi fortè castrense (3) peculium habeat ; tunc enìm senatûsconsultum cessabit.

2. IDEM, *lib.* 64, *ad edictum.*

Usquè ad quantitatem castrensis peculii ; cum filii familiâs in castrensi peculio vicè patrûm familiarum fungantur (4).

3. IDEM, *lib.* 29, *edictum.*

De filio familiâs qui pater familiâs existimabatur.

Si quis patrem familiâs esse credidit (5), non

---

(1) §. 5. Inst. quib. mod. jus. patr. potest.
(2) Hoc abrogat. Nov. 81.
(3) L. 2. infr. l. ult. §. 1. C. h. t.

ennemis ; la question de savoir si l'on est contrevenu aux dispositions du Sénatus-Consulte Macédonien (1), sera également en suspens ; car si le fils retombe sous la puissance de son père, il y aura lieu au Sénatus-Consulte, au lieu que dans l'hypothèse contraire, cet édit n'aura pas lieu. Il faut donc en attendant refuser l'action au créancier.

De l'émancipation de l'adrogé.

§. 2. Assurément, si celui qui s'est fait adroger a emprunté de l'argent, et qu'ensuite il se soit fait restituer en entier pour être émancipé, il y aura lieu dans ce cas au Sénatus-Consulte ; car on peut dire qu'il a été fils de famille.

De la dignité du fils de famille. Du pécule appellé Castrense.

§. 3. La dignité dont le fils de famille peut être revêtu, n'est d'aucune considération en ce qui concerne le Sénatus-Consulte, car fut-il même (2) consul, ou revêtu de tout autre dignité, il n'aurait pas moins son exécution, à moins qu'il n'ait un pécule (3) composé de biens par lui acquis à l'armée, cas auquel le Sénatus-Consulte est sans force ni vigueur.

2. LE MÊME, *liv.* 64, *sur l'édit.*

Mais si le fils de famille a un pécule, il pourra être actionné jusqu'à la concurrence de ce pécule, parce qu'à l'égard de ces sortes de biens il est assimilé à un père de famille (4).

3. LE MÊME, *liv.* 29, *sur l'édit.*

Du fils de famille qu'on croyait être père de famille.

Si quelqu'un prête de l'argent (5) à un fils de famille

---

(3) D. l. ult. §. 1.
(5) Adde l. 52. §. 15. infr. de furt. l. 1. C. h. t.

vanâ simplicitate deceptus , nec juris ignorantiâ, sed quià publicè (1) pater familiâs , plerisquè videbatur , sic agebat , sic contrahebat, sic muneribus fungebatur : cessabit senatûsconsultum.

Putà quià vectigalia conducto habebat.

§. 1. Undè Julianus lib. XII in eo , qui vectigalia conducta habebat , scribit , et est sæpè constitutum , cessare senatûsconsultum.

Si minor vel pupillus vel filius familiâs crediderit.

§. 2. Proindè et in eo , qui scire non potuit , [àn] filius familiâs sit , Julianus lib. XII cessare senatûsconsultum ait : utputà , in pupillo , vel minore viginti quinquè annis. Sed in minore, causâ (2) cognitâ , et à prætore succurrendum. In pupillo autèm etiàm aliâ ratione debuit dicere, cessare senatûsconsultum : quòd (3) mutua pecunia non fit , quam sinè tutoris auctoritate pupillus dat ; quemadmodùm ipse dicit Julianus lib. XII. Si filius familiâs crediderit , cessare senatûsconsultum : quòd mutua pecunia non fit, quamvis liberam peculii administrationem habuit : non enim perdere ei peculium pater concedit , cum peculii administrationem permittit ; et ideò vindicationem nummorum patri superesse ait.

De mutuo et aliis contractibus.

§. 3. Is autèm solus (4) senatûsconsultum of-

---

(1) L. 7. §. 8. l. 19. infr. l. 2. C. eod.
(2) L. 44. supr. de minor.
(3) §. ult. Inst. quib. alienare licet.

qu'il croyait être père de famille , non par suite d'une simplicité inexcusable , ou de l'ignorance où il était du droit , mais parce que tout le monde dans le public (1) le croyait père de famille , qu'il agissait et contractait comme tel , et qu'il remplissait des fonctions en qualité de père de famille , il n'y a pas lieu dans ce cas au Sénatus-Consulte.

Par exemple parce qu'il avait pris à ferme la recette
des impôts.

§. 1. C'est ce qui a donné lieu à Julien , d'écrire au liv. XII , d'après plusieurs constitutions , que le Sénatus-Consulte n'avait pas lieu à l'égard de celui qui a pris à ferme la recette des impôts.

Si un mineur, ou un pupille, ou un fils de famille
a emprunté.

§. 2. Julien, au liv. XII, dit par la même raison , que le Sénatus-Consulte ne peut avoir lieu à l'égard de celui qui n'a pu savoir s'il est fils ou père de famille , par exemple, à l'égard d'un pupille ou d'un mineur de vingt-cinq ans. Mais à l'égard du mineur qui aurait prêté (2) , le préteur doit , en connaissance de cause , venir à son secours. En ce qui concerne un pupille , c'est par une autre raison que l'on a dû dire qu'il n'y avait pas lieu au Sénatus-Consulte , à son égard , puisque le pupille qui prête sans l'autorisation de son tuteur , ne transmet pas la propriété de l'argent qu'il prête (3) , de même que le dit Julien , au liv. XII du Digeste. Si un fils de famille prête de l'argent , il n'y a pas lieu au Sénatus-Consulte , parce que le prêt est nul, eût-il même eu la libre administration de son pécule. C'est pourquoi , ajoute-t-il , le père aura le droit de revendiquer l'argent.

Du prêt et des autres contrats.

§. 3. *Ce n'est qu'en prêtant* (4) *de l'argent à un fils de*

____

(4) L. 7. §. 3. infr. h. t.

fendit, qui *mutuam pecuniam filio familiâs dedit* : non (1) qui aliâs contraxit, puto vendidit, locavit, vel alio modo contraxit (2) nàm pecuniæ datio perniciosa parentibus eorum visa est. Et ideò etsi in creditum abii filio familiâs, vel ex causâ emptionis, vel ex alio contractû, in quo pecuniam non numeravi, et [si] stipulatus sim, licèt cœperit, esse mutua pecunia, tamèn, quià pecuniæ, numeratio non concurrit, cessat senatûsconsultum. Quod ità demùm erit dicendum, si non fraus (3) senatûsconsulto sit cogitata : ut, qui credere non potuit, magìs ei venderet, ut ille rei pretium haberet in mutui vicem.

Si quis à filio familiâs stipuletur et patri familiâs facto numeret.

§. 4. Si à filio familiâs stipulatus sim, et patri familiâs facto crediderim, sive capite diminutus sit, sivè morte patris, vel aliás sui juris sinè capitis diminutione fuerit effectus, debet dici cessare senatûsconsultum : quià mutua jàm patri familiâs data est.

4. Scævola, *lib.* 2, *quæstionum.*

Quià, quod vulgò dicitur, filio familiâs credi non licere, non ad verba referendum est, sed ad numerationem.

---

(1) L. 3. C. eod.
(2) V. l. 7. in pr. l. 13. infr. eod.

famille

famille que l'on contrevient au Sénatus-Consulte, et non pas lorsque l'on a fait quelques contrats avec lui, par exemple, lorsqu'on lui a vendu ou loué quelque chose (1), ou lorsqu'on a pris avec lui tout autre espèce d'engagement. La raison en est fondée sur ce qu'on a pensé qu'un prêt d'argent ne pouvait qu'être très-préjudiciable aux pères de fils de famille (2); c'est pourquoi, si je suis devenu le créancier d'un fils de famille ou à cause d'une vente que je lui aurais faite, ou à cause de tout autre contrat, sans qu'il y ait eu de numération d'espèces, ou si j'ai stipulé de lui qu'il me donnerait une somme, quoique ce soit un commencement de prêt, cependant attendu qu'il n'y a pas eu de numération d'espèces, il n'y aura pas lieu au Sénatus-Consulte. Ce qui ne doit s'entendre que du cas où l'on n'aura pas cherché à éluder les dispositions du Sénatus-Consulte; par exemple, si quelqu'un sachant qu'il ne pouvait pas prêter à un fils de famille, lui avait fait une vente d'une chose que le fils aurait lui-même vendu à son tour pour en garder l'argent à titre de prêt (3).

Si quelqu'un exige une promesse d'un fils de famille, et que celui-ci devenu père de famille, paie en vertu de cette promesse.

§. 4. Si j'ai exigé d'un fils de famille une promesse de me rendre une somme, et que je la lui aie prêtée, après qu'il est devenu père de famille, soit que ce dernier ait éprouvé un changement d'état, soit qu'il soit devenu maître de sa personne ou par la mort de son père, ou par tout autre cause sans changement d'état, on doit dire que dans ce cas le Sénatus-Consulte dont il est ici question, n'a pas lieu, parce que le prêt a été fait à un père de famille.

4. Scævola, *liv. 2, des questions.*

Car pour dire qu'il est défendu de prêter à un fils de famille, c'est moins aux expressions mêmes qu'il faut s'attacher, qu'à la numération des espèces.

---

(3) D. l. 7. in pr. et §. 3.

5. Paulus, *lib.* 3, *quæstionum.*

Ergò hic et in solidum damnabitur, non in id, quod facere potest.

6. Scævola, *liv.* 2, *quæstionum.*

Si quis à patre familiâs stipuletur et filio familiâs facto numeret.

Contrà etiàm rectê dicitur, si à patre familiâs stipulatus [sis], credas posteà filio familiâs facto, senatûs potestatem exercendam : quià expleta (1) est numerationis substantia obligationis.

7. Ulpianus, *lib.* 29, *ad edictum.*

De filio familiâs fidejussore.

Itèm, si filius familiâs fidejusserit, Neratius lib. i et ii responsorum cessare senatûsconsultum ait. Idem Celsus lib. iv. Sed Julianus adjicit, si color (2) quæsitus sit ; ut filius familiâs, qui mutuam accepturus erat, fidejbueret, alio reo dato, fraudem senatûsconsulto factam nocere : et dandam exceptionem tàm filio familiâs, quàm reo ; quoniàm et fidejussori filii subvenitur.

Vel correo.

§. i. Idem ait : si duos reos accepero, filium familiâs, et Titium, cum ad filium familiâs esset

---

(1) L. 7. infr. de nova t.

5. PAUL, *liv.* 3, *des questions.*

Donc, dans l'hypothèse présente le fils de famille sera condamné pour le tout, et non pas proportionnellement à ses facultés.

6. SCÆVOLA, *liv.* 2, *des questions.*

Si quelqu'un exige d'un père de famille une promesse de lui rendre une somme, et qu'il la lui compte lorsqu'il est devenu fils de famille.

Par la raison inverse, on peut dire, non sans fondement, que si vous avez exigé une promesse d'un père de famille de vous rendre une certaine somme, et que vous la lui prétiez lorsqu'il est devenu fils de famille, vous avez la faculté de recourir au Sénatus-Consulte, parce que la substance de l'obligation (1) a acquis toute sa vigueur.

7. ULPIEN, *liv.* 29, *sur l'édit.*

D'un fils de famille qui a répondu.

De même, si un fils de famille a répondu pour quelqu'un, Nératius, au liv. I et II des réponses, a dit qu'il n'y avait pas lieu au Sénatus-Consulte. Celse, au liv. IV, pense de même. Mais Julien ajoute à cette occasion que le créancier qui accepte pour répondant un fils de famille, ne le fait que pour éluder les dispositions du Sénatus-Consulte, et que ce n'est qu'un moyen employé en contravention du Sénatus-Consulte (2), afin que le fils de famille à qui le prêt a été fait, donne en son lieu et place un autre débiteur, et que par conséquent on doit accorder une exception tant au fils de famille qu'au débiteur, puisque dans le cas d'un prêt fait à un fils de famille, son répondant jouirait du même avantage que lui.

Ou co-débiteur.

§. 1. Le même jurisconsulte dit encore, si je me fais deux débiteurs, un fils de famille, et, par exemple,

---

(2) L. 3. §. pen. in fin. supe. h. t.

perventura pecunia , ideò autèm reum Titium acceperim , nè quasi fidejussor anxilio senatûs-consulti uteretur : utilem esse exceptionem adversùs fraudem dandam.

Si patre absente dotem pro filiâ promiserit , et rem patris pignori dedit.

§. 2. Sed [et] si filius familiâs patre suo relegato , vel longo tempore absente , dotem pro filiâ promiserit (1) , et rem patris pignori dederit , senatûsconsultum cessabit : patris tamèn res non tenebitur. Planè , si patri heres extiterit filius , et pignus persequatur , exceptione doli summovebitur.

De re mutuatâ.

§. 3. *Mutui dationem* , non solùm numeratæ pecuniæ , verùm omnium , quæ mutuo dari possunt , àn accipere debeamus , videndum ? Sed verba videntur mihi ad numeratam pecuniam referri : ait enìm senatus , *mutuam pecuniam dedisset* ; sed (2) si fraus sit senatûsconsulto adhibita , putà frumento , vel vino , vel oleo mutuo dato , ut his distractis fructibus uteretur pecunia , subveniendum est filio familiâs,

Si filius familiâs post mutuum acceptum in alterius potestate esse cœperit.

§. 4. Si filius in alterius erat potestate , cum

---

(1) Adde l. 5. §. 8. infr. de jure dot.

Titius; si, quoiqu'en prêtant mon argent au fils de famille, j'ai pour principal obligé Titius, dans la crainte que, s'il n'était engagé envers moi que comme simple répondant, il ne recourût au Sénatus-Consulte Macédonien, il faudra, suivant ce jurisconsulte, accorder à Titius, en sa qualité de débiteur simulé, une exception utile, basée sur ce que j'ai cherché par ce subterfuge à éluder les dispositions du Sénatus-Consulte.

Si un fils de famille, en l'absence de son père, a promis la dot de sa fille, et a engagé du bien de son père.

§. 2. Mais si un fils de famille dont le père est exilé ou absent depuis bien long-tems, promet et s'oblige de payer la dot de sa fille (1), et qu'il ait engagé pour sûreté de sa promesse une portion des biens de son père, il n'y aura pas lieu dans ce cas au Sénatus-Consulte, et néanmoins les biens du père ne seront pas engagés. Si cependant le fils avait succédé à son père, et qu'il contestât la validité du gage, il sera débouté de sa prétention par une exception tirée de sa mauvaise foi.

De la chose prêtée.

§. 3. Nous avons à examiner si l'on ne doit concevoir ici l'idée de prêt que lorsqu'il s'agit d'une somme d'argent, ou bien si l'on doit entendre toute autre espèce de chose qui peut faire la matière d'un prêt? Mais suivant moi, il semble que les termes du Sénatus-Consulte ne sont relatifs qu'au prêt d'une somme d'argent. Car le Sénatus-Consulte porte textuellement, *celui* qui *aura prêté de l'argent;* mais si on a voulu éluder les dispositions du Sénatus-Consulte, et qu'au lieu d'argent on ait prêté ou du vin ou du blé, ou de l'huile, afin que le fils de famille en les vendant, se servît de l'argent, il faudra dans ce cas venir au secours du fils de famille.

Si un fils de famille, affranchi de la puissance paternelle, tombe sous la puissance d'un autre, après avoir emprunté.

§. 4. Si le fils de famille qui, lorsque le prêt a eu lieu

______
(1) L. 3. §. pen. in fin. supr. h.

mutua daretur, nunc in alteriùs, meus senatûsconsulti non cessat, dabitur itàquè exceptio.

Si pater in civitate nè desierit.

§, 5. Sed et si patri ejus non mors, sed alia
causa inciderit, quominùs sit in civitate, dicendum, senatûsconsulto locum esse.

De successoribus mutuantis.

§. 6. Non solùm ei, qui mutuam dedisset,
sed et successoribus ejus, deneganda est actio.

Si alius mutuum dedit, alius stipulatus est.

§. 7. Proindè et si alius mutuam dedit, alius
stipulatus est, dabitur adversùs eum exceptio,
licèt hic non dederit. Sed et si alterutèr eorum
ignoravit in patris esse potestate: severiùs dicendum est utriquè nocere. [Idem est et in duobus
reis stipulandi].

De duobus filiis familiâs reis.

§. 8. Itèm, si duos filios familiâs accepero
reos, sed alterum putavi patrem familiâs, intererit, ad quem pecunia pervenit : ut si eum
scivi filium familiâs, ad quem pervenit pecunia,
exceptione summovear ; si ad eum, quem igno-
rem, non summovear.

De mutuo, et fœnore.

§. 9. Sivè autèm sub usuris mutua data sit,
sivè sinè usuris, ad senatûsconsultum spectat.

n'était plus sous la puissance de son père, tombe sous celle de son père adoptif, le Sénatus-Consulte est toujours le même. C'est pourquoi dans ce cas, on accordera une exception.

Si le père a perdu la vie civile.

§. 5. Mais si le père perdait la vie civile, non par la mort, mais par toute autre cause, cela n'empêchera cependant pas qu'il n'y ait lieu au Sénatus-Consulte.

Des représentans ou héritiers de celui qui a prêté.

§. 6. On devra refuser cette action non-seulement à celui qui aura prêté, mais encore à ses héritiers ou représentans.

Si l'un a fait le prêt, et qu'un autre ait stipulé.

§. 7. Par conséquent, si l'un a prêté à un fils de famille, et qu'un autre ait stipulé de celui-ci, qu'il rendrait la somme prêtée, on accordera contre ce dernier l'exception, quoique la numération d'espèces n'ait pas été faite par lui. Mais si l'une de ces deux personnes ignorait que celui à qui le prêt a été fait, fût sous la puissance paternelle, il faut tenir rigoureusement aux principes, et dire que toutes deux seront soumises aux dispositions du Sénatus-Consulte. Il en est de même, si le fils de famille s'était obligé envers deux créanciers solidaires.

De deux fils de famille débiteurs.

§. 8. Si j'ai pour débiteurs deux fils de famille, que j'aie cru que l'un était père de famille, il sera important de savoir qui des deux aura touché l'argent; car si j'ai su que celui qui a touché l'argent, fût fils de famille, on m'opposera avec avantage une exception tirée du Sénatus-Consulte; ce qui n'aurait pas lieu dans le cas contraire.

Du prêt et des intérêts.

§. 9. Que le prêt ait été fait sans intérêt ou avec intérêt, le Sénatus-Consulte a toujours lieu.

De herede, et patre mutuati.

§. 10. Quamquàm autèm non declaret senatus, cui exceptionem det : tamèn sciendum est, et heredem filii, si pater familiâs decesserit, et patrem ejus, si filius familiâs decesserit, exceptione uti posse.

De filio familiâs institore.

§. 11. Interdùm tamèn, etsi senatûsconsulto locus sit, tamèn in alium datur actio : utputà, filius familiâs institor mutuam pecuniam accepit; scribit enim Julianus lib. xii; ipsum quidem institorem exceptione senatûs consulti usurum, si conveniatur : sed institoriam actionem adversùs eum, qui præposuit, competere, quamquàm (inquit) si ipse pater eum præposuisset merci suæ, vel peculiarem exercere passus esset, cessaret senatûsconsultum; quoniàm patris voluntate contractum videretur : nàm si scit eum negotiari, etiàm hoc permisisse videtur, si non nominatim prohibuit merces accipere.

De in rem versâ.

§. 12. Proindè si acceperit pecuniam, et (1) in rem patris vertit, cessat senatûsconsultum : patri enim, non sibi accipit. Sed et si ab initio non sic accepit, verùm posteà in rem patris vertit, cessare senatûsconsultum, lib. xii, Digestorum Julianus ait : intelligendumquè ab initio sic accepisse, ut in rem patris verteret. Non

____

(1) L. 17. infr. eod.

De l'héritier et du père de celui qui a emprunté.

§. 10. Quoique le Sénatus-Consulte ne désigne pas à qui l'exception doit être accordée, il faut cependant savoir que l'héritier du fils, s'il est mort père de famille, et son père, s'il est décédé fils de famille, peuvent se servir de cette exception.

Du fils de famille préposé à un commerce.

§. 11. Il est cependant des cas où, quoiqu'il y ait lieu au Sénatus-Consulte, l'action est donnée contre d'autres que le fils de famille; supposé, par exemple, qu'un fils de famille préposé à un commerce ait fait un emprunt; car Julien, au liv. XII, écrit que si ce fils de famille était lui-même actionné, il pourrait se servir de l'exception du Sénatus-Consulte Macédonien, mais qu'il y aurait lieu à l'action institoire contre celui qui l'aurait préposé; quoique, dit-il, si le père l'eut préposé à son commerce, ou qu'il eut consenti qu'il fît quelque commerce avec les fonds provenant de son pécule, il n'y eût pas lieu dans ces cas au Sénatus-Consulte, parce qu'alors on serait censé avoir contracté avec son fils du consentement du père; car si ce dernier sait que le fils fait le commerce, il est censé par cela même avoir consenti à ce qu'il s'obligeât, pourvu toutefois qu'il ne lui ait pas expressément défendu de prendre des marchandises.

De l'argent qui a tourné au profit d'un autre que de celui qui l'a emprunté.

§. 12. Par conséquent, s'il a emprunté de l'argent, que cet argent ait tourné au profit de son père, il n'y a pas lieu au Sénatus-Consulte (1), car il a emprunté non pour lui, mais pour son père. Mais si dans le principe l'emprunt avait été fait pour lui, et que par la suite il eût tourné au profit du père, Julien dit, au liv. XII du Digeste, que le Sénatus-Consulte n'a pas lieu, et que l'on doit préférablement croire que dans le principe le prêt a été fait pour le père. Il ne sera cependant pas censé avoir tourné à l'avantage du père, si l'emprunt que le fils a

tamèn vertisse videbitur, si mutuam pecuniam
acceptam patri in proprium debitum solvit : et
ideò, si pater ignoravit, adhùc Senatûsconsulto
locus erit.

De eo qui mutuatus est studiorum causâ.

§. 13. Quod dicitur, *in eo, qui studiorum* (1)
causâ absens mutuum acceperat, cessare se-
natusconsultum; ità locum habet, si probabilem
modum in mutuâ pecuniâ non excessit : certè eam
quantitatem, quam pater solebat subministrare.

Vel ut, creditori suo solveret.

§. 14. Si filius accepit mutuam pecuniam, ut
eum liberaret, qui, si peteret, exceptione non
summoveretur, senatûsconsulti cessabit exceptio.

Si quid solutum sit mutuanti.

§. 15. Hoc ampliùs cessabit senatûsconsultum,
si pater solvere cœpit, quod filius familiâs mutuum sumpserit : quasi (2) ratum habuerit.

§. 16. Si pater familiâs factus solverit (3) partem (4) debiti, cessabit senatûsconsultum : nec
solutum repetere potest.

8. PAULUS, *lib.* 3o, *ad edictum.*

Cum tamèn à curatore per ignorantiam solutum sit, repeti debet.

______

(1) L. 5. C eod.
(2) V. l. 7. in pr. C. eod.

fait, a servi à acquitter celui-ci à l'égard de son père; par conséquent, si le père l'a ignoré, le Sénatus-Consulte sortira son plein et entier effet.

De celui qui a emprunté pour subvenir aux frais de ses études.

§. 13. On doit entendre ce qui est dit *à l'égard du fils de famille, absent de la maison paternelle, qui fait un emprunt pour subvenir aux frais de ses études* (1), dans ce sens, qu'il n'y a pas lieu au Sénatus-Consulte toutefois que le prêt n'est pas exhorbitant, et qu'il est l'équivalent de ce que le père lui-même avancerait à son fils, et certes alors il n'y a pas lieu de craindre de faire avance.

Ou pour payer son créancier.

§. 14. Si un fils de famille emprunte pour se libérer à l'égard d'un créancier qui n'aurait aucune exception à lui opposer, il n'y a pas lieu à l'exception du Sénatus-Consulte.

S'il a été payé quelque chose à celui qui a prêté.

§. 15. Bien plus, le père commençant à payer ce que son fils a emprunté, il n'y a pas lieu au Sénatus-Consulte, parce que, par ce commencement de paiement, il est censé de ratifier ce qu'a fait son fils (2).

§. 16. Si le fils de famille devenu père de famille, a payé (3) une partie de la dette (4), le Sénatus-Consulte n'aura pas d'effet, il ne pourra pas redemander à son créancier, comme indû, ce qu'il lui aura payé.

8. PAUL, *liv.* 30, *sur l'édit.*

Si cependant le curateur d'un mineur avait par ignorance payé, il pourrait redemander, comme indû, ce qu'il aurait payé.

---

(3) Adde l. 9. in pr. infr. eod.
(4) Adde l. 4. C. de non numerat. pecun.

9. Ulpianus, *lib.* 29, *ad edictum.*

Si pater familiâs factus rem pignori dederit.

Sed si pater familiâs factus rem pignori dederit (1), dicendum erit, senatûsconsulti exceptionem ei denegandam usquè ad pignoris quantitatem.

Si filius pecuniam sibi donatam solverit.

§. 1. Si ab alio donatam sibi pecuniam filius
creditori solverit, àn pater vindicare, vel repetere
possit? Et ait Julianus : si quidem hâc conditione
ei donata sit pecunia, *ut creditori solvat*, videri
à donatore profectam protinùs ad creditorem, et
fieri nummos accipientis : si verò simplicitèr ei
donavit, alienationem eorum filium non habuisse,
et ideò, si solverit, condictionem patri ex omni
eventû competere.

De filià familiâs.

§. 2. Hoc Senatûsconsultum [et] ad filias
quoquè familiarum pertinet. Nec ad rem pertinet, si adfirmetur, ornamenta ex eâ pecuniâ
comparasse : nàm et ei quoquè, qui filio familiâs
credidit, decreto amplissimi ordinis actio denegatur : nec interest, consumpti sint nummi,
àn extent in peculio. Multò igitùr magis, seve-
ritate Senatûsconsulti ejus contractus improba-
bitur, qui filiæ familiâs mutuum dedit.

---

(1) Adde l. 7. in fin. supr. l. 2. C. h. t.

9. ULPIEN, *liv.* 29, *sur l'édit.*

Si devenu père de famille, il a donné un gage.

Si le fils de famille devenu père de famille, a donné (1) un gage, on devra dire que l'exception du Sénatus-Consulte devra lui être refusée jusqu'à la concurrence de la valeur du gage qu'il aura donné.

Si le fils de famille a remboursé la somme qui lui a été donnée.

§. 1. Si le fils de famille a remboursé au créancier la somme qui lui a été donnée par un autre, à titre de donation le père peut-il la revendiquer ou se la faire rendre comme induement payée ? Julien dit, si l'argent lui a été donné à condition qu'*il payerait son créancier*, l'argent est censé avoir tout aussitôt passé des mains de celui qui l'a donné en celle du créancier qui en acquiert la propriété. S'il lui a été donné simplement, le fils n'a pu l'aliéner ; par conséquent, s'il a payé, le père peut en tout événement le re-demander comme induement payé.

De la fille de famille.

§. 2. Ce Sénatus-Consulte concerne également les filles de famille, et il n'importe nullement que l'on affirme qu'avec cette argent la fille de famille a acheté des pa-rures ; car par un décret du Sénat l'action est refusée à celui qui a prêté à un fils de famille, et il n'a pas con-sidéré si l'argent emprunté avait été dissipé, ou s'il exis-tait encore dans le pécule du fils. A bien plus forte raison, le Sénatus-Consulte réprouve-t-il plus sévèrement tout prêt fait à une fille de famille.

Quibus succurritur.

§. 3. Non solùm filio familiâs et patri ejus succurritur, verùm fidejussori (1) quoquè , et mandatori ejus : qui et ipsi mandati habent regressum, nisi fortè donandi animo intercesserunt ; tunc enìm , cum nullum regressum habeant , senatûsconsultum locum non habebit. Sed [et] si non donandi animo , patris tamèn voluntate, intrecesserunt, totus contractus à patre videbitur comprobatus.

An solutum repetatur. De exceptione post sententiam opponendâ.

§. 4. Et hi tamèn , qui non repetent. Hoc enim et Divus Hadrianus constituit , et potest dici , non repetituros. Atquìn perpetuâ exceptione tuti sunt; sed et ipse filius, et tamèn non repetit : quià hi demùm solutum non repetunt, qui (2) ob pœnam creditorum actione liberantur, non quoniàm exonerare eos lex voluit.

§. 5. Quanquàm autèm solvendo (3) non repetant.

10. PAULUS, *lib.* 30, *ad edictum.*

Quiâ naturalis (4) obligatio manet.

____

(1) L. 7. §. 1. infr. de except.
(2) L. 40. in pr. supr. de condict. indeb.

Quels sont ceux au secours desquels on vient.

§. 3. On vient au secours non-seulement du fils ou du père de famille (1), mais encore on vient à celui de leur répondant et de celui qu'il la chargé de répondre. Ceux-ci ont d'ailleurs leur recours contre le principal obligé en vertu de l'action du mandat, à moins qu'ils n'aient répondu, dans l'intention de faire un avantage au fils de famille. Car alors n'ayant aucun recours contre le fils de famille, il n'y aurait pas lieu à l'exception du Sénatus-Consulte. Mais s'ils n'ont pas eu l'intention de faire un avantage au fils de famille, et qu'ils n'aient répondu que d'après la volonté du père, le contrat sera censé approuvé en tout son entier par le père.

Si ce qui a été payé est répété. De l'exception à opposer après la sentence.

§. 4. Cependant ceux qui, sans la volonté et le consentement du père, auraient répondu pour le fils de famille, ne pourraient pas répéter, comme ayant été payés induement, ce qu'ils auraient payé ; car l'empereur Adrien l'a ainsi décidé dans une de ses constitutions. Mais objectera-t-on, les répondans sont hors de toute inquiétude, au moyen de l'exception qu'ils peuvent opposer? Mais le fils de famille lui-même ne l'a-t-il pas également? Et cependant s'il paie son créancier, il n'est pas fondé à répéter de lui ce qu'il lui a payé ; car la seule raison pour laquelle ils ne peuvent pas redemander ce qu'ils ont payé, comme l'ayant été induement, est fondée (2) sur ce que le Sénatus-Consulte les libère de l'action qu'on avait contre eux, en ce qu'ils s'étaient mis dans le cas d'être punis ; mais il n'a pas entendu décharger les répondans de leurs obligations.

§. 5. Quoique après avoir payé, ils ne puissent pas se faire rendre ce qu'ils ont donné (3).

10. PAUL, *liv.* 30, *sur l'édit.*

Parce que l'obligation naturelle subsiste toujours (4).

---

(3) D. l. 40. in fin. pr.
(4) L. 19. in pr. supr. d. t.

11. ULPIANUS, *lib.* 29, *ad edictum.*

Tamèn, si non oppositâ exceptione condemnati sunt, utentur senatûsconsulti exceptione. Et ità Julianus scribit in ipso filio familiâs, exemplo mulieris intercedentis.

12. PAULUS, *lib.* 30, *ad edictum.*

De scientiâ, jussû, et pœnitentiâ patris.

Si, tantùm sciente patre, creditum sit filio, dicendum est, cessare senatûsconsultum. Sed si jusserit pater filio credi deindè ignorante (1) creditore mutaverit voluntatem, locus senatûsconsulto non erit: quoniàm initium (2) contractûs spectandum est.

13. GAJUS, *lib.* 9, *ad edictum provinciale.*

Si filius familiâs novandis causâ promiserit.

Si quod alii mutuum dedimus, à filio familiâs novandi causâ stipulemur, non (3) esse impedimento senatûsconsultum, Julianus scribit.

14. JULIANUS, *lib.* 12, *Digestorum.*

Si nepos jussû patris mutuum acceperit.

Filium habeo, et ex eo nepotem: nepoti meo

---

(1) V. l. 12. §. 2. infr. de solution.
(2) L. 1. §. 15. §. 30. infr. depositi. l. 8. in pr. infr. mandati. l. 58. §. 2. infr. pro socio.

11. ULPIEN, *liv.* 29, *sur l'édit.*

Cependant s'ils sont condamnés à payer, faute par eux d'avoir opposé leur exception, ils pourront toujours recourir à celle du Sénatus-Consulte ; et c'est ce que Julien écrit à l'égard du fils de famille lui-même, à l'exemple de la femme qui s'étant obligée pour un autre, peut toujours invoquer l'exception du Sénatus-Consulte Velléien.

12. PAUL, *liv.* 3o, *sur l'édit.*

De la connaissance. De l'ordre. Et du regret du père.

Si le prêt a été fait à un fils de famille, simplement à la connaissance de son père, on doit dire que le Sénatus-Consulte n'a point d'effet dans cette hypothèse ; mais si le père lui-même avait ordonné que l'on prêtât à son fils, et qu'ensuite il ait changé de volonté, sans que le prêteur en eût connaissance (1), il n'y aura pas lieu au Sénatus-Consulte, parce qu'il faut se reporter à l'époque première du contrat (2).

13. GAJUS, *liv.* 9, *sur l'édit provincial.*

Si le fils de famille s'est obligé pour dénaturer une obligation.

Si, pour changer la nature d'une obligation, nous stipulons d'un fils de famille, et nous le faisons obliger de payer ce que nous avons prêté à un autre, Julien écrit que le Sénatus-Consulte ne réprouve pas cette opération (3).

14. JULIEN, *liv.* 12, *du Digeste.*

Si le petit-fils a emprunté d'après l'ordre de son père.

J'ai un fils qui m'a donné un petit-fils. On a fait un prêt

---

(3) Arg. l. 3. §. 3. supr. h. t.

creditum est jussû patris ejus : quæsitum est, àn contrà Senatûsconsultum fieret ? Dixi, etiâm si verbis Senatûsconsulti filii continerentur, tamèn et in personâ nepotis (1) idem servari debere. Jussum autèm hujus patris non efficere, quominùs contrà senatûsconsultum creditum existimaretur, cum ipse in eâ causâ esset, ut pecuniam mutuam, invitò patre suo, accipere non possit.

15. MARCIANUS, *liv.* 14, *institutionum.*

Si civitas crediderit.

Nihil interest, quis filio familiâs crediderit, utrùm privatus, àn civitas : nàm in civitate quoquè Senatûsconsultum locum habere D. Severus et Antoninus rescripserunt.

16. PAULUS, *lib.* 4, *responsorum.*

De scientiâ patris.

Si filiusfamiliâs, absente patre, *quasì ex mandato ejus pecuniam acceperit*, cavisset et ad patrem literas emisit, *ut eam pecuniam in provinciâ solveret* : debet pater, si actum [filii sui] improbat, continuò testationem interponere contrariæ voluntatis.

17. IDEM, *lib.* 2, *sententiarum.*

Si filius familiâs pecuniam mutuâtus sit, ut eam pro sorore suâ in dotem daret.

Filius familiâs si in id acceperit mutuam pecuniam, *ut eam pro sorore suâ in dotem daret,*

---

(1) L. 6 in. fin. C. eod.

à mon petit-fils par l'ordre de son père : on a demandé, si dans ce cas on est contrevenu aux dispositions du Sénatus-Consulte. J'ai répondu que quoique dans la teneur du Sénatus-Consulte, il ne fut parlé que du fils, on devait cependant l'étendre jusqu'au petit-fils (1). Et en effet l'ordre du père n'empêche pas que l'on n'ait agi contre les dispositions du Sénatus-Consulte, puisque le père lui-même est dans le cas du Sénatus-Consulte qui ne permet pas qu'il fasse un emprunt sans l'ordre et le consentement de son père.

15. MARCIEN, *liv.* 14, *des institutes.*

Si un corps de ville à prêté.

Il importe peu par qui le prêt a été fait, que ce soit un particulier, ou un corps de ville qui ait prêté. Car les empereurs Sévère et Antonin ont déclaré dans un rescrit que le Sénatus-Consulte a lieu à l'égard d'un corps de ville.

16. PAUL, *liv.* 4, *des réponses.*

De la connaissance du père.

Si un fils de famille, en l'absence de son père, a emprunté de l'argent, comme si son père lui eût ordonné de toucher pour lui et en son nom cet argent, et qu'il se fut obligé en conséquence ; qu'ensuite il eut écrit à son père de payer la somme dans la province où il se trouvait ; le père doit sur-le-champ, s'il désaprouve l'action de son fils, déclarer devant témoins, que l'emprunt a été fait par son fils sans son ordre et contre son gré.

17. LE MÊME, *liv.* 2, *des sentences.*

Si un fils de famille a fait un emprunt pour le donner en dot à sa sœur.

Si un fils de famille emprunte une somme, *pour la*

---

(1) L. 11. L. 12. *injr.* de fidejuss.

pater ejus de in rem verso actione tenebitur, ipsi
enìm, mortuâ in matrimonio puellâ repetitio (1)
dotis datur.

18. VENULEJUS, *lib. 2, stipulationum.*

De fidejussore post mortem filii familiás accepto.

Creditorem filii familiâs, mortuo eo, fidejussorem (2) accipere non posse, Julianus scribit:
quià nulla obligatio aut civilis, aut naturalis supersit, cui fidejussor accedat. Planè à patre,
ejus actionis nomine, quæ de peculio adversùs
eum competat, fidejussorem rectè accipi.

19. POMPONIUS, *liv. 7, ex variis lectionibus.*

De scientiâ, vel ignorantiâ creditoris.

Julianus scribit : exceptionem Senatûsconsulti
Macedoniani nulli obstare, nisi (3) qui sciret,
aut scire potuisset, filium familiâs esse eum, cui
credebat.

20. IDEM, *lib. 5, Senatusconsultorum.*

De novatione.

Si is, cui, dùm in potestate patris esset, mutua
pecunia data fuerat, pater familiâs factus, per
ignorantiam facti, novatione (4) factâ, eam pecuniam expromisit, si petatur ex eâ stipulatione,
in factum excipiendum erit.

---

(1) L. 6. in pr. infr. de jure dot. l. 4. C. soluto matrim.
(2) L. 11. l. 12. infr. de fidejuss.

Finis libri decimi quarti.

donner en dot à sa sœur, le père est tenu par l'action qui a lieu dans le cas où ce que le fils a emprunté, a tourné au profit du père ; car c'est le père qui, la fille venant à mourir, a le droit de se faire restituer la dot (1).

18. VÉNULÉJUS, *liv.* 2, *des stipulations.*

Du répondant reçu après la mort du fils de famille.

Julien écrit que le créancier d'un fils de famille ne peut pas, après la mort du fils de famille, recevoir un répondant (2) pour sûreté de sa créance, parce qu'il n'existe plus aucune obligation soit civile soit naturelle, à laquelle le répondant puisse accéder. Mais il pourrait recevoir un répondant du père, en vertu de l'action qu'il a contre le père pour raison du pécule de son fils.

19. POMPONIUS, *liv.* 7, *des différentes leçons.*

De la connaissance ou de l'ignorance du créancier.

Julien écrit que l'exception du Sénatus-Consulte Macédonien ne peut être opposée utilement, à qui que ce soit, à moins que ce ne soit à celui (3) qui a su ou pu savoir, que celui à qui il prêtait, était fils de famille.

20. LE MÊME, *liv.* 5, *des Sénatus-Consultes.*

Du renouvellement.

Si celui à qui on avait fait un prêt, pendant qu'il était sous la puissance paternelle, devenu père de famille, a par l'ignorance où il était de la nullité de son obligation, renouvellé cette (4) obligation, en en faisant une autre par laquelle il a promis cette même somme, il pourra opposer à son créancier, s'il vient à l'actionner en vertu de cette obligation, une exception qui sera basée sur le fait même.

______

(3) L. 3. supr. h. t.
(4) L. 2. C. eod.

Fin du livre quatorze.

TABLE

Des matières contenues dans le huitième
Volume.

Livre XIII du Digeste.

Livre XIV du Digeste.

(*) Les chiffres sont ceux de la pagination française.

Fin de la table.

www.ingramcontent.com/pod-product-compliance
Lightning Source LLC
LaVergne TN
LVHW010807060726
842527LV00002B/553